Motorräder in Fahrt

STEFAN KNITTEL
TESTET KLASSISCHE MASCHINEN
AUS SIEBEN JAHRZEHNTEN

Motorräder in Fahrt

SCHRADER
MOTOR-ALBUM

Fotonachweis: 1978 bis 1986 Amateurfotos von Stefan Knittel: Excelsior, Peugeot, Alba, Sunbeam, Flottweg, DKW ZM 175, Rudge, Norton, AJS, Windhoff, Harley 1928, Ardie, Scott, Schüttoff, Neander, Triumph, Sunbeam, BSA, Zündapp und BMW R 75, Norton 16H, Vincent, Norton Inter, DKW 250, Condor, Moto Guzzi Falcone, Horex, Velocette.
1985 bis heute: Meisterfotos von Robert R. Kroeschel: Douglas, Royal Enfield, BMW R 2, Standard, BMW-Kompressor, Nimbus, BMW 256, Harley Duo Glide, MV Agusta.
Die Abbildungen im Einführungskapitel stammen aus dem Archiv des Verlags.
Der Autor möchte sich an dieser Stelle für das Vertrauen der Motorradbesitzer und ihre Geduld beim Fotografieren bedanken.

Schrader Verlag

Satz, Druck und buchbinderische Verarbeitung:
Bosch-Druck, GmbH, Landshut/Ergolding
Farblitho: Repro-Ludwig, Zell am See – RTS, Uelzen
ISBN 3-922617-72-7
Printed in Germany

Inhaltsverzeichnis

Vom Hobby zum Beruf

Zu Beginn der siebziger Jahre kehrte das Motorrad in großem Stil auf die Straßen zurück. Nicht daß es vorher komplett verschwunden gewesen wäre, aber die Bedeutung hatte sich zwischenzeitlich gewandelt. Vom Gebrauchsgegenstand und Verkehrsmittel, dem seit den Wirtschaftswundertagen ein »Arme Leute-Image« anhaftete, entwickelte sich das Motorrad zum vielbestaunten, faszinierenden Freizeit-Instrument.

In meinem Heimatdorf vollzog sich mit dem Image-Wechsel auch ein Generationsübergang. Noch 1972 fuhren unsere beiden Postboten privat BMW R 25, ein Maurer benutzte für den täglichen Weg zur Arbeitsstelle eine NSU Lux, und zwei Bauern fuhren ihre BMW 250, ein Auto besaß keiner von ihnen. Sie waren unsere Vorbilder – natürlich neben Peter Fonda und Denis Hopper aus dem Film »Easy Rider«. Eigene Motorräder waren unser Wunsch, was sich als gar nicht einmal so schwierig erwies. Mit Taschengeld, Lehrlings- oder Ferienjob-Lohn erwarben wir DKW RT 125, RT 200, NSU Fox oder Puch 150 TL, entdeckt in Schuppen und Kellern. Die Besitzer trennten sich freudig vom alten Eisen und waren je nach Zustand mit 20 oder 50 Mark einverstanden. Die erwähnten BMW-Modelle schnappten uns 15-jährigen übrigens die kapitalkräftigeren »Großen«, also unsere 18-jährigen Kollegen weg.

Auf diese Weise war nun auch bei uns das Motorrad vom Alltags- zum Hobby-Fahrzeug geworden. Und gefahren wurde anfangs wirklich in jeder freien Minu-

Stefan Knittel auf einem seiner Lieblingsmotorräder, der Norton Modell 18 aus dem Jahr 1925.

te über Stock und Stein, auf Waldwegen oder gemähten Wiesen. Über den Dorfbereich kam ich allerdings nicht hinaus, nicht einmal von den Grasbahnrennen oder Trialläufen in unserer Gegend erfuhr ich etwas. Aber wer weiß, ob ich das Zeug zum aktiven Motorsport gehabt hätte...

Stattdessen schenkte mir mein Vater sein Zigarettenbilderalbum aus dem Jahre 1952. Ich besaß damit einen wichtigen Vorteil in unserer Clique, konnte ich doch nun auch die bislang unbekannten Motorräder identifizieren: UT TS 250 oder Rabeneick SM 175. Aber es blieb nicht nur bei der Recherche, ein profitabler Ferienjob als Bauarbeiter ermöglichte den Aufbau einer eigenen Sammlung, denn bis dahin waren die meisten Maschinen Gemeinschaftseigentum.

Vom Großvater hatte ich als Grundstock seine Zündapp DB 200 aus dem Jahre 1938 bekommen, ein Kolbenfresser und der fehlende Vergaser machten sie jedoch wertlos (ich habe sie aber bis heute aufbewahrt), und deshalb bezahlte ich an einen Schulkameraden stolze 80 Mark für eine DKW RT 200. Diese war bereits für unsere »Off-Road«-Schwarzfahrer-Touren modifiziert: Schutzbleche abgeschnitten, Auspuffanlage hochgelegt, NSU Quickly-Tank und Lackierung in Violett.

Die DKW lief recht gut, doch für 50 Mark kam bald eine RT 250/2 hinzu, völlig original und fahrbereit. Um die Hoffmann Gouverneur wurde ich beneidet, aber sie lief nie, denn für heimliche Nachtfahrten – auch einmal zur Schule nach Bad Tölz – kam eine Tornax mit dem 125 ccm-Ilo-Motor ins Haus. Mit Ledermantel und Fliegermütze hielt uns nie jemand an, sahen wir doch darin wie alte Fahrensmänner aus...

Man konnte aber nicht sein ganzes Motorradhobby bei Dunkelheit ausleben, weshalb mit einigen Victoria Vicky auch legal zu fahrende Mopeds angeschafft wurden, die in der Regel von der örtlichen Müllkippe stammten. Sie waren ausnahmslos unbeschädigt und fahrbereit.

Die – besonders für meine Eltern – aufregende Zeit endete 1973 mit dem Erwerb des Führerscheins Klasse Eins. Den alten Motorrädern folgten Honda CB 250 und CB 450, sowie BMW R 60 und R 75/5. So schön diese auch alle funktionierten, es fehlte einfach das gewohnte Basteln. Trotz aller Warnungen in Klacks' Testberichten – das MOTORRAD wurde alle zwei Wochen in der Chemiestunde unter der Bank »verschlungen« – verliebte ich mich in eine Engländerin. BSA und Triumph wären auch in Frage gekommen, aber im Nachbarort war »eventuell« ein Norton Commando 850 Interstate abzugeben. Und wieder gab der Großvater den Ausschlag, indem er die fehlenden 1500 Mark »investierte«.

Daß es sich dabei in der Tat um eine Investition für die Zukunft handeln sollte, war 1975 noch nicht vorauszusehen. Der Marke Norton bin ich bis heute treu geblieben. Zugleich aber stellte dieses Motorrad 1975 trotz seines Alters von zwei Jahren bereits einen modernen Oldtimer dar, ich interessierte mich also von da an nur noch für alte Motorräder. Leider gab es darüber nur sehr wenig Lesestoff, die Enzyklopädien von Erwin Tragatsch wurden fast auswendig gelernt.

Als Verkäufer und Versender sollte ich jedoch keine zwei Jahre später in Schraders Automobilbücher-Basar an der Quelle sitzen und stöberte im englischen Importangebot, in dem es schon eine ganze Reihe interessanter Motorradbücher gab. Eigentlich wollte ich aber nicht Buchhändler werden, sondern mein Berufswunsch lautete: Sportjournalist.

Aber auch dafür tat sich bald eine Möglichkeit auf. Motorradhobby und journalistische Ambitionen sollten bei der *Automobil und Motorrad Chronik* ein ideales Betätigungsfeld finden, meinte Halwart Schrader als Chefredakteur dieser ersten deutschen Oldtimer-Fachzeitschrift. Es gab in der Redaktion eine Condor A 580 aus schweizerischen Armeebeständen, die nachträglich mit einem Steib-Seitenwagen ausgerüstet worden war. Für eine Condor-Markenstory hatte man vergeblich versucht, Unterlagen zu bekommen, ich hatte also den Auftrag, darüber eine Reportage zu schreiben. Ich bekam das Gespann für ein paar Tage anvertraut, um eigene Fahreindrücke zu sammeln und auch eine Fotoserie zu erstellen.

Ein Fahrbericht, angereichert mit der detaillierten technischen Beschreibung sowie Informationen zur Entwicklungsgeschichte, stellte schließlich im Heft 1/1979 der *Automobil und Motorrad Chronik* den ersten Motorrad-Oldtimer-Test dar. Die Sache kam bei den Lesern gut an, auch die Autoleute interessierte diese Art von Motorradstory. Einige Besitzer boten daraufhin weitere »Testobjekte« an. Sie wußten natürlich, daß auf Beschleunigungs- oder Geschwindigkeitsmessungen sowie irgendwelche harte Testprogramme kein Wert gelegt wurde. Ich wollte die Motorräder nur fotografieren und eine kurze Probefahrt unternehmen. Am Schreibtisch erfolgte dann die Niederschrift der Fahreindrücke und die Recherche über Entwicklung und Technik der jeweiligen Maschine.

In den vergangenen zwölf Jahren kamen auf diese Weise vielfältige interessante Erfahrungen zusammen. Die zahlreichen Testfahrten und der Umgang mit Motorrädern aus allen Epochen in allen erdenklichen Erscheinungsformen haben für mich – und wie ich stets hoffe, auch für die Leser – Motorradgeschichte lebendig gemacht. Ich bin durch eigenes Erleben in die Lage versetzt worden, Details in der Entwicklung des Motorrads nachvollziehen zu können.

Das Motorrad im Wandel der Zeiten

Eines der ersten Seitenwagengespanne der Welt ist diese Zweizylinder-Adler, die 1906 in Frankfurt gebaut wurde.

Gottlieb Daimler und Wilhelm Maybach wären auf dem richtigen Weg gewesen, ihr »Reitwagen« stellte ein erstaunlich funktionelles Motorrad dar, doch das hölzerne Gefährt sollte lediglich als Versuchsträger für den kleinen Verbrennungsmotor dienen. Heinrich Hildebrand und Alois Wolfmüller hatten neun Jahre später ein eigenständiges Fahrzeugkonzept vor Augen, als sie 1894 ihren 1,5 Liter- Zweizylinder erprobten und ließen sich auch den Begriff »Motorrad« als geschütztes Warenzeichen registrieren.

Komplizierte Technik schreckte jedoch im ausgehenden 19. Jahrhundert noch die meisten kaufkräftigen Interessenten ab. Wenn schon ein mechanisches Fortbewegungsmittel gewählt wurde, dann waren die Eisenbahn oder das Automobil mit Chauffeur die Favoriten. Sportliche Betätigung boten Reitpferd oder Fahrrad, das Motorrad hatte noch keine Liebhaber.

Doch als der Fahrradboom wieder abzuflauen begann, suchten die großen Hersteller nach zusätzlichen Produkten. Zuerst kamen die Engländer auf die Idee, Fahrräder mit Motoren auszustatten. Die notwendigen Aggregate fanden sich bei französischen Firmen, die als erste die Zukunftschancen des Verbrennungsmotors richtig eingeschätzt hatten.

Kurz nach der Jahrhundertwende entstanden auch bei deutschen Fahrradherstellern Motorzweiräder und fanden begeisterte Kunden. Es galt nun plötzlich als chic, ohne Treten Fahrrad zu fahren. Aber es kam wie es kommen mußte, die Bedienung und Wartung erforderte einigen Aufwand, die eleganten Sportanzüge wurden vom Straßenschmutz und vom Motoröl fleckig, und überhaupt wurden die meist kurzen Ausflüge schnell wieder langweilig. Man stieg um aufs Automobil.

Das Ganze spielte sich natürlich in den vornehmeren Kreisen des deutschen Kaiserreichs ab, denn die motorisierten Spielzeuge waren für die meisten Bürger noch unerschwinglich. Mit Ausnahme von NSU und Wanderer gaben alle Anbieter bis 1910 wieder auf. Im sportbegeisterten England und auch in Frankreich erlebte das Motorrad dagegen einen enormen Aufschwung. Zahlreiche Wettbewerbe zogen immer mehr Teilnehmer an und förderten den technischen Wettstreit. Die inzwischen entstandenen Motorradfachzeitschriften spiegelten eine florierende Branche wieder. Eine große Anzahl konkurrierender Motorradhersteller gab es zu dieser Zeit auch in den USA, dort entwickelte sich jedoch der erste Konkurrenzkampf mit dem Automobil, als Henry Ford mit seinem Mo-

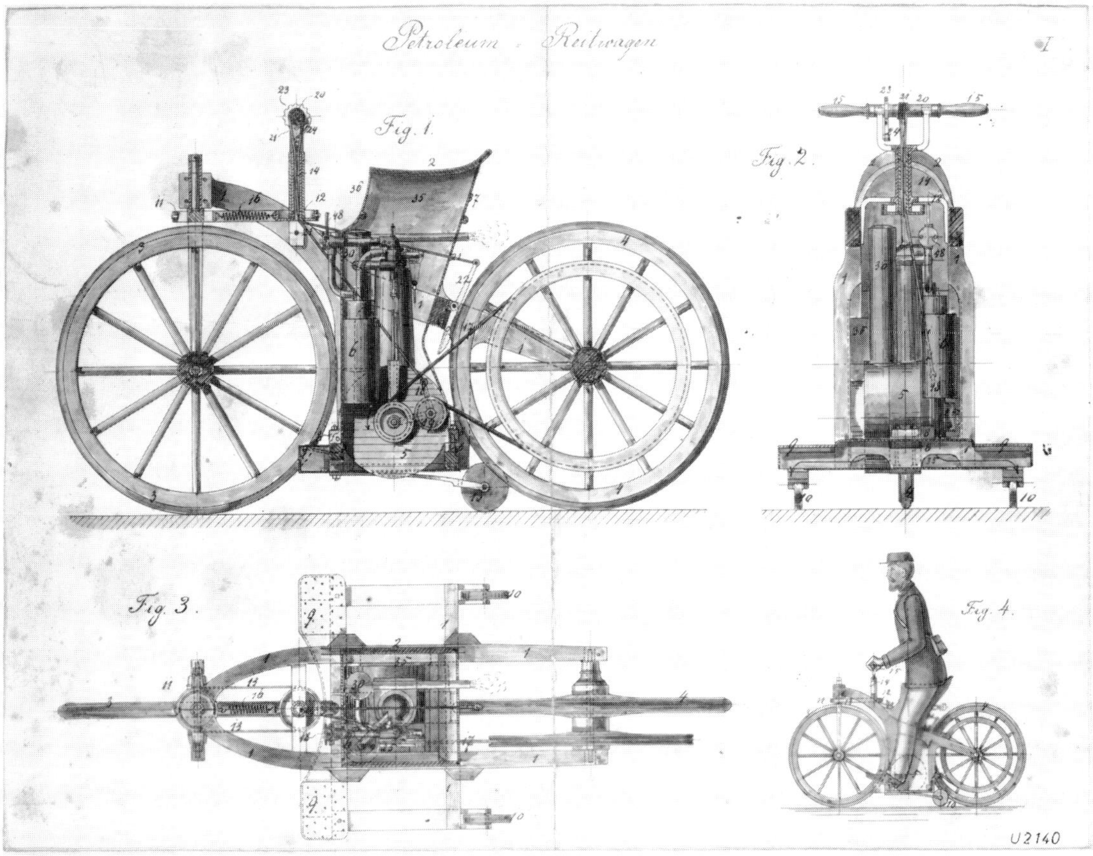

Die Patentzeichnung des Daimler-Versuchsfahrzeugs aus dem Jahre 1885.

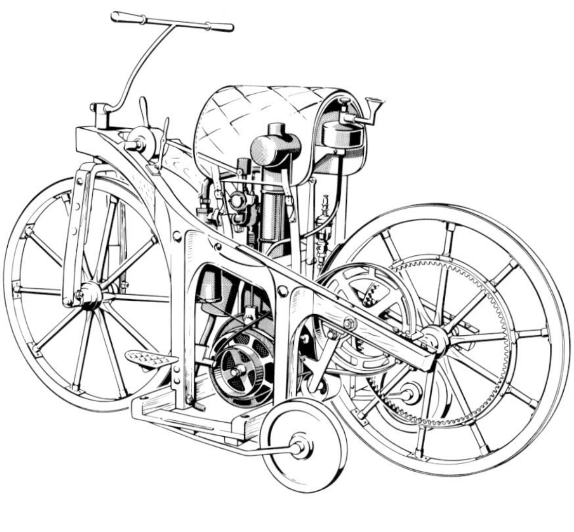

Links unten: Der sogenannte Reitwagen von Wilhelm Maybach und Gottlieb Daimler, wie er im Herbst 1885 auf Cannstädter Straßen fuhr.

Daneben: Das erste serienmäßig gebaute Motorrad der Welt war die Hildebrand & Wolfmüller aus München in den Jahren 1894/95.

dell T die Massenproduktion einführte und bald preislich die Motorräder unterbieten konnte.

Europa war davon noch weit entfernt, zumal der 1. Weltkrieg die Entwicklung unterbrach. Die englische Motorradtechnik hatte mittlerweile einen derart hohen Stand erreicht, daß schließlich mehr als 50 000 Maschinen im Krieg zuverlässig ihre Aufgaben verrichteten.

Das Motorrad hatte sich damit auch als ein alltagstauglicher Gebrauchsgegenstand erwiesen und sollte künftig nicht mehr nur bei sportlich orientierten Käufern Gefallen finden. Der erste umfassende Einsatz von Motorfahrzeugen im Krieg entfachte danach auch im Zivilleben den Wunsch zur allgemeinen Motorisierung. Als Einstieg dazu erschien das Motorrad gut geeignet.

Während in England die etablierten Firmen den Bestellungen gar nicht mehr nachkamen, mußte sich in Deutschland erst wieder eine neue Motorradindustrie entwickeln. Zu den Fahrradherstellern kamen nun umfunktionierte Rüstungsbetriebe und vor allem eine Unmenge an kleinen Werkstätten hinzu. Auf diese Weise gab es zu Anfang der zwanziger Jahre im Deutschen Reich eine unübersehbare Markenvielfalt.

Leichtmotorräder mit einfachstem technischen Aufbau stellten das bevorzugte Produkt dar, doch der Boom flaute in der zweiten Hälfte des Jahrzehnts schnell wieder ab. Das war zum Teil auch auf den Umstand zurückzuführen, daß Jörgen Skafte Rasmussen in seiner Firma DKW zur Massenproduktion

Der Amerikaner Streiff fuhr 1910 mit dieser 500 ccm-NSU quer durch die USA von San Francisco nach New York.

Ein zuverlässiges Tourenmotorrad war die 616 ccm-Wanderer aus dem Jahr 1922 mit ihrem seitengesteuerten V-Zweizylindermotor.

übergegangen war und mit seinen preiswerten Modellen den Markt bald beherrschte.

Ausländische Fabrikate, durch ihre Rennerfolge bekannte englische Einzylinder oder die robusten V-Zweizylinder aus den USA, hielten in dieser Zeit ebenfalls hohe Marktanteile in Deutschland. Mit der veränderten politischen Situation ab 1933 erfuhr die einheimische Industrie eine ganze Reihe von Förderungen. Zur bereits 1928 eingeführten Führerscheinfreiheit der 200 ccm-Klasse kam nun noch die völlige Steuerfreiheit für alle Motorräder hinzu, ebenso strikte Importbeschränkungen und Exportunterstützungsmaßnahmen.

Oben: Die Servicewerkstatt für Krieger-Gnädig Motorräder 1923 in Suhl/Thüringen.

Darunter: René Milhoux auf dem schnellsten Einzylinder der Welt. Diese 500 ccm-FN mit Kompressor erreichte 1934 224 km/h.

Volksmotorisierung hieß das Schlagwort, jedermann sollte sich zunächst einmal eine 98 ccm-Maschine leisten können, das motorisierte Fahrrad erlebte eine abermalige Wiedergeburt, nunmehr zu abertausenden als tatsächliches Massenverkehrsmittel.

Aber der Motorradbranche drohte auch Gefahr aus dem selben politischen Programm, denn ihrer treuen Gefolgschaft wollten die Nationalsozialisten nicht mehr lange Wind und Wetter zumuten, der Volkswagen war Hitlers Zielvorstellung im Aufbauprogramm.

Dieser wurde indessen erst rechtzeitig zum Kriegseinsatz fertig, wofür auch wieder große Stückzahlen an Motorrädern bereitgestellt werden mußten.

Derselbe Mechanismus wie 1919/20 sollte auch 1948/49 wieder in Gang kommen. Abermals stand das motorisierte Zweirad am Anfang des Wirtschaftsaufschwungs. Vorkriegsmodelle machten nach den ersten Jahren modernen Neukonstruktionen Platz. Die deutsche Motorradindustrie konnte stückzahlmäßig den Engländern erneut die Führungsposition streitig machen.

Oben: Eine restaurierte Harley-Davidson 750 aus den vierziger Jahren.

Links: Härtetest für die NSU Fox. Im Frühjahr 1949 wurden die 98 ccm-Motorräder über zwölf Alpenpässe in der Schweiz gefahren.

Doch der Volkswagen kam nun ebenfalls ins Rollen und mit ihm eine ganze Reihe mehr oder weniger gelungener Kleinwagenkonzepte. Zusätzlich war der Motorradmarkt mit neuen Ideen in verschiedene Richtungen aufgespalten worden: kleine 50 ccm-Mopeds für die tägliche Kurzstrecke zur Arbeitsstelle und die Motorroller als Vorstufe zum Automobil mit Blechkarosserie und Spritzschutz. Erstmalig machte das Gerede vom Motorrad als »Arme-Leute-Vehikel« die Rede. Das konnten natürlich die Bundesbürger nicht lange auf sich sitzen lassen, schließlich war man ja wieder wer und wollte dies auch zeigen...

So hatte also das Motorrad in Deutschland innerhalb eines halben Jahrhunderts einen Imagewandel um 180 Grad erlebt: Vom Sportfahrzeug für Snobs bis zum Arme-Leute-Vehikel. Hinzu kamen Unlust und Falscheinschätzungen in der Industrie, so daß beim denkwürdigen Ausspruch von Ernst Wilhelm Sachs im Dezember 1959 »Das Motorrad ist tot« ein Aufatmen durch die Reihen ging.

Kaum zwölf Jahre später waren die Fehler von 1954 den damals Beteiligten klar, die japanische Motorradindustrie entfachte die Wiedergeburt des Motorrads. Das Image war aus den Anfangstagen bekannt: technische Faszination, Freizeitwert, Spaß am Motorrad. Die Industrie reagierte nicht bloß auf eine Nachfrage, sie ließ diese überhaupt erst entstehen, indem sie mit gezielten Marketingstrategien antrat. Das hat es alles früher bereits gegeben, doch man hatte es sich meist zu leicht gemacht und sich auf den Lorbeeren ausgeruht.

Aber nicht nur die neuesten Kreationen mit aufwendigster Technik und immer höherer Leistungsausbeute erfreuten sich seit den siebziger Jahren steigender Beliebtheit. Im Gleichschritt mit der rasanten technischen Weiterentwicklung weitete sich auch das Interesse an der Vergangenheit aus. Wehmütige oder verklärte Blicke zurück wurden mit dem Begriff »Nostalgie« beschrieben.

Zunächst von den Technik-Fans als Spinner betrachtet, gehören die Motorradoldtimerfreunde heute genauso zur großen Motorradszene wie all die anderen Spezialisten, die dieser Hobbybereich in den letzten Jahren hervorgebracht hat. Den unbeteiligten Betrachtern scheinen sie sogar lieber zu sein, denn von den meisten Oldtimern und ihren Fahrern scheint mehr Ruhe auszugehen als von den aggressiv gestylten Rennmaschinen, die sich im heutigen Straßenverkehr bewegen. Wörtlich darf man das allerdings nicht immer nehmen, aber wie der Fachmann weiß, sind Lautstärke und Frequenz zwei Paar Stiefel...

Auf jeden Fall bedeutet dies, daß man sich nicht nur mit Bildern von Motorrädern aus vergangenen Jahrzehnten begnügen muß. Man kann sie auch heute noch in Fahrt erleben, sei es bei einer der immer zahlreicher werdenden Oldtimerveranstaltungen oder ganz einfach bei einem Ausflug am Sonntagvormittag.

Einzylinder-Vergleich Japan gegen England im Jahre 1980: Norton International 500 ccm 1951, Yamaha SR 500, Suzuki GN 400, Norton ES 2, 500 ccm 1953.

Rechts oben: Die Abstammung vom Fahrrad war bei den ersten Motorrädern noch deutlich zu sehen. Hersteller der 288 ccm -Excelsior war natürlich auch eine Fahrradfabrik in Brandenburg.

De Dion, Minerva und Zédel waren die ersten Lieferanten für Motorradmotoren. Nach deren Vorbildern entstand 1903 in Aachen dieses Fafnir-Aggregat.

Fahr-Rad

Excelsior 288 ccm von 1903

Bielefeld, so ist es überliefert, war einst das Zentrum der deutschen Fahrradindustrie. Aber es gab noch ein zweites solches Zentrum: Brandenburg an der Havel. Hier waren die Fabrikate Brennabor, Corona und Excelsior angesiedelt.

Kurz vor der Jahrhundertwende begannen die gutsituierten Brandenburger Unternehmer mit ersten Versuchen in Sachen motorisiertes Velociped. Man orientierte sich an Vorbildern aus Frankreich, Belgien und England. Zürcher und Lüthi in Neuchâtel lieferten ab 1899 mit einem 3/4 PS-Motor das richtige Aggregat – der Zédel-Motor ließ sich problemlos an einen Fahrradrahmen montieren. Größer und schwerer waren De Dion-Motoren – sie erforderten schon eigene Fahrwerkskonstruktionen.

In fast allen deutschen Fahrradfabriken beschäftigten sich die Techniker zu jener Zeit mit Motorfahrzeugen, und doch zählte Excelsior im Jahre 1901 zu den ersten Herstellern, die sich damit an die Öffentlichkeit wagten. Neben den Zédel-Motoren fanden auch solche von Minerva aus Belgien Verwendung; Silvain de Jong hatte zunächst unter Zédel-Lizenz produziert, jedoch dann laufend Verbesserungen vorgenommen.

Ein Jahr später stand dann auch ein deutscher Lieferant zu Diensten. Die Aachener Stahlwarenfabrik Carl Schwanemeyer hatte von den Brüdern Werner aus Paris die Lizenzfertigung ihres neuesten Motors übernommen. Unter dem Namen Fafnir unterschied sich dieses Aggregat nur wenig von den französischen und belgischen Motoren; es hatte etwa 230 ccm Zylinderinhalt, wies ein mechanisch gesteuertes, seitlich stehendes Auslaßventil und ein senkrecht darüber hängend montiertes Einlaßventil auf. Es wurde gegen leichten Federdruck vom Ansaug-Unterdruck automatisch geöffnet. Die Kraftstoffaufbereitung übernahm ein Spritzvergaser von Longuemare, und gezündet wurde mittels einer von De Dion entwickelten Batterie-Zündung.

Fafnir hielt sich jedoch nicht lange an die französische Technik und versuchte, einige Verbesserungen vorzunehmen. So entstand 1903 eine Eigenkonstruktion, die mit einer ganzen Reihe gut durchdachter Details aufwartete. Den luftgekühlten Fafnir-Fahrradmotor Typ 6 gab es in zwei Hubraumvarianten: Die Ausführung 6 g hatte die Zylinderabmessungen 70 x 75 mm für Bohrung und Hub, aus einem Hubraum von 288 ccm entwickelte der Motor 2 1/4 PS bei 1800–2000 Umdrehungen in der Minute. Mit den Dimensionen 75 x 80 mm kam der Motortyp 6 m auf 353 ccm und damit auf eine Leistung von 3 PS.

Da sich an den Befestigungspunkten nichts geändert hatte, konnte man diese Motoren in dem vorhandenen Fahrgestell weiter verwenden. Der Rahmen stellte nicht viel mehr als einen verlängerten Fahrradrahmen dar, in den man vor dem Tretlager das Antriebsaggregat montierte. Es dürften die Rohre gegenüber den robusten »Geschäftsfahrrädern« gar nicht einmal verstärkt worden sein. Die ungefederte Vordergabel kam noch ohne Versteifungsstreben aus, und ebenfalls unverändert blieb die mit 26 x 2 Zoll recht kräftig dimensionierte Bereifung. Gebremst wurde wie beim unmotorisierten Fahrzeug mit der Rücktrittbremse in der Freilaufnabe am Hinterrad.

Wenn man ein altes Motorrad testet, muß man sich zunächst mit gewissen Eigenarten, wie Sitzposition, Startprozedur und Fahrverhalten bekanntmachen. Auf vielen der frühen Motorräder wurde dem Fahrer eine recht eigenartige Sitzposition zugewiesen, so auch auf der Excelsior aus dem Jahre 1903. Der lange Radstand und der weit nach hinten gerückte Sattel erforderten einen ebenfalls weit nach hinten gezogenen Lenker, der zudem recht ausladend geschwungen war, denn man sollte ohne jede Behinderung an die Verstellhebel auf der Tankoberseite herankommen.

Einmal mit der Fahrhaltung vertraut, kümmert man sich als nächstes um die aus heutiger Sicht recht kompliziert erscheinende Handhabung des Vehikels. Als erstes wird der Benzinhahn geöffnet, damit die Schwimmerkammer am Vergaser mit Kraftstoff vollaufen kann, dann wird am Akkumulator der Zündstrom eingeschaltet: Dieser befindet sich samt Schalter in einem separaten Kämmerchen im Tank und ist über eine Klappe auf der rechten Seite zugänglich.

Fafnir verwendete schon 1903 einen zuverlässig funktionierenden Spritzdüsen-Vergaser eigener Herstellung, das Einlaßventil wurde jedoch noch vom Unterdruck geöffnet, ein sogenanntes Schnüffelventil.

Der vorderste Hebel auf dem Tank dient zur Einstellung des Zündzeitpunkts: später bei langsamem Lauf, früher bei höheren Drehzahlen. Gestartet wird per »Anradeln«, das heißt, man muß erst einmal kräftig in die Pedale treten. Dazu wird das einzige Bedienungselement am Lenker, der Auslaßventil-Ausheber am linken Lenkerende, betätigt, um die Kompression zu verringern. Wenn man dann etwas in Fahrt gekommen ist, läßt man den Ausheber los, und der vorher leer durchlaufende Fafnir-Motor erwacht zu knatterndem Leben.

Zur Drehzahlregelung stehen nun zwei Hebel zur Verfügung. Da ist zunächst die Zugstange, mit deren Hilfe die Frischluft-Zufuhr am Vergaser gesteuert wird. Das aus Messingbronze gefertigte Fafnir-Instrument ist ein unkomplizierter, aber sehr gut durchdachter Spritzdüsenvergaser. Die Spritzufuhr bleibt während des Betriebs festgesetzt, sie läßt sich aber im Stillstand durch eine Einstellschraube verändern. Seine Primärluft bezieht der Vergaser vorgewärmt über den zum Zylinder hin gerichteten Ansaugtrichter; die warme Luft steigt zwar ohnehin nach oben, aber durch die Verengung des Venturirohrs wird die nötige Sogwirkung zum Mitreißen der zerstäubten Kraftstoffpartikel erzeugt. Eine Drehzahlsteigerung wird durch die Zugabe von Frischluft erzielt, und diese strömt seitlich ein. Reguliert über eine Schieberabdeckung, magert das Kraftstoff-Luft-Gemisch ab und kann besser verbrannt werden.

Die zweite Regelmöglichkeit stellt die Veränderung des Öffnungshubs am Auslaßventil dar, dazu dient der mittlere Hebel am Tank. Wenn das Ventil nicht mehr ganz öffnet, verringert sich die Strömungsgeschwindigkeit, das verbrannte Gas zieht nicht mehr vollständig ab und behindert damit die Frischgas-Zufuhr.

Es sind dies zwar keine exakten Drehzahlregulierungen, doch läßt sich die Fahrgeschwindigkeit gut unter Kontrolle halten. Zusätzliche Beschäftigung bietet noch die Schmierung, denn dazu muß in Intervallen (alle 15 km ein Pumpengehäuse voll: 10 ccm) die Handpumpe rechts hinter dem Lenkkopf betätigt werden. Sie fördert das Öl aus dem vorderen Tankabteil und gibt es tropfenweise in das Kurbelgehäuse ab. Die Schleuderschmierung der bewegten Teile übernehmen die großen Kurbelwangen, die Lager sind mit eigenen Auffangrinnen versehen, und das Steuergehäuse wird mit dem Ölnebel aus dem Kugelventil der Kurbelhausentlüftung noch zusätzlich versorgt.

Der direkte Hinterradantrieb per Keilriemen von der Riemenscheibe auf dem linken Kurbelwellenstumpf zur Riemenfelge am Hinterrad ist zwar recht gut in der Lage, etwaiges Antriebsrucken zu dämpfen, er erfordert aber auch einen konzentrierten Fahrer. Eine Kupplung oder einen verstellbaren Riemenspanner (wie etwa am Daimler-Motorrad von 1885), die einen Motor-Leerlauf ermöglichen würden, gibt es nicht.

Zum Anhalten muß deshalb per Ventilausheber der Motor abgewürgt werden. So hatte man also vor 87 Jahren mit seiner neuen Excelsior (und natürlich auch allen anderen zeitgenössischen Motorrädern) recht viel zu tun. Reisen über weite Strecken blieben noch die Ausnahme, denn mit den ungefederten Fahrzeugen wurde eine Fahrt über ausgewaschene Pferdewagenstraßen bald zur Tortur. Aber immerhin war man schneller als die Postkutsche, denn 60–70 km/h liefen die meisten Motorräder schon – vorausgesetzt der Fahrer traute es sich zu...

Einige harte Sportsmänner stürzten sich auch in diesen Jahren schon in größere Abenteuer, und so gab es bald zahlreiche sogenannte Städte-Fernfahrten. Am 27./28. Mai 1905 stand Excelsior sogar vor einem ganz großen Sieg, als F. Städing aus Stadthagen die Fahrt Berlin-Frankfurt in der kürzesten Zeit bewältigte. Für die erste Etappe von Berlin nach Kassel (393,1 km) benötigte er acht Stunden und sechs Minuten, nach dem Übernachten in Kassel fuhr er in vier Stunden und 29 Minuten die restlichen 200 Kilometer nach Frankfurt am Main. Leider wurde er für seine Klasse von Motorrädern für »zu leicht befunden« und auf den dritten Platz zurückversetzt, zum Sieger erklärte man stattdessen Franz Seidel auf einer Peugeot.

Der Fernfahrt-Excelsior von 1905 stellte bereits die nächste Entwicklungsstufe dar, denn nach Minerva, dem harten Konkurrenten auf dem internationalen Markt der Einbaumotoren, führte auch Fafnir 1905 als Neuheit ein mechanisch gesteuertes Einlaßventil an allen Motoren ein und blieb den Mitbewerbern hart auf den Fersen. Am luftgekühlten Motorradmotor wurde diese Verbesserung auf überraschend einfache Weise durchgeführt. Die Ventilanordnung – Einlaßventil hängend über stehendem Auslaßventil, oder wechselgesteuert – blieb unverändert, auf den Schaft des Einlaßventils ragte jedoch nun durch die Wandung des Ansaugkrümmers ein Ventilstößel, der über einen Kipphebel und eine lange Stoßstange von der untenliegenden Nockenwelle betätigt wurde. Selbstverständlich gehörte zur mechanischen Öffnung nun auch eine härtere Ventilfeder.

Raffiniert wurde die Nockenkonstruktion abgeändert: Gab es bisher für die Auslaßsteuerung nur eine Innennokkenbahn auf dem Steuerzahnrad, auf der ein Winkelhebel ablief, so fügte Fafnir nun auf der Rückseite dieses Rades noch eine zusätzliche Nocke an. Dort lief dann der Schlepphebel für die Einlaßsteuerung. Konsequenterweise wurde der »Regulator« (Ventilhubbegrenzer) nun auch auf die Einlaßseite verlegt, so daß die Drehzahl durch ein geringes Anheben des Einlaßventils gedrosselt werden konnte.

Die Zuverlässigkeit der Motoren erhöhte sich durch die verbesserte Ventilsteuerung enorm, sie kam überdies der Drehzahlfestigkeit zugute. Excelsior trug dem weiterentwickelten Motor fahrwerksseitig mit einer abgestrebten Vordergabel Rechnung. Ein Jahr später wurde dann die Magnetzündung zum Standardbauteil erhoben, und die 1906er Excelsior-Motorräder warteten mit einem neuen, wesentlich größeren Benzintank (mit aufmontierter Werkzeugbox), einem separaten Öltank hinter dem Motor, einem Klappständer und mit einer Außenbandbremse am Hinterrad auf.

Fafnir war zunächst versuchsweise 1905 von der hauseigenen Schwanemeyer-Batteriezündung mit Akkumulator, Spule und Unterbrecher zu den neuen Hochspannungszündern von Bosch und Eisemann übergegangen. Den Magnet konnte man dabei, je nach Einbaulage des Motors in den Fahrgestellen der einzelnen Hersteller, hinten oder vorne am Motor montieren; angetrieben wurde er über drei verkapselte Zahnräder vom zentralen Steuerungsritzel im bisherigen Steuergehäuse. Durch diese Neuerung wurde auch der Fafnir-Unterbrecher überflüssig, das separate Gehäuse außen auf dem Steuerdeckel fiel weg.

Excelsior konzentrierte sich nach 1907 wieder ganz auf den Fahrradbau, nur NSU und Wanderer konnten sich im Geschäft halten. Erst 21 Jahre später wagten die Brandenburger einen neuerlichen Vorstoß in die Motorradbranche. Doch die Einbaumotoren kamen von JAP aus England, denn diese Firma hatte ab 1908 die Nachfolge von Zédel, Minerva und nicht zuletzt Fafnir angetreten.

Excelsior 288 ccm von 1903	
Motor	Fafnir Viertakt
Zylinder	1
Bohrung/Hub	70 x 75 mm
Hubraum	288 ccm
Ventile	ioe, Einlaß automatisch
Schmierung	Tropföler
Leistung	2,25 PS bei 1800 – 2000/min
Kühlung	Fahrtwind
Vergaser	Fafnir Spritzdüsenvergaser
Elektrische Anlage	Schwanemeyer-Batteriezündung
Kupplung	ohne
Getriebe	ohne
Antrieb	Direktantrieb
Rahmen	Excelsior-Fahrradrahmen, modifiziert
Radaufhängungen	Starr vorn und hinten
Reifen	26 x 2 Wulst
Fußbremse	Rücktrittbremse in der Hinterradnabe
Tankinhalt	4 l Benzin, 1 l Öl
Leergewicht	ca. 60 kg
Höchstgeschwind.	50 km/h
Originalpreis	700 Mark (1903)

Peugeot

Leichter Löwe

Peugeot Zweizylinder 332 ccm von 1911

Motorräder aus der Zeit vor 1914 sind manchem Sammler suspekt – wegen ihrer vermeintlichen Kompliziertheit. Und es gibt auch nicht allzu viele voll einsatzbereite Maschinen aus jener Frühepoche. Franz-Xaver Scherer, ein Motorrad-Enthusiast der ersten Stunde, der mir schon manche Testfahrt mit einem historischen Zweirad ermöglicht hat, stellte mir auch diesmal wieder ein solches Motorrad zur Verfügung, eine Zweizylinder-Peugeot aus dem Jahre 1911.

Als Scherer die Maschine kaufte, fehlten ein paar Teile. Zwei Jahre dauerte die Komplettierung. Original-Drahtreifen trieb er Ende der 70er Jahre noch im Lagerbestand eines Großhändlers für Fahrradteile auf, auch passende Felgen dazu. Die beiden Klotzbremsen an der Riemenscheibe, Lenkergriffe und andere Kleinteile mußten nachgefertigt werden.

Die ersten Ausfahrten verliefen dennoch ein wenig enttäuschend. So wurde während des Winters der nur oberflächlich instand gesetze Motor einer eingehenden Betrachtung unterzogen – wobei sich einige Defekte zeigten, die es zu beheben galt.

Zunächst war die Feder eines Schnüffelventils gebrochen, für die sich so schnell kein Ersatz beschaffen ließ. Scherer griff wieder einmal zur Selbsthilfe und fertigte sich eine Schraubenfeder an. Dann brachte er am Bosch-Zündmagneten (französische Lizenz) einen Verstellring zur Regulierung des Zündzeitpunkts an und montierte an der Gabelung des Ansaugkrümmers ein Zusatzluftventil. Schließlich änderte Scherer noch das Übersetzungsverhältnis an der vorderen Riemenscheibe, um mehr Zugkraft zu bekommen.

Der Authentizität der Maschine taten die Modifikationen gewiß keinen Abbruch. Schließlich ging es darum, das Motorrad einsatzfähig zu halten!

Die genaue Bestimmung des Baujahrs war übrigens gar nicht so einfach. Den 332 ccm-Motor gab es bei Peugeot schon im Jahre 1904, wenn auch in einem offenen Rahmen. Kurze Zeit später tauchte der Torpedo-Tank (an Rennmaschinen) auf. Wann aber von Batterie- auf Magnetzündung und vom Longuemare- auf den Claudel-Vergaser umgestellt wurde, ließ sich nicht in Erfahrung bringen.

Hinweis auf das Entstehungsjahr der Maschine war dann der geschlossene Rohrrahmen, bei Peugeot 1910 eingeführt – und der Testbericht von 1911, den Scherer ausfindig machte. 1913 lief die Fertigung dieses Modells dann aus; Nachfolger war das berühmte Paris-Nice-Modell. Die Bezeichnung »Lion Peugeot« auf dem Kurbelgehäuse sagt nicht allzuviel aus, denn diese gab es zwischen 1906 und 1913 parallel zu der Abkürzung »P. F.«, die für Peugeot Frères stand.

Vor Antritt der Probefahrt wurde ich vom Besitzer der Maschine über die Funktion der sechs Bedienungshebel in Kenntnis gesetzt. Die beiden größeren an den Enden des Lenkers betätigen die unabhängig voneinander auf die große Riemenscheibe am Hinterrad wirkenden Klotzbremsen – eine innen, eine außen. Der zweite Hebel links ist der Ventilausheber; am rechten Lenkerende sitzt dann noch der Gashebel. Am Rahmenrohr über dem Tank befindet sich der Zündversteller, und rechts am glanzvernickelten Tank muß alle drei bis fünf Kilometer die Handölpumpe betätigt werden.

Das Warmfahren überließ ich gerne dem Besitzer, denn die Feinregulierung von Zündzeitpunkt und Zusatzluft erfordert Erfahrung im Umgang mit dem kleinen Schnüffelventiler. Doch dann konnte es losgehen.

Das Anlassen ist schweißtreibender als mit einem Kickstarter, denn dazu muß erst einmal kräftig geradelt werden. Wenn dann eine gewisse Geschwindigkeit erreicht ist, wird der Ausheber langsam losgelassen und vorsichtig Gas gegeben. Man muß schon kräftig in die Pedale treten, denn trotz angehobener Auslaßventile bietet der mitlaufende Motor noch genügend Widerstand; sobald er aber die ersten Takte gezündet hat, setzt er sich mit einem wohlklingenden »Töff-Töff-Töff« in Bewegung. Mit viel Gefühl ziehe ich nun das Gas weiter auf, und die beiden 55-mm-Kolben liefern eine gleichmäßige Leistung, die über den elastischen Ledergliederriemen das Hinterrad immer schneller laufen läßt. Die dünne Auspuffanlage gibt dabei einen gehörigen Lärm ab, womit sich das zierliche Maschinchen viel »schwerer« anhört, als es ist.

Auf freier Strecke fällt der ruhige Lauf des 332-ccm-V-Motors auf, er dreht ja mit etwa 2600/min – für ein im Jahre 1904 konstruiertes Motorrad-Aggregat eigentlich enorm hoch. Einige Aufmerksamkeit erfordert indessen das Langsamfahren, etwa beim vorsichtigen Abbiegen; ist die Drehzahl zu weit abgesunken, empfiehlt es sich, den Dekompressionshebel zu ziehen, damit der Motor nicht stehenbleibt. Beim Anhalten ist dies ebenfalls ratsam, wenn auch die beiden Bremsen hierbei natürlich benötigt wer-

Der nur 332 ccm große Peugeot-Zweizylinder von 1911 weist noch Einlaß-Schnüffelventile auf, den Vergaser lieferte Claudel, den Zündmagnet die Firma Bosch.

den – sie funktionieren übrigens gar nicht mal so mickrig, wie sie aussehen.

Eine Stadtfahrt kann zur Tortur für Mensch und Maschine ausarten. Bei engen Ecken macht sich allerdings das geringe Gewicht bezahlt; man kann mit dem weit nach hinten gezogenen Lenkergeweih sehr stark einschlagen und knappe Kehren fahren. Der Lenkkopfwinkel ist sehr spitz, die Langarmschwinge neigt nicht zum Aufstellen. Überhaupt ist diese Truffault-Gabel eine recht einfache und wirkungsvolle Konstruktion. Ein stabiles Profilstück hinter dem Vorderrad stellt den Hauptträger dar, an dessen unterem Ende verschraubt sind die Schwingarme, an denen vorne die Radachse eingesteckt ist. Zwei kurze, ebenfalls gebogene Schwinghebel führen von hier wieder nach oben, wo an dem eigentlichen Gabelstück sich die dritte Knickstelle befindet. Diese Dreiecksschwinge ist zweifach geführt, einmal durch die in den Lenkkopf eingeführte Drehachse des Gabelstücks und dann noch durch zwei zusätzliche Arme, die, mit Leder- oder Filzplättchen bestückt, auf einem Gleitrohr vor dem Steuerkopf auf und ab laufen und somit auch für eine leichte Dämpfungswirkung sorgen. Das Vorderradschutzblech ist mit der ganz vorne befestigten Haltestrebe in das Gelenksystem einbezogen.

Doch nicht nur die Gabel verdient eine nähere Beschreibung. Das sehr schmal gehaltene Kurbelhaus beherbergt eine in Bronzebuchsen gelagerte Kurbelwelle, deren beide Hubscheiben mit dem verschraubten Hubzapfen zusammengefügt sind. Die beiden Pleuel laufen ebenfalls auf Gleitlagern. Durch die Verwendung eines gegabelten Pleuelfußes konnte die zweite Pleuelstange dazwischen gelagert werden, es erübrigte sich eine Desaxierung der Zylinder. Besonders aufwendig führte man die Kolbenbolzensicherung aus. Der Bolzen kann wegen seiner leicht konischen Form nur von einer Seite eingeführt werden, auf der anderen Seite wird vom Kolbenboden ein ebenfalls konischer Stift zur Fixierung eingesteckt und von unten am Kolbenbolzenauge verschraubt. Die Steuerung der beiden stehenden Auslaßventile wird über Schlepphebel von einer zentralen Nocke bewerkstelligt, von deren Antriebszahnkranz aus über zwei

Das zierliche Motorrad hat es mit diesem Fahrer nicht leicht.

Zwischenräder auch der vorne am Motor untergebrachte Zündmagnet angetrieben wird.

Der Claudel-Vergaser, über einen Drehschieber gesteuert, bereitet das Kraftstoff-Luft-Gemisch für die beiden Zylinder auf und beliefert sie über einen langen Messing-Ansaugkrümmer. Die Einlaßventile öffnen sich automatisch gegen den Federdruck durch den entstehenden Unterdruck beim Ansaugtakt des nach unten wandernden Kolbens. Die Zündkerzen sitzen ebenfalls außen an den Ventilgehäusen. Es ist hier deutlich zu sehen, warum die kleine Peugeot mit dem Kraftstoff gar nicht ökonomisch umgehen kann, wenn die große Explosion statt über dem Kolben eigentlich mehr im »Nebenraum« abläuft...

Ausgeliefert wurde die Peugeot mit einem Keilriemen, doch Gliederriemen gab es stets im Zubehörhandel zu kaufen. An unserer Testmaschine machte der größere Knickwinkel an der verkleinerten Antriebsscheibe einen solchen Lederriemen notwendig. Sehr aufwendig und auch für wesentlich leistungsfähigere Maschinen geeignet zeigte sich die Befestigung der Riemenscheibe am Hinterrad. Diese ist mit eigenen, etwa 20 mm

Ganz oben: Das Antriebsaggregat ist exakt in die Rahmenschleife eingepaßt.

Oben: Beide Klotzbremsen wirken auf die separat eingespeichte Riemenscheibe ein.

langen Speichen in die Radfelge eingebaut, die 72 Löcher aufweisen muß – fröhliches Nippel-Nachziehen! Die Felgen tragen, wie schon angedeutet, keine Wulstbereifung, sondern Drahtreifen, die schon 1905 von Michelin vorgestellt, von der Mehrzahl der Motorradfirmen aber erst gegen Ende der Zwanziger übernommen wurde.

Der Tester von 1911 stellte in seinem Bericht in der *»Revue de l'Automobile«* vor allem die einfache Handhabung der kleinen Peugeot heraus, die zu dieser Zeit noch ungewöhnlich war. Und ausgerechnet diese Unkompliziertheit hatte schon einmal zu einem großen Schaden an der Peugeot geführt. Die Schleuderschmierung, die ihren Öl-Nachschub per Handpumpe bekommt, ist nämlich trotz großer Bohrungen zu allen Bronzebuchsen auf die stete Aufmerksamkeit des Fahrers angewiesen. Bei einer 150-km-Ausfahrt kann es aber leicht einmal vorkommen, daß man ein Pumpen-Intervall vergißt. So erging es auch dem Peugeot-Fahrer Scherer. Zuerst ist vermutlich die Nockenwelle festgegangen, dann verbog sich der Sicherungsstift, und die Steuerung wurde blockiert. Die winterliche Heimarbeit umfaßte danach das Anfertigen neuer Lagerbuchsen, Ausrichten des Räderkastendeckels und Aufschweißen der beschädigten Nocke – alles in allem konnte man jedoch von Glück im Unglück sprechen, denn Kurbeltrieb und Gehäuse waren nicht in Mitleidenschaft gezogen worden.

Ansonsten kann man dem Zeitgenossen von 1911 nur zustimmen, wenn er schreibt, daß an dieser Peugeot der serienmäßig vorhandene Gepäckträger das Bild einer Maschine vervollständigt, die sich vor allem auf weiten Touren durch das Land von ihrer besten Seite zeigt. Wenn unsere Testmaschine auf Reisen geht, ist auf diesem Gepäckträger eine alte Doktortasche festgeschnallt, in der sich ein Schlauch, ein Riemen und etliche andere wichtige Utensilien befinden, auch ein Benzintrichter, denn seitdem der Kraftstoff nur mehr an Tankstellen und nicht in Apotheken verkauft wird, hat die 2 3/4-PS-Peugeot Probleme mit dem Durchmesser des Einfüllstutzens. Aber davon abgesehen gibt es keinen Hinderungsgrund für dieses Motorrad, mit seinen 79 Jahren in der nächsten Saison wieder mit von der Partie zu sein und sich mit den wenigen überlebenden Altersgenossen zu treffen...

Die Truffault-Vorderradschwinge bietet mit ihrem erstaunlich großen Federweg guten Fahrkomfort.

Peugeot Zweizylinder 332 ccm von 1911	
Motor	Viertakt
Zylinder	2 (45° V-Winkel)
Bohrung/Hub	55 x 70 mm
Hubraum	332 ccm
Ventile	ioe, Einlaß automatisch
Schmierung	Tropföler
Leistung	ca. 3 PS bei 2600/min
Kühlung	Fahrtwind
Vergaser	Claudel-Drehschieber 12 mm
Elektrische Anlage	Bosch (F)-Magnet BA1V 45°
Kupplung	ohne
Getriebe	ohne
Antrieb	mit Riemen direkt auf das Hinterrad
Rahmen	geschlossener Einrohrrahmen
Radaufhängungen	Truffault-Langarmschwinge v, starr h
Reifen	650 x 50 Draht (26 x 1 3/4 x 2)
Bremsen	je 1 Innen- und Außenbacken auf Riemenscheibe
Länge	2030 mm
Breite	550 mm
Sattelhöhe	860 mm
Bodenfreiheit	160 mm
Tankinhalt	5 l Benzin, 1 l Öl
Leergewicht	48 kg
Höchstgeschwind.	55 km/h
Verbrauch	6–7 l / 100 km

Liebe auf den ersten Blick

Alba 198 ccm von 1919

Höchstgeschwindigkeitsversuche mit einem Leichtmotorrad, die Alba lief tatsächlich 48 km/h.

Im Jahre 1919 fand in München erstmalig nach dem Ersten Weltkrieg wieder eine Fahrzeugschau statt. Diese Ausstellung muß ein bedeutendes Ereignis gewesen sein, denn sogar aus dem fernen Stettin war ein Motorrad in die bayerische Hauptstadt geschickt worden. Und genau dieses Maschinchen, die 198-ccm-Alba, stach Gutsbesitzer Hörtlmayer aus Ruderatshofen im Allgäu in die Augen. Der Ökonom war mit der Königlich-Bayerischen Staatsbahn in die Stadt gefahren, um sich über das aktuelle Kraftfahrzeugangebot zu informieren, und just diese grazile, hellgraue Alba hatte es ihm angetan. Er kaufte das Motorrad gleich vom Ausstellungsstand weg.

Nachdem er die 556 Goldmark bezahlt hatte, konnte er sich auf den Heimweg machen. Er kam aber nicht sehr weit, denn bereits im Münchner Vorort Pasing war er vom ständigen Halten und Anfahren so mitgenommen, daß er sich kurzerhand entschloß, das Fahrzeug per Bahn weiterzutransportieren. Wegen der unumgänglichen Mittreterei in der hügeligen Gegend seiner Heimat benutzte er für Überlandfahrten dann auch in Zukunft seinen Pferdewagen. Zum »Promenieren«, oder besser gesagt für den Weg zum Wirtshaus-Stammtisch war das moderne Gefährt aber recht gut geeignet; auf der kurzen Strecke konnte man sein fortschrittliches Image aufpolieren, ohne dabei ins Schwitzen zu kommen. Doch die wirtschaftliche Entwicklung hielt auch in Ruderatshofen Einkehr, und so währte es nicht lange, bis sich der Hörtlmayer ein Auto zulegte; für seine Alba bedeutete dies frühzeitige Pensionierung.

Über vierzig Jahre später kam das kleine Motorrad wieder ans Tageslicht: 1962 entdeckten es die Enkelkinder auf dem Heuboden. Bevor diese ihr neues Spielzeug jedoch in Beschlag nehmen konnten, kam ihnen der Bauer zuvor und verkaufte es an einen Motorradfreund aus der Umgebung, der großen Gefallen an dem alten Ding fand und beschloß, es herzurichten. Die Alba war zwar komplett, hatte aber über die Jahre hinweg sehr gelitten, und es bedurfte einer vollständigen Restaurierung, um sie in einen guten Zustand zu versetzen.

Rechts: Das Motorrad aus Stettin sah 1919 immer noch aus wie ein Modell aus den Pioniertagen.

Vor nunmehr zwanzig Jahren war sie erstmals bei einer Veteranenfahrt am Start. Nach weiteren zehn Jahren hatte sie bereits wieder ein klein wenig Patina angesetzt. In meinen Augen sah das Motorrad damit nur noch besser aus, denn es wirkte nicht mehr so »keimfrei« wie ein frischrestauriertes Fahrzeug, das mitunter mehr nach Aufstellungsstück als nach Verkehrsmittel aussieht.

Die 198-ccm-Alba war eine von vielen Leichtmotorrad-Konstruktionen ihrer Zeit. Innerhalb der Metallwarenbranche sahen damals zahlreiche kleinere Firmen ihre Zukunft in der Fahrzeugherstellung – billige Verkehrsmittel, wie sie die vielen Fahrräder mit Hilfsmotor darstellten, erwiesen sich in der Tat als Verkaufsschlager. Der Inhaber des Stettiner Präzisions-&-Kettenwerks, Alfred Baruch, entschloß sich deshalb 1919, es der Konkurrenz gleichzutun und ließ das kleine Viertaktmodell entwickeln. Es erhielt den Namen Alba, und der Firmenname wurde folgerichtig in Alba Werke GmbH, Stettin-Möhringen, Pasewalker Kunststraße, geändert. Man bewies eine glückliche Hand bei der Konstruktion: Das Erstlingsmodell galt von Anfang an als sehr zuverlässig, und somit war auch ein kommerzieller Erfolg zu erzielen. Als Einbaumotoren wurden die 198-ccm-Aggregate auch an die ebenfalls in Stettin ansässige Firma Teco sowie nach Dresden zu Huy geliefert. Als eine weitere gute Idee erwies sich der Bau von Lieferdreirädern, bei denen man auch größere Motoren verwendete.

1923 stellte Alba zwei neue Motorräder mit obengesteuerten Motoren von 197 und 249 ccm Hubraum vor. Dies waren nun keine Leichtmotorräder mehr; es gab ein stabiles Fahrgestell, Klotzbremse hinten, Trommelbremse vorne und eine geschobene Kurzschwinge als Vordergabel. Der neue ohv-Motor hatte ein angeblocktes Zweiganggetriebe, der Keilriemen-Sekundärtrieb blieb indessen erhalten. Ein Jahr später ergänzte man das Programm mit einer 350er mit Kühne-ohv-Motor. Keine der Neuschöpfungen fand indessen den erhofften Anklang, so daß sich Ende 1925 bei Alba wirtschaftliche Schwierigkeiten ergaben. Der Fahrzeugbau wurde aufgegeben, und man wandte sich wieder anderen Fabrikationsbereichen zu. Die in Möhringer Präzisionswerk GmbH umbenannte Firma hatte nichts mehr mit Motorrädern zu tun, doch ein Kleinbetrieb unter der Leitung des Baruch-Sohnes Manfred lieferte noch annähernd zehn Jahre lang Ersatzteile für die Alba-Maschinen.

1980 hatte ich meine eigenen Leichtmotorräder noch gut in Erinnerung, und ich hielt das Quickly mit seinen großen, schmalen Rädern immer für eine sehr wacklige Angelegenheit. Beim Anblick der Alba dachte ich bestimmt nicht an ein labiles Fahrwerk, allein der geschlossene Rohrverbund des Rahmenmittelteils sieht schon sehr stabil aus. Doch vielleicht sind auch meine Größe und das Körpergewicht schuld – ich fuhr jedenfalls arge Schlangenlinien. Die Vordergabel mit der Horizontal-Federung scheint nicht sehr belastbar zu sein, was

Von den vielen Leichtmotorrädern haben nur wenige wie diese Alba überlebt.

mir der Besitzer der Alba auch bestätigt hatte; die vorderen Rohre verbiegen sich leicht. Mit dem nach hinten gebogenen »Gesundheits-Lenker« kamen meine Knie in Konflikt; so mußte ich eine sehr zusammengefaltete Sitzposition einnehmen.

Das schnurrende Alba-Motörchen ist vom technischen Standpunkt aus beachtenswert, denn es weist eine erstaunlich einfache Konstruktion auf. Es ist dabei bemerkenswert, wie zuverlässig das Motorrad war, damals wie heute. Die Kurbelwelle wartet mit großen Schwungmassen auf, sie ist aus Einzelteilen zusammengesetzt und mit starken Sechskantmuttern verschraubt. An dem Aluminiumkolben ist die Lagerung des massiven Kolbenbolzens interessant: Dieser liegt schwimmend in zwei Stahlbuchsen, die ihrerseits schwimmend im Bolzenauge des Kolbens gelagert sind. Da diese Bauweise ein Wandern des Bolzens nicht verhindern kann, trägt er an den Enden Messingkappen, die selbstverständlich an der Grauguß-Laufbahn des Zylinders schleifen. Letzterer ist als Sackzylinder aufgeführt, so gelangt man nur durch die Schraubdeckel an die stehenden Ventile; im Deckel über dem Einlaßventil befindet sich zugleich die Zündkerze. Temperaturprobleme scheinen für den Langsamläufer kein Thema gewesen zu sein, denn es trägt lediglich der Kopf eine elegante Schrägverrippung. Minimaler Aufwand ist bei der Steuerung getrieben worden: Von der Kurbelwelle werden drei Zahnräder angetrieben, das Nokkenrad und mittels eines Zwischenrades der Magnetantrieb. Die Ventilbewegung steuert ein einziger Nocken, der die beiden auf einer Welle sitzenden Segment-Schlepphebel anstößt und damit den Ventilhub bewirkt. Die beiden unweigerlichen Verschleißquellen, Abnutzen der Gleitflächen und Lockern des eingeschraubten Schlepphebel-Bolzens, führten jedoch auf wunderbare Weise nicht zu Störungen.

Bedient wird die Alba eigentlich mehr wie ein Fahrrad, denn der Motor läßt sich schon aufgrund des Direktantriebs nicht im Stand anwerfen. Doch dazu sind noch einige Vorbereitungen vonnöten. Das Fluten der Schwimmerkammer ist selbstverständlich, aber es sind auch noch der Tropföler einzustellen und der Zischhahn (Dekompressionsventil) mit Sprit zu versorgen. Sodann wird sich in den Sattel geschwungen und losgetreten, dabei kann man Gas- und Lufthebel gleich etwas vorstellen, um ein leichtes Anspringen zu ermöglichen. So lange, bis man etwas auf Geschwindigkeit gekommen ist, läßt man den Ventilausheber gezogen, damit der Motor ohne Kompression auf Touren kommt. Er springt an, wenn man dann den Hebel losläßt; um sich jetzt mit Motorkraft vorwärts bewegen zu können, muß man noch etwas mittreten sowie »das Gas aufziehen«, damit der Motor höher dreht und damit die nötigen Pferdestärken (insgesamt eineinhalb sollen es sein) entwickelt.

Wenn der Motor warm geworden ist, macht ihm auch eine Mißhandlung wie das Umkehren in einem engen Hofgelände nichts aus, er hüpft dann zwar unwillig, aber er stirbt nicht so leicht ab. Mit der Erfindung der Kupplung konnte das schwere Los der Motoren erheblich gemildert werden, doch sie blieb der Alba noch versagt. Beim Anhalten kann man ihm die Qualen durch rechtzeitiges Betätigen des Aushebers ersparen. Da der Kraftschluß nicht getrennt werden kann, bewegt sich der Motor auch beim Ran-

Oben: Die Pendelgabel mit ihrer horizontalen Federbewegung war nur bei einem so leichten Fahrzeug vertretbar.

Darunter: Die Riemenscheibe auf der Kurbelwelle sorgte für den Direktantrieb ohne Kupplung und Getriebe.

Der Alba-Motor mit den seitlich stehenden Ventilen wurde auch von anderen Herstellern verwendet.

Alba baute 1923 auch eine 196 ccm-Maschine mit ohv-Motor und Zweiganggetriebe.

gieren; ich entschloß mich deshalb, das Hinterrad hochzuheben, was bei einem derartigen Leichtgewicht keine Anstrengung bedeutet.

Für einen richtigen Motorradtest braucht man natürlich auch Geschwindigkeitsmessungen. Bei der Alba war es keine Frage, ob wir die Höchstgeschwindigkeit erreichen würden, vielmehr ging es um ein geeignetes Testgelände. Heimlich stahl ich mich zum Ortsausgang hinaus – im unteren Drehzahlbereich ist das Knattern kaum zu vernehmen. Auf einer Nebenstraße angekommen, begann ich mit den Beschleunigungsversuchen, wobei ich feststellen mußte, daß das Drehzahlband zwar annähernd vom Stillstand bis zur Höchstgeschwindigkeit reicht, aber wegen der geringen Kraft sehr vorsichtig Gas gegeben werden muß. Den Vorgang kürzte ich durch energisches Mittreten ab, und so gelang es mir endlich, die magischen 48 Stundenkilometer zu erreichen. Angesichts des harten Auspuffgeräusches bei diesen Drehzahlen (etwa 2500 /min) ließ ich es aber für den Rest des Ausflugs bei »gesünderen« 38 km/h bewenden.

Als ich an das Quickly dachte, kam mir doch der Fortschritt der Technik in den Sinn, und wenn ich der Alba auf einer Rallye wieder einmal begegne, werde ich Mann und Maschine mit Hochachtung applaudieren.

Alba 198 ccm von 1919	
Motor	Viertakt
Zylinder	1
Bohrung/Hub	60 x 70 mm
Hubraum	198 ccm
Ventile	sv, Nocken, Schlepphebel, Stößel
Schmierung	Tropfschmierung, Handpumpe
Leistung	1,5 PS bei ca. 2200/min
Kühlung	Fahrtwind
Vergaser	Zephan MHC 18
Elektr. Anlage	Bosch-Magnet
Kupplung	ohne
Getriebe	ohne
Antrieb	Keilriemen
Rahmen	geschlossener Einrohrrahmen
Radaufhängungen	Pendelgabel vorn, starr hinten
Reifen	26–170 x 1 ½
Fußbremse	Rücktrittnabe
Handbremse	–
Länge	2100 mm
Breite	550 mm
Höhe	1060 mm
Sattelhöhe	800 mm
Bodenfreiheit	120 mm
Tankinhalt	Benzin 4,5 l, Öl 0,75 l
Leergewicht	47 kg
Höchstgeschwind.	48 km/h (liegend!)

Durchgeboxt

Douglas 4 HP 600 von 1920

BMW baut nun schon seit 67 Jahren Motorräder mit dem traditionellen Zweizylinder-Boxermotor. Die Anregungen dazu stammten jedoch zunächst aus England...

Und erfunden hat ihn Carl Benz; er schuf 1897 den ersten Verbrennungsmotor mit gegenüberliegenden Zylindern.

Links: Für den Puristen strahlt und funkelt es an der Douglas etwas zu stark...

Unten: Ein 600 ccm-Boxermotor glänzte auch 1920 schon durch seine Laufruhe.

Der Benz'sche »Kontra-Motor« war den Einzylindern in puncto Laufruhe weit überlegen und erwies sich damit als bessere Lösung für den Fahrzeugantrieb. Diese Tatsache beeindruckte auch John Joseph Barter aus der westenglischen Hafenstadt Bristol, als er auf einer Ausstellung in London den großen Lanchester-Wagen mit seinem Sechszylinder-Boxermotor laufen hörte.

Er entwarf daraufhin einen 200 ccm-Zweizylinder-Boxermotor zum Einbau in einen Fahrradrahmen und gab ihm den Namen »Fairy« (zu deutsch »Fee«).

Zwischen 1905 und 1907 kam es sogar zur Serienfertigung kompletter Fahrzeuge unter diesem Namen, der kommerzielle Erfolg blieb jedoch aus.

Ebenfalls unter Auftragsmangel litt zur selben Zeit die Gießerei der Brüder William und Edward Douglas im Stadtteil Kingswood. William Douglas Junior kannte Joseph Barter und schlug ihm vor, künftig in der väterlichen Firma an Motorrad-Konzepten zu arbeiten. Auf diese Weise wurde das Fairy-Motorrad zur ersten Douglas, einem verbesserten und auf 340 ccm Hubraum gebrachten Mo-

dell, das ab November 1907 erhältlich war. Der wiederum sehr schleppende Verkauf konnte bald durch interessante Wettbewerbserfolge angekurbelt werden.

Im Jahre 1911 gingen bereits vier Douglas-Fahrer bei der Tourist Trophy auf der Isle of Man an den Start. Dem siebten und zwölften Platz sollte im Jahr darauf jedoch ein überragender Doppelsieg bei der Junior TT (350 ccm) folgen. 1911 verließen mehr als 2000 Douglas-Motorräder die Fabrikhallen, die Vorzüge des laufruhigen und äußerst zuverlässigen Boxermotors sowie der guten Straßenlage des Douglas-Fahrgestells hatten sich bereits herumgesprochen. Auf der Motorradausstellung im Londoner Olympia zeigten im November 1913 nun auch Bradbury und Montgomery Motorräder mit Boxermotoren, aber Douglas machte mit einem neu konstruierten 500 ccm-Modell Furore. Zweieinhalb Jahre später kam mit dem 600er-Modell noch eine zusätzliche Seitenwagen-Maschine dazu, doch England befand sich schon im Krieg mit Deutschland. Die verlustreichen Schlachten in Nordfrankreich erforderten große Produktions-Anstrengungen von der britischen Industrie. Neben Triumph in Conventry konnte sich auch Douglas ganz auf die Motorradfertigung konzentrieren, insgesamt stellte das Militär bis Januar 1919 nicht weniger als 25 000 Douglas-Motorräder in Dienst.

Inzwischen hatten die Boxermaschinen aus Bristol fast in der ganzen Welt Nachahmungen hervorgerufen. Puch in Österreich beschäftigte sich schon 1916 mit einem 750er-Boxer, baute aber dann nur eine Vorserie mit zehn Exemplaren. Bei Matchless gingen gleichzeitig 800- und 1000 ccm-Boxer in Serie, in Prag gab es die 750er Itar, und nach Kriegsende kamen Harley-Davidson, William Brough, Conventry Victor, Humber, Raleigh und Wooler in England dazu. In Italien erschien die Maxima auf dem Markt, und in Deutschland waren es die 400 ccm-Star der Deutschen Industriewerke in Spandau, sowie die 1000 ccm-

Über eine Kette wird das unter dem hinteren Zylinder montierte Dreiganggetriebe angesteuert.

Mars aus Nürnberg-Doos. Bosch in Stuttgart hatte während des Krieges kompakte Stromaggregate mit nachgebauten 350 ccm-Douglas-Boxern hergestellt, die Restbestände dieser Motoren übernahm Karl Rühmer in München und verwendete sie als Einbaumotoren für verschiedene Motorradmarken.

Die englische Fachzeitschrift »*The Motor Cycle*« lieferte mit ihrem Report »Das ideale Motorrad« 1919 die Bestätigung für die weite Verbreitung des Boxermotorrads, auch hier war wieder von überlegener Laufruhe, gutem Drehmomentverlauf und satter Straßenlage durch tiefen Schwerpunkt die Rede.

Für die begeisterten Motorradsportler im ACM (Automobil-Club München) waren dies keine Neuigkeiten mehr, der Motorentechniker Martin Stolle hatte bereits 1913 eine 350 ccm-

Oben: Vorbild für BMW – der Douglas-Boxermotor, der im Längseinbau als niedertouriges Aggregat noch keine thermischen Probleme kannte.

Links: Das Vorderrad dieser 600 ccm-Maschine sollte von einer Fahrradbremse angehalten werden...

Douglas besessen und fuhr jetzt eine 500er aus englischen Heeresbeständen. Der Maschinenbau-Student Rudolf Schleicher hatte sich eine 350er von der Westfront nach Hause schicken lassen und besorgte sich 1920 aus dem Allgäu eine 600 ccm-Douglas, die vermutlich auf dem selben Weg dorthin gelangt war.

Als sich die Flugmotorenfirma Bayerische Motoren-Werke in München-Milbertshofen nach Kriegsende um eine neue Produktpalette kümmern mußte, schlug der Mitarbeiter Stolle zusätzlich zu den schweren Lastwagen- und Bootsmotoren auch ein Motorradaggregat vor. Natürlich dachte er dabei an seinen Douglas-Boxermotor als das allgemein anerkannte Vorbild.

Er wußte um die Schwachstellen, den wenig geschützten Ventiltrieb etwa, oder die nicht gerade sehr zuverlässige Schmierung. Auf Geheiß von Direktor Franz-Josef Popp entstand ein Versuchsmotor nach Douglas-Vorbild unter Berücksichtigung der Stolle'schen Verbesserungsvorschläge. Die Fahrerprobung erfolgte im Douglas-Fahrgestell, womit keinem Außenstehenden Stolles Aktivitäten auffielen. Mit den Nürnberger Victoria-Werken konnte im Winter 1920/21 ein erster Abnehmer gefunden werden, so daß sich BMW mit dem »Bayern-Kleinmotor« Typ M 2 B15 nun auch in die Motorradbranche begab.

In Bristol hatte sich bis dahin nicht viel getan, die britische Motorradindustrie hatte Mühe, die mittlerweile enorm angestiegene Nachfrage zu befriedigen. Es wurden zahlreiche Heeresmodelle in den Neuzustand zurückversetzt, und die Produktion dieser Typen lief ohne große Änderungen weiter (es gab im Ersten Weltkrieg übrigens noch keine besondere Militär-Farbgebung für die meisten im Dienst befindlichen Motorräder).

Die beiden Grundmodelle von Douglas lassen sich recht einfach unterscheiden, denn die 350 ccm-Motoren wiesen ihre Ventile übereinander auf der rechten Motorseite auf; die 500er- und 600er-Aggregate stellten Neukonstruktionen dar, bei denen die Ventile auf den Zylinderoberseiten angeordnet wurden. Die seltenere 500 ccm-Version erkennt man an der Anordnung des Vergasers, denn dieser sitzt näher am hinteren Zylinder, während der am hubraumstärkeren Mo-

Douglas

Oben: Die große Schwungscheibe auf der Kurbelwelle und der kurios geformte Auspuff bestimmen das Bild der Douglas von 1920.

Auf Durchzug ausgelegt – 600 ccm-Boxer, längs in Fahrtrichtung eingebaut.

tor genau in der Mitte des Ansaugkrümmers montiert wurde.

Nicht nur Rahmen- und Motornummern weisen die hier vorgestellte Maschine aus, die exakte Modellbezeichnung und das Baujahr sind ebenfalls am Motor eingeschlagen: 4 HP-B 20. Die englische Steuer-PS-Klassifizierung weist sie als 600er-Douglas aus, als Herstellungsjahr ist 1920 zu erkennen, und die Zusatzbezeichnung B beinhaltet den hohen und weit zurückgekröpften Tourenlenker sowie Fußbretter. Die Ausführung A hatte einen flachen Sportlenker und einfache Fußrasten. Diese Maschinen gab es unverändert von 1916 bis 1921, danach lösten abnehmbare Zylinderdeckel die bisherige Sackzylinder-Bauweise ab. 1923 gab es wahlweise Kettenantrieb, und ein Jahr später fiel die traditionelle sv-Maschine zugunsten einer neuen ohv-600er aus dem Programm.

Das Herzstück der Douglas-Motoren stellt die kurze einteilige Kurbelwelle dar, die aufgrund der separaten außenliegenden Schwungscheibe mit kleinen Gegengewichten auskommen kann. Die, auf den in 180 Grad-Abstand angeordneten Kurbelzapfen, gleitgelagerten Pleuel haben teilbare Pleuelfüße. Die Kurbelwelle läuft auf zwei Kugellagern, ebenso die zentrale Nockenwelle oben auf dem Kurbelgehäuse. Sie wird, so wie der darüber montierte BTH (British Thompson-Houston)-Zündmagnet, über einen Zahnradsatz von der Kurbelwelle angetrieben. Die offenliegenden Ventile werden über kurze Stößel betätigt, die aus dem Nockengehäuse herausragen. Die 500er hat quadratische Zylinderdimensionen: Bohrung x Hub 68 x 68 mm. Das stärkere Aggregat mit 74,5 mm Bohrung bei 68 mm Hub besitzt einen Hubraum von 593 ccm.

Was vor 70 Jahren ein »ideales Motorrad« darstellte, läßt sich heute auch im direkten Vergleich mit zeitgenössischen Maschinen kaum mehr nachvollziehen, aber trotzdem brachten die zwei Tage mit der Douglas 4 HP zahlreiche neue Eindrücke auch für den langjährigen Veteranenmotorrad-Fahrer. Dazu muß allerdings gesagt werden, daß an der Maschine noch nicht alles perfekt funktionierte, da sie nach einer vollständigen Restaurierung vor einigen Jahren noch kaum zum Einsatz gekommen war. Die Schonung entspricht auch ihrer Vorgeschichte, denn die 600er Douglas war überhaupt nur zwischen 1925 und 1930 für den Straßenverkehr zugelassen und wurde erst 1977 in der englischen Grafschaft Somerset wieder aufgefunden.

Es gibt zwar einen Kickstarter an der Douglas, doch handelt es sich hierbei um ein außen an der Kupplungsbetätigung eingreifendes Zahnsegment, das vielleicht bei der Zweigang-350er von 1912 gute Dienste leisten konnte, aber den 600er-Boxer nur träge in Bewegung zu setzen vermag. Das geringe Fahrzeuggewicht läßt einen Schiebestart unproblematisch erscheinen, aber wie soll das mit der fußbetätigten Kupplung funktionieren? An dieser Maschine ist zwar ein Innenzug-Handhebel zu finden, aber er ist wirkungslos und nicht original.

Man startet die Douglas eben wie eine kupplungs- und getriebelose Pioniermaschine unter Einsatz des Ventilaushebers: Erster Gang eingelegt, rechter Lenkerhebel angezogen, Zündung auf »Spät«, Luft zu, Gas ein Viertel auf und ein paar kräftige Laufschritte. Wenn die Fuhre etwas Schwung hat, Lenkerhebel loslassen, das Ventil schließt sich und der vorher leicht laufende Motor bekommt Kompression, er kann anspringen. Natürlich braucht es etwas Übung mit der richtigen Vergaserkontrolle, dann aber erwacht der Boxer recht schnell zum knatternden Leben und zwingt zu flottem Aufspringen.

Dank der präzisen Schaltkulisse auf der Tankoberseite kann man den Hebel (»Kaffeemühlenkurbel«) schnell in die Leerlaufposition bringen und mit laufendem Motor anhalten. Es empfiehlt sich, zunächst einmal die Vergaserreglierung in den Griff zu bekommen, denn der Motor soll ja beim Anfahren nicht wieder absterben. Mit dem langen Fußhebel am linken Fußbrett kann die Kupplung gut betätigt werden, trotz des langen Schaltgestänges mit zweimaliger Umlenkung gelingt auch das Einlegen der Gänge recht gut. Anfahren mit langsam einzurückender Kupplung wird durch den weich eingreifenden Riemenantrieb problemlos.

Auf den ersten Metern ist man noch etwas wacklig unterwegs, was aber dem geringen Fahrzeuggewicht und den großen Hebelkräften, durch den weit ausladenden Lenker hervorgerufen, zuzuschreiben ist. Der Gangwechsel geht auch mit Fußkupplung ohne Schwierigkeiten vonstatten, ohnehin fährt man bald nur noch im dritten Gang, denn der niedertourige Boxermotor wartet mit einem enormen Durchzugsvermögen auf.

Douglas 4HP 600 von 1920	
Motor	Viertakt-Boxer
Zylinder	2
Bohrung/Hub	74,5 x 68 mm
Hubraum	593 ccm
Ventile	SV, zentrale Nockenwelle
Schmierung	mechanische Ölpumpe
Leistung	ca. 12 PS bei 3500/min
Kühlung	Fahrtwind
Vergaser	Amac Kolbenschiebervergaser
Elektrische Anlage	BTH-Zündmagnet
Kupplung	Einscheiben-Trockenkupplung
Getriebe	Douglas-Dreiganggetriebe
Antrieb	Primärantrieb offene Rollenkette Sekundärantrieb Riemen zum Hinterrad
Rahmen	Rohrrahmen mit zwei vorderen Unterzügen
Radaufhängungen	Douglas Trapezgabel vorn, starr hinten
Reifen	Wulstreifen 26 x 3
Bremsen vorne	Felgenbremse
Bremse hinten	Klotzbremse
Breite	570 mm
Sattelhöhe	740 mm
Bodenfreiheit	170 mm
Tankinhalt	6 l Benzin, 1,5 l Öl
Leergewicht	115 kg
Höchstgeschwind.	90 km/h
Verbrauch	ca. 3,5 l / 100 km
Originalpreis	110 £ (1920)

Die auf die Riemenscheibe am Hinterrad wirkende Klotzbremse wird mit dem Absatz am hinteren Ende des rechten Fußbretts betätigt, sie zeigt recht gute Wirkung. Dies kann man vom vorderen »Felgenschaber« nicht behaupten, die einfache Fahrradbremse vernichtet mehr Lack als kinetische Energie... Aber durch Gaswegnehmen, Herunterschalten und Fußbremse kann man die Douglas genügend verlangsamen. Das Geknatter aus dem kuriosen Endrohr, das nach oben aus dem Schalldämpfer herausgeführt wird, weicht bei schnellerer Fahrt dem tiefen Brummen des großvolumigen Boxers. Dieser schöne Motorklang wird um unvermeidliches Ventilrasseln ergänzt.

Die Straßenlage der Douglas kann man für ihre Zeit wirklich als hervorragend bezeichnen, der lange Radstand macht sich nicht negativ bemerkbar. Das Motorrad läuft nicht nur wunderbar geradeaus, sondern zeigt sich auch erstaunlich wendig, wobei die Fußbretter die mit den Dunlop-Wulstreifen möglichen Schräglagen nicht behindern. Die gut abgestimmte Federung von Vordergabel und Fahrersattel vermittelt auch auf alten Feldwegen ein sicheres Fahrgefühl, was man ja nicht von jedem Veteranenmotorrad berichten kann.

Die 600 ccm-Maschine ist nicht schnell im Vergleich zu den damaligen Einzylinder-Sportmaschinen. Sie ist in erster Linie auf Durchzug ausgelegt, entweder für den Gespannbetrieb oder für den Langstreckeneinsatz. Sie wirkt auch trotz ihres geringen Gewichts keineswegs so leichtfüßig, der Motor läuft ab etwa 70 km/h merklich rauh und stärker beansprucht.

Eine Norton- oder AJS-Sportmaschine aus jener Zeit hatte in dieser Hinsicht wesentlich mehr zu bieten. Dafür ist die Douglas aber im Bereich damaliger Dauergeschwindigkeiten sehr ruhig, sie beansprucht den Fahrer deutlich weniger und ist deshalb als Reisemaschine vorzuziehen.

Ein Renner für den Gentleman

Sunbeam 500 Longstroke von 1922

Tief gebückt über die Sunbeam rast der Fahrer über Staubstraßen – viele Rennstrecken sahen 1922 nicht anders aus.

John Marstons Firma in Wolverhampton beschäftigte sich mit der Herstellung von Metallwaren aller Art. Auf der Stanley Show, der Londoner Messe, präsentierte Marston 1889 dreizehn verschiedene Fahrradmodelle. Wenn John Marston ein neues Produkt in sein Programm mit aufnahm, dann schon mit vollem Einsatz. Das Finish war erstklassig. Die tiefschwarze Lackierung wurde durch Zierlinien aus echtem Blattgold ergänzt, die im hellen Sonnenlicht verführerisch funkelten. Marstons Gattin Ellen leitete daraus den Namen für die neue Fahrradmarke ab – Sunbeam, der Sonnenstrahl.

Sunbeam-Räder waren zwar verhältnismäßig teuer in der Anschaffung, überzeugten aber in ihrer Qualität. Wie alle Fahrradhersteller im England der Jahrhundertwende wandte sich auch Sunbeam neuen Gebieten zu, jedoch nicht – wie die meisten anderen – dem motorisierten Zweirad, sondern dem Automobil. 1899 war der erste Prototyp fertiggestellt. Nicht aber das Fahrzeug selbst wurde zum Verkaufsschlager, vielmehr avancierte der selbstgefertigte Wabenkühler zum neuen Hauptprodukt der John Marston Ltd. Dem Sunbeam-Wagen stand eine wechselvolle und lange Geschichte bevor.

Motorräder interessierten John Marston eigentlich überhaupt nicht. Aber als um 1911 das Geschäft mit diesen Fahrzeugen überall einen großen Aufschwung erlebte, was vor allem der Einführung des lang erwarteten Wechselgetriebes zuzuschreiben war, faßte auch Sunbeam den Entschluß, auf diesem Gebiet aktiv zu werden. Der frühere Rover- und JAP-Konstrukteur John Greenwood wurde engagiert, und es sollte sich bald erweisen, daß dieser Mann ganz den Vorstellungen John Marstons entsprach. Beide waren sich einig, daß Sunbeam-Motorräder ebenso wie die Fahrräder etwas Besonderes darstellen mußten.

Als 1912 das erste Sunbeam-Motorrad, eine seitengesteuerte 350er, vorgestellt wurde, hatte es auch wirklich sensationelle Details aufzuweisen. So war die Kurbelwelle nicht in Kugellagern gelagert, sondern drehte sich in Hoffman-Rollenlagern; besondere Aufmerksamkeit hatte man auch dem Antrieb gewidmet. Die Primärkette vom Motor zum Zweigang-Zahnrad-Wechselgetriebe lief in einem Ölbad-Kettenkasten, ebenso verkapselt war die Antriebskette zum Hinterrad. Daß das Finish wieder nach Art des Hauses ausgefallen war, verstand sich von selbst.

Ebenso selbstverständlich war es, daß die Sunbeam-Motorräder ihre Leistungsfähigkeit und Zuverlässigkeit gleich von Beginn an bei Wettbewerbsfahrten unter Beweis stellen durften. Es wurden steile Berge bezwungen, Querfeldeinfahrten und Langstreckenprüfungen unternommen, wobei Konstrukteur Greenwood stets selbst im Sattel anzutreffen war, begleitet von den Herren Thomas Corbett de la Hay und Howard Raymond Davies, Angestellten der Sunbeam-Motor-

Für heutige Betrachter sieht die Sunbeam gar nicht wie ein Rennmotorrad aus, sie fuhr jedoch Anfang der zwanziger Jahre von Sieg zu Sieg.

radabteilung. Auch dieses Sunbeam-Produkt wurde wieder ohne Rücksicht auf den hohen Preis zu einem Verkaufserfolg. Die Auswahl wurde bald durch eine schwere Tourenmaschine erweitert; das 6-HP-Modell glich der 2 3/4 HP mit 350 ccm Hubraum, bekam aber den 770-ccm-V-Zweizylinder von JAP eingebaut, womit das Motorrad für den Gespannbetrieb prädestiniert erschien.

Im Septemer 1913 wurde das Programm um ein 3 1/2-HP-Modell bereichert, womit Sunbeam auch eine 500er anzubieten hatte. Dieses Motorrad basierte nicht direkt auf der 350er, sondern wies eine Druid-Vordergabel und ein Dreiganggetriebe auf. In zahlreichen Sportveranstaltungen stellte dieses Modell seine Leistungsfähigkeit unter Beweis; die Sunbeam-Erfolgsliste wurde kontinuierlich erweitert.

Wie in England fast unumgänglich, mußte die neue Sunbeam auch einmal auf der Isle of Man ihre Fähigkeiten demonstrieren. Mit vier modifizierten Maschinen ging das Werksteam an den Start der Senior TT 1914, bei der Howard Davies nach vier Stunden und 39 Minuten als zweiter abgewunken wurde – ein glanzvoller Erfolg für einen Debütanten. Außerdem errang Sunbeam den Mannschaftspreis.

Die Rennaktivitäten endeten abrupt, als der Weltkrieg ausbrach. Sunbeam-Motorräder wurden für die nächste Zeit vorrangig in Khaki ausgeliefert – als Militärmaschinen, die in großen Stückzahlen auch nach Rußland gelangten.

Nach Kriegsende herrschte ein großer Nachholbedarf an Motorfahrzeugen, und so fand auch Sunbeam schnell wieder Anschluß an die Zivilproduktion. Die Preise waren zwar enorm gestiegen, aber die Weiterführung der zahlreichen Sporterfolge brachten der Firma stets genügend begeisterte Kunden. Bei den überall im Land stattfindenden Rennen tat sich George Dance besonders hervor, ein junger Mann, der bereits vor dem Kriege als Testfahrer zu Sunbeam gekommen war. Er wurde der ungekrönte König aller Kurzstreckensprints. In der TT des Jahres 1920 kam es nach einem hochdramatischen Rennverlauf (der weit überlegene George Dance mußte mit einem gebrochenen Einlaßventil ausscheiden) zu dem verdienten Sunbeam-Sieg: Tommy de la Hay gewann die Senior-TT.

Das Sunbeam-Werksteam begann in jener Zeit auch seine Rennbeteiligung auf dem Kontinent. So standen Tommy de la Hay und der Kanadier Alec Bennett 1921 am Start zum Großen Preis von Frankreich in Montlhéry. Beide fuhren das neueste Sunbeam-Rennmodell, dessen Motor allerdings noch immer stehende Ventile aufwies und praktisch unverändert aussah. Die Dimensionierung war indessen drastisch geändert worden, hat-

Links: Mit der Handölpumpe wurden Motor und Getriebe geschmiert.

Unten: Gemischaufbereitung mittels Amac TT 25-Vergaser.

te man bisher eine 85-mm-Kolben mit einem Hub von 88 mm verwendet, so wurden nun die Bohrung auf 77 mm verringert und der Hub auf 105,5 mm verlängert. »Longstroke« war der treffende Name für das langhubigste Rennmotorrad in der 500er-Klasse. Daß diesem Motorrad die Ehre zufallen würde, eine der schnellsten jemals gebauten sv-Maschinen zu sein, konnte man bald erahnen. Selbstverständlich gab sie ihr Grand-Prix-Debüt mit einem Sieg.

Für die Saison 1922 war die »Longstroke« käuflich zu erwerben und stellte damit den ersten »Production Racer« dar. Eine Vielzahl von Rennfahrern in ganz Europa war interessiert. Von nun an eilten die Sunbeams von Sieg zu Sieg, wie es sich zehn Jahre später bei Norton noch einmal wiederholen sollte. Rupert Karner wurde Champion in Österreich, Ernesto Vailati siegte in Italien, beide waren die Importeure des jeweiligen Landes für Sunbeam-Motorräder. 1924 schien das Ende für die »Longstroke« gekommen, in Gestalt der ersten 500er-Sunbeam mit hängenden Ventilen. Zwar trat die ohv-Maschine im Verkaufsprogramm die Nachfolge der Longstroke als TT-Modell an, die seitengesteuerten Motorräder blieben jedoch bei vielen Veranstaltungen noch lange Zeit konkurrenzfähig.

Rennmaschinen, die lange Zeit im Einsatz waren, pflegte man im Laufe der Jahre oft zu modernisieren, und so ist es heute sehr schwer geworden, gut erhaltene Exemplare von bestimmten Typen zu bekommen. Gerade auch die kraftvolle und enorm zuverlässige Longstroke-Sunbeam wurde in Ländern wie Österreich (wo Sunbeam schon fast als einheimische Marke galt), der Schweiz oder Tschechoslowakei noch bei vielen Bergrennen, manchmal bis in die dreißiger Jahre, eingesetzt. Eine recht kurze Karriere war jener Longstroke beschieden, die uns für einen Test zur Verfügung gestellt wurde. Die Maschine fand man vor einiger Zeit in einem vollständig originalen Erhaltungszustand auf; sie hatte keinerlei Beschädigungen aufzuweisen und sah aus, als ob sie kaum gefahren worden wäre. Es stellte sich heraus, daß sie in der Tat seit fast vier Jahrzehnten an der gleichen geschützten Stelle gestanden hatte. Am meisten verwunderte den glücklichen Finder der tadellose Zustand der Bereifung: Die sonderbarerweise von Goodyear stammenden Wulstreifen waren in all den Jahren nicht hart und brüchig geworden und konnten anstandslos weiterverwendet werden.

Einen gravierenden Mangel hatte die Sunbeam aber dennoch: Der Tank war aus unerfindlichen Gründen irgendwann einmal überlackiert worden. Aus diesem Grund wurde das ansonsten gut erhaltene Motorrad doch einer vollständigen Restaurierung unterzogen. Beim Öffnen des Motors erwiesen sich dann auch die Kurbelwellenlager als erneuerungsbedürftig; offensichtlich war die Primärkette stets zu straff gespannt worden. Das ganze Aggregat wurde gründlich überholt, denn die Longstroke sollte auch wieder rennen! Die übrigen Restaurierungsarbeiten bargen kaum Probleme, denn es mußte kaum etwas ausgebessert werden. Daß der Besitzer der Maschine ein Fachmann ist, läßt sich unschwer am Finish erkennen: Die Sunbeam erstrahlt heute wieder im gewohnten Glanz, die Lackierung sowie die Zierlinien sind perfekt ausgeführt.

Die Sunbeam-Longstroke-Rennmaschine wirkt bereits durch ihr Äußeres faszinierend auf den Betrachter. Das Motorrad ist sehr schmal gebaut und erscheint mit seinen dünnen Reifen auf den großen Rädern fast zerbrechlich. Doch das anscheinend so zierliche Motorrad zeigt in Aktion seinen wahren Charakter. Da es an der Rennmaschine keinen Kickstarter gibt, muß die Longstroke angeschoben werden; dies hört sich bei Einzylinder-Viertaktern dieses Kalibers aber immer schwerer an, als es in Wirklichkeit ist. Dazu wird der erste Gang eingelegt und die Maschine leicht nach rückwärts bewegt, bis der Kolben »ansteht«. Sodann wird mit gezogener Kupplung angeschoben; man läuft neben der Maschine her, bis sie ein wenig in Schwung gekommen ist. Schließlich springt man in den Sattel und läßt in jenem Augenblick, in dem man das Hinterrad mit dem Körpergewicht an den Boden drückt, die Kupplung kommen. Wenn der Motor nicht sofort anspringt, muß man noch etwas weiterschieben und ihn drehen lassen, bis der »erlösende« Funke zündet.

Aus dem glatten Rohr der vernickelten Auspuffanlage tönt es sehr kräftig. Wenn das skurrile Äußere nicht recht den Gedanken an eine Rennmaschine entstehen läßt, so weckt das kernig-ballernde Aufpuffgeräusch bestimmt die richtigen Assoziationen. Mit dem nach unten gebogenen Lenker und den weit hinten angebrachten Fußrasten ergibt sich eine sehr sportliche Fahrposition; leider fehlt an der Maschine der spartanische Brooks-Rennsattel. Aber es ist so gut wie unmöglich, heute einen solchen aufzutreiben. Beim Anfahren gab es im kalten Zustand keine Schwierigkeiten, später jedoch zeigt die Kupplung ihre Tücken: Die kleinen Korkstopfen in den Reibscheiben vertragen nämlich nicht viel Wärme, und die Kupplung fängt folglich zu rutschen an. Ein Problem, das auch alle Velocette-Fahrer nur zu gut kennen. Etwas ungewohnt ist der Gashebel, der bei dieser Maschine nach hinten zu öffnen ist. Sehr weich, aber nicht ohne Vehemenz zieht der Motor an, typisch für einen langhubigen Seitenventiler. Überraschend leicht gehen die Schaltvorgänge vonstatten, handelt es sich doch hier um ein Schubradgetriebe. Dieses Dreiganggetriebe war eine Sunbeameigene Entwicklung und wurde in der Rennausführung mit einem sehr lang übersetzten dritten Gang geliefert.

Die beiden Klotzbremsen an Vorder- und Hinterrad verrichten ihre Arbeit beim leichten Anbremsen einer Kurve recht gut, doch eine Notbremsung aus den erreichbaren hohen Geschwindigkeiten dürfte kein leichtes Unterfangen sein. Sehr wirkungsvoll sind die an der Druid-Gabel angebrachten Scheren-Stoßdämpfer, deren neue Reibbeläge ein Nachfedern der Gabel fast vollständig verhindern. Zur guten Straßenlage trägt ebenfalls der am Steuerkopf aufgesetzte Lenkungsdämpfer bei. Um Schlingerbewegungen zu unterdrücken, kann man ihn sehr hart einstellen. Ein sehr begrenzter Lenkeinschlag ist wie bei den meisten Rennmotorrädern auch hier festzustellen.

Ganz oben: Aus dem glatten Auspuffrohr entweicht ein recht kerniger Ton.

Oben: Ein Lenkungsdämpfer, Flatterbremse genannt, gehörte zu jeder Rennmaschine. Schaugläser in den Tankverschlüssen informieren über den Öl- und Benzinstand.

Über dem Auslaßventil wurde auf dem Zylinderkopf ein Kühlturm montiert.

Anscheinend traute man 1921 den mechanischen Ölpumpen noch nicht ganz, denn die Renn-Sunbeam wurde statt mit einem automatischen Tropföler mit der altbewährten Handpumpe auf der linken Tankseite ausgerüstet. Ebenfalls auf Nummer sicher ging man bei der Auswahl der Zündanlage und verwendete einen Bosch-Magneten in wasserdichter Ausführung.

Ein Problem, das man heute auch noch bei Rennmotorrädern kennt, stellten die Reifen dar. Die Hochdruck-Wulstreifen wurden zwar oftmals mit vier bis fünf Atmosphären aufgepumpt, dennoch war ein Abspringen der Decke von der Felge an der Tagesordnung. Auf der Brooklands-Bahn, wo in der Steilkurve die Belastung besonders hoch war,

Für die Renn-Sunbeam vertrauten auch die Engländer auf einen Bosch-Zündmagnet aus Deutschland.

Klotzbremse auch am Vorderrad und Scheren-Stoßdämpfer für die Gabel.

Die Plakette mit der strahlenden Sonne darf an keiner Sunbeam fehlen.

wendeten die Rennfahrer deshalb allerhand Tricks an. George Dance beispielsweise leimte die Reifen fest oder verschraubte sie mit der Felge.

Wenn die Sunbeam sportlich eingesetzt wird, muß ihr auch ein gewisser Aufwand in der Pflege zuteil werden. Sie soll ja auch in dem gegenwärtigen guten Zustand erhalten bleiben. Diese Wartungsarbeiten und die ständige Kontrolle aller Teile machen schließlich auch einen Teil des Vergnügens mit alten Motorrädern aus, was wir dem Besitzer gerne bestätigen konnten. Und bei der Longstroke-Sunbeam lohnt sich die Mühe in jedem Fall, denn dieses Motorrad ist ein echter Vollblut-Renner – der auch heute wieder entsprechend laufen darf.

Sunbeam 500 Longstroke von 1922	
Motor	Viertakt
Zylinder	1
Bohrung/Hub	77 x 105,5 mm
Hubraum	492 ccm
Ventile Ventilbetätigung	sv, Schlepphebel und Stößel
Schmierung	Handölpumpe
Leistung	ca. 18 PS bei 4500/min
Kühlung	Fahrtwind
Vergaser	Amac TT 25 mm
Elektrische Anlage	Bosch-Zündmagnet
Kupplung	Korklamellen
Getriebe	3-Gang Sunbeam ohne Kickstarter
Antrieb	Kette
Rahmen	Einrohr, unten offen
Radaufhängungen	Druid Trapezgabel vorn, starr hinten
Reifen	26 x 2 ½ x 2 ¼
Fußbremse	Klotz auf Riemenscheibe
Handbremse	Klotz auf Riemenscheibe
Länge	2130 mm
Breite	890 mm
Höhe	960 mm
Sattelhöhe	720 mm
Bodenfreiheit	150 mm
Tankinhalt	8 l Benzin, 1 l Öl
Leergewicht	ca. 100 kg
Höchstgeschwind.	135 km/h
Verbrauch	ca. 4 l / 100 km
Originalpreis	120 £ (1922)

Noch immer recht flott

Flottweg III F 168 ccm von 1923

Die Motorräder und Motorfahrräder der Otto-Werke aus Münchens Schleißheimer Straße hatten nicht nur einen guten Ruf aufgrund ihrer Verarbeitung und Zuverlässigkeit, sondern sie waren auch, wie der Markenname andeutet, recht flott zu bewegen. Das Werk begann seine Zweiradproduktion 1919 mit einem Fahrradhilfsmotor (98 ccm Viertakt, 1 PS), welchem 1923 das Modell III F, unsere getestete Maschine, folgte. Im Jahre 1925 gab es dann die Variante III FK, die sogenannte Postler-Flottweg mit vereinfachter Ausstattung, die bei der Reichspost in München viel gefahren wurde. Danach folgten ab 1928 verschiedene Modelle mit JAP-Einbaumotoren aus England, doch das Geschäft war zu dieser Zeit für kleine Hersteller schon recht schwierig geworden, und 1937 wurde schließlich die Flottweg-Motorradfabrikation eingestellt.

Links: Der saubere Aufbau der Flottweg mit hängenden Ventilen (ohv) und dem Aluminium-Primärkettenkasten war für ein Leichtmotorrad 1923 recht ungewöhnlich.

Unten: Die Optik war absichtlich an die typische englischen 500er angelehnt.

Das Modell III F stellt, besonders was den Motor betrifft, ein sehr fortschrittliches Motorrad dar. Der Viertakt-Motor mit 168 ccm Hubraum und auch das verwendete Dreigang-Getriebe stammen aus eigener Produktion. Es handelt sich hier um einen ohv-Motor, das heißt, daß die beiden Ventile im Zylinderkopf hängend angeordnet sind, die Betätigung erfolgt über freiliegende Stoßstangen und Kipphebel, wovon sich letztere in mit gekapselten Kugellagern versehenen Lagerböcken bewegen. Gespeist wird das Aggregat von einem Variat-Vergaser mit verstellbarer Düse. Die Primärkette läuft in einem Ölbadkasten, die Trennung von Motor und Getriebe geschieht mittels einer fußbetätigten Konuskupplung, und das Hinterrad wird von einem Keilriemen angetrieben. Das Fahrzeug besitzt zwei unabhängige Bremsen, die allerdings beide auf die Riemenscheibe wirken, eine mit einem Fußhebel betätigte Holzklotzbremse von außen und die Handbremse per Innenbacken. Das Vorderrad wird in einer Druidgabel geführt und ist wie hinten mit Wulstreifen der Größe 26 x 2 ½ versehen. Al s Zusatzausrüstung ist ein Karbidscheinwerfer angebracht.

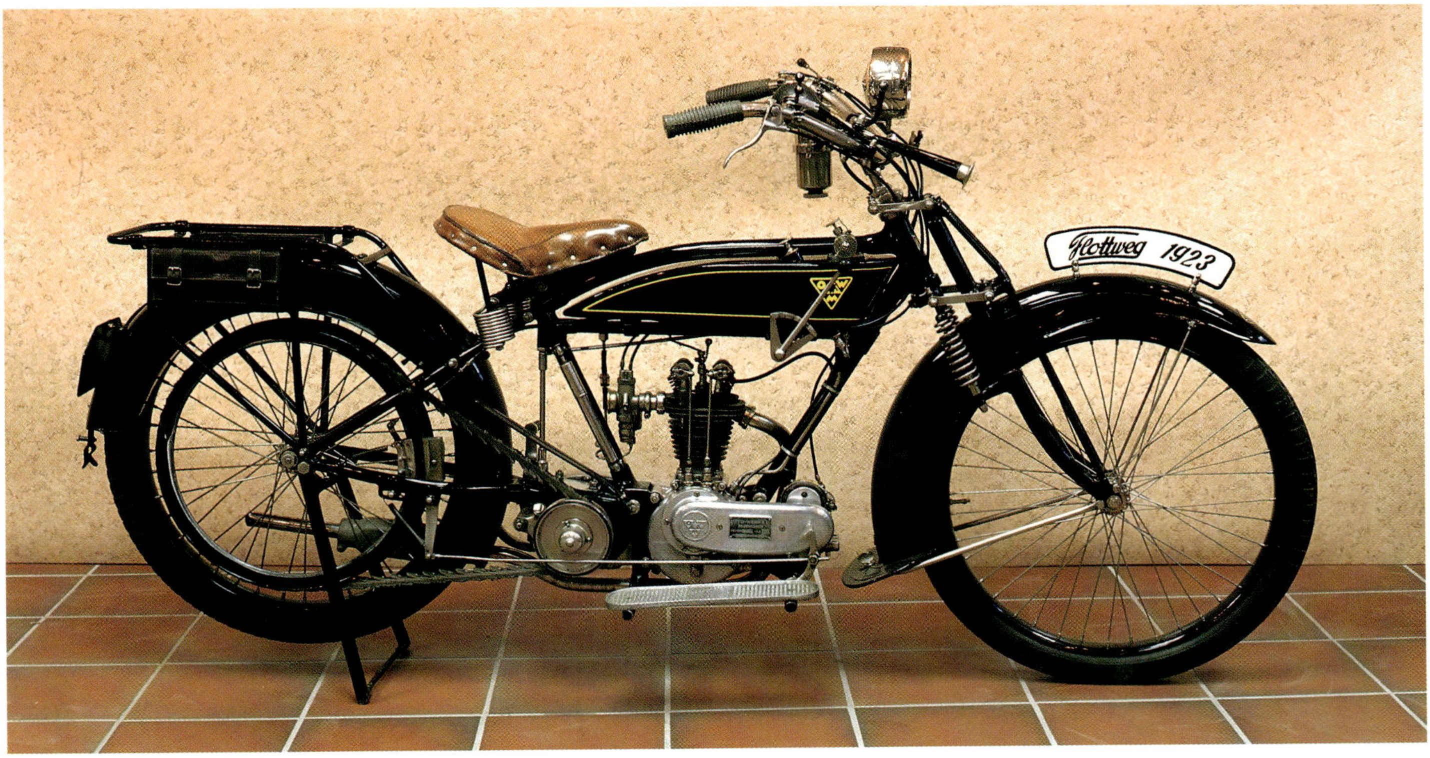

Franz-Xaver Scherer jun. mit seiner Flottweg III, F wie er seit vielen Jahren in der Oldtimer-Szene bekannt ist.

Die von Franz Scherer jun. aus München erstklassig restaurierte Maschine befindet sich seit 1923 in Familienbesitz. Das Hauptproblem bei der Instandsetzung war das Zusammensuchen der Originalteile, denn wegen seiner Zuverlässigkeit war das Fahrzeug sehr lange im Betrieb, und es wurden im Lauf der Zeit einiges verändert oder »modernisiert«. Doch heute steht die Flottweg III F wieder komplett original da, in Schwarz mit einer gelben Zierlinie am Tank, einsatzbereit für Rallies.

Vor Antritt der Fahrt sind natürlich erst einmal umfangreiche Vorbereitungen zu treffen, denn an einem Motorrad aus dieser Zeit gibt es keinerlei automatische Einrichtungen. Zuerst wird die Schwimmerkammer des Vergasers geflutet, sodann über den Einspritzhahn ein wenig Kraftstoff in den Verbrennungsraum geträufelt. Wegen eines fehlenden Startervergasers wird das erste zündungsfähige Gemisch auf diese Weise hergestellt. Nun muß man sich um die Schmierung kümmern, es ist nämlich keine automatische Druckumlaufschmierung vorhanden, bei welcher eine vom Motor angetriebene Ölpumpe die Zirkulation bewerkstelligt. Der für den Motor lebenswichtige Öldruck muß hier im Handbetrieb aufgebaut werden. Im Kraftstofftank (Stecktank zwischen den oberen Rahmenrohren) ist im vorderen Viertel das Ölreservoir abgeteilt, hier befinden sich nun eine Handpumpe und das zugehörige Schauglas; durch mehrmaliges kräftiges Stoßen dieser Pumpe wird die Schmiermittelzirkulation in Gang gebracht, erkennbar ist dies im Schauglas. Da die langsam laufende Tropfölung nicht gerade große Sicherheit bietet und außerdem am Zylinderkopf keine Außenschmierung vorhanden ist, verwendet der Besitzer zusätzlich ein dem Kraftstoff beigemischtes Obenöl besonders zur Schmierung der Ventilführungen. Zum endgültigen Anlassen wird nun noch der Zündverstellhebel auf »Spät« gestellt und per Kickstarter das Maschinchen zum Laufen gebracht. Man läßt den Motor etwas warm werden, bis er gleichmäßig dreht, dann gibt man mehr Frühzündung und kann die Fahrt antreten, wobei man aber den Öldruck nicht außer acht lassen darf: Es ist in regelmäßigen Abständen nötig, die Handpumpe kurz zu betätigen. Der erste Gang wird mit dem unterhalb des Tanks angebrachten Schalthebel eingelegt, und hier tritt nun die große Schwierigkeit für Motorradfahrer auf, die keine alte Harley oder Indian besitzen, nämlich die mit dem linken Fuß betätigte Kupplung, die mit viel Gefühl bewegt sein will. Man kennt dies ja eigentlich vom Auto, aber bei diesem »wackeligen« Gerät wird man doch ohne Gewöhnung sehr unsicher. Erst einmal in Bewegung, ist man erstaunt über die Fahreigenschaften. Auf dem bequemen, gut gefederten Sattel thront der Fahrer buchstäblich, der nach hinten gebogene und nicht zu breite Lenker und die Trittbretter verstärken den Eindruck, man befände sich auf einem

Der Bosch-Zündmagnet mit dem Verstellmechanismus für den Zündzeitpunkt.

wesentlich größeren Motorrad. Mit dem nur zwei Pferdestärken leistenden Antrieb (er hat eben auch nur 168 Kubik) kommt man sehr gut voran, die Höchstgeschwindigkeit liegt immerhin bei etwa 75 Stundenkilometern. Doch das dann sehr lästig werdende Auspuffgeknatter mahnt einen zu etwas niedrigeren und für den Motor auch schonenderen Drehzahlen, da schnurrt der an sich mechanisch sehr leise, kleine Viertakter munter dahin. Es macht viel Spaß, mit diesem Motorrad gemütlich spazierenzufahren, man kann gar nicht verkrampft am Gas hängen, denn es gibt noch keinen Drehgriff, statt dessen ist ein Hebel am Lenker vorhanden, den man ab und zu auch gerne wieder losläßt. Mit einem Gewicht von nur 65 kg würde das Fahrzeug normalerweise dazu herausfordern, flott um die Ecken zu wetzen, aber das ist mit der Flottweg nicht möglich, denn sie ist nicht gerade als wendig zu bezeichnen. Der relativ lange Radstand und die aufrechte, dafür recht bequeme Fahrposition lassen das nicht zu.

Von ihrer Konfiguration her betrachtet, stellt die Flottweg eigentlich ein typisches Leichtmotorrad aus dieser Zeit dar, ein einfaches Verkehrsmittel, das täglich benutzt wird. Doch schon allein die Motorenkonstruktion mit hängenden Ventilen (1923!) zielt in eine sportliche Richtung. Hinzu kommen eine in dieser Klasse ungewöhnlich aufwendige Verarbeitung und Ausstattung: Verwendung von Halsmuttern beispielsweise bei der Motorhalterung, im Ölbad laufender Primärantrieb, zwei Bremsen, Lenkerhebel mit Griffstücken aus Holz, Alu-Trittbretter und viele andere Details. Man bemerkt, daß die Erbauer dieses Maschinchens beachsichtigten, in der Leichtmotorradklasse etwas Besonderes anzubieten, eine verkleinerte Ausgabe eines »richtigen« Motorrades. Diesen Gedanken verfolgte in unserer Zeit die japanische Firma Honda, die ihre ohc-Viertaktmotoren sogar in Mopeds einbaut und somit wie die Flottweg vor nun 67 Jahren den Motorradenthusiasten anspricht, der sich keine große und teure Maschine leisten kann, aber in seinem Fahrzeug mehr sehen will als nur ein Fortbewegungsmittel.

Bei dem Modell III F scheint es aber, als sei das kaufmännische Interesse doch etwas zu weit zurückgedrängt worden, was bedeutet, daß der Preis wahrscheinlich zu hoch war, um auf rentable Stückzahlen in der Produktion zu kommen. Verdeutlicht wird dies durch die Tatsache, daß erst beim vereinfachten Nachfolgemodell, der III FK, von einer wirtschaftlichen Fertigung gesprochen werden konnte. Die »Postler«-Flottweg hatte zum Beispiel ein Getriebe von Hurth bekommen, nachdem die eigene Herstellung sich als zu kostspielig erwiesen hatte.

Franz Scherer ist verständlicherweise sehr stolz auf seine Rarität, er hat eine Vorliebe für solche Konstruktionen, die große Liebe am Detail erkennen lassen. Bei jeder Gelegenheit als problemloses und zuverlässiges Motorrad erweist sich die Flottweg; das bei einer Probefahrt erstaunlich leise dahinschnurrende Mötorchen bekräftigt diesen Eindruck von einem blitzsauberen kleinen Motorrad.

Flottweg III F 168 ccm von 1923

Motor	Viertakt
Zylinder	1
Bohrung/Hub	60 x 60 mm
Hubraum	168 ccm
Ventile Ventil-betätigung	ohv, Stoßstangen und Kipphebel
Schmierung	Tropfölung mit Handpumpe
Leistung	2 PS bei ca. 2500/min
Kühlung	Fahrtwind
Vergaser	Variat-Vergaser
Elektrische Anlage	Bosch-Magnetzündung
Kupplung	Konuskupplung
Getriebe	Otto 3-Gang
Antrieb	Keilriemen
Rahmen	Einrohrrahmen, unten offen
Radauf-hängungen	Druid Trapezgabel vorn, starr hinten
Reifen	26 x 2 ½ Wulst
Fußbremse	Holzklotz auf Riemenscheibe hinten
Handbremse	Innenbacken auf Riemenscheibe hinten
Länge	2070 mm
Breite	645 mm
Höhe	1030 mm
Sattelhöhe	750 mm
Tankinhalt	8 Liter
Leergewicht	65 kg
Höchst-geschwind.	ca. 75 km/h
Verbrauch	ca. 2 l / 100 km
Originalpreis	1617 Reichsmark (1923)

DKW

Erster Schritt zum Welterfolg

DKW ZM 175 von 1924

Die Zschopauer Maschinenfabrik des Dänen Jörgen Skafte Rasmussen hatte nach dem vergeblichen Versuch, mit einem Dampfwagen in der Kraftfahrzeug-Branche Fuß zu fassen, ihr Interesse zunächst wieder auf andere Dinge gerichtet. Der im Jahre 1919 verpflichtete Konstrukteur Hugo Ruppe durfte daher nur einen als Spielzeug gedachten kleinen Verbrennungsmotor entwickeln. Das 25 ccm- Zweitakt-Aggregat geriet jedoch so vorzüglich, daß eine Weiterentwicklung lohnend erschien. Mit 122 ccm Hubraum und der Leistung von einem PS schien ein zweiter Motor mit liegendem, luftgekühltem Zylinder auch als Fahrzeugantrieb tauglich zu sein. Anstelle eines Gepäckträgers auf ein Fahrrad montiert und mit einem Riemenantrieb versehen, ließ er sich auch gut an den Mann bringen.

Links: Der 175 ccm-DKW-Motor birgt ein Zweiganggetriebe im gemeinsamen Gehäuse.

Die ZM 175 war 1924 das erste vollwertige Motorrad aus dem Zschopauer Werk.

Ruppe ließ der Erfolg nicht untätig werden. Er wollte ein richtiges Motorzweirad schaffen und ging daher – wie schon oft – einen ungewöhnlichen Weg. Er plazierte den nun mit einer Trennkupplung und Kettenantrieb versehenen Motor in einen sehr niedrigen Rohrrahmen, Vorder- und Hinterrad wurden extrem klein gehalten, und der Fahrersitz – ein gepolsterter Sessel – befand sich direkt über dem Hinterrad. Dieses Fahrzeug war der erste Motorroller, es wurde unter der Bezeichnung »Golem« verkauft. Rasmussen stand den kühnen Ideen seines Konstrukteurs Ruppe mit Mißtrauen gegenüber, wollte er doch den gerade erlangten kommerziellen Erfolg nicht aufs Spiel setzen. Es kam zu Auseinandersetzungen mit der Folge, daß Ruppe die Firma verließ.

Dennoch: Ruppe hatte die Weichen für die Zukunft gestellt, und Rasmussen erkannte dies bald. Dem Zweitaktmotorrad schien die Zukunft zu gehören, und so wurde 1921 folgerichtig der Firmenname geändert: Zschopauer Motorenwerke J.S. Rasmussen AG. Man kam mit einem neuen Modell heraus, für das der Zweitaktmotor auf 142 ccm erweitert und mit einem Kühlgebläse versehen worden war. Das »Reichsfahrtmodell«

war zwar noch immer ein fahrradähnliches Gefährt geblieben, der Motor saß nun jedoch im Rahmendreieck, wenngleich noch sehr weit oben und nach vorne gerückt. Der Roller erlebte ebenfalls eine Neuauflage, er hieß nun »Lomos«-Sesselrad und konnte mit einer Hinterrad-Schwinge aufwarten. Die Verkaufszahlen schossen rapide in die Höhe; bis 1922 verkaufte man 10 000 Fahrzeuge und stellte insgesamt 25 000 Motoren her, die auch an andere Hersteller geliefert wurden.

Erst zwei Jahre später wurde wieder ein neues DKW-Modell präsentiert. Bei der ZM 175 konnte man nun von einem echten Motorrad sprechen, der Motor war an den angestammten Platz, unten im Rahmendreieck, genau im Schwerpunkt zwischen den Rädern, gewandert. Das Aggregat selbst war neu, wenngleich es auch stark seinem Vorgänger ähnelte. Es hatte 175 ccm und war wieder gebläsegekühlt. Es gab nun auch keine Tretkurbeln mehr wie beim Reichsfahrtmodell; die ZM wurde mit einem Kickstarter in Gang gesetzt. In der ersten Version wurde das Motorrad noch mit einer Untersetzerwelle geliefert, es bekam jedoch schon bald ein angeblocktes Zweigang-Getriebe, wobei der Riemenantrieb jedoch nach wie vor beibehalten wurde. Zugleich gab es eine weitere Modellvariante, die SM 175, genannt Stahl-Modell. Der Name rührt von der Verwendung eines Preßstahl-Rahmens her, bei dem das Hauptstück eine direkte Verbindung vom Steuerkopf bis zur Hinterachse bildete und der Tank integriert war. Gabelscheiden und Rahmenunterzüge bestanden ebenfalls aus gepreßten Stahlprofilen.

Bequeme Fahrposition und einfache Bedienung zeichnen die DKW aus.

Die ZM 175 konnte sich sofort einen festen Platz auf dem Markt erobern und wurde in mehreren tausend Exemplaren produziert. Sie hielt ihre Position auch noch nach der Einführung des Leicht-Motorrades LM-E 206 im Jahr 1925, wobei dieses eines der erfolgreichsten DKW-Modelle überhaupt werden sollte. Da aber die 175er die Basis für die folgenden Maschinen darstellte, erscheint es interessant, bei deren Beschreibung auch auf diese einzugehen.

Bei dem DKW-Motor handelte es sich um einen einfachen Zweitakter im

Dreikanal-Prinzip, gesteuert durch den Nasenkolben. Nicht zuletzt den Zschopauern war es zu verdanken, daß der Zweitaktmotor zu einer gewissen Reife geführt werden konnte, zumal mit dem verwendeten Kühlgebläse eine bisher unerreichte Standfestigkeit der Motoren erzielt wurde. Das Bohrung-Hub-Verhältnis von 59 zu 64 Millimeter deutet auf eine überquadratische Auslegung hin, wie sie zur damaligen Zeit allgemein üblich war. Die Kurbelwelle drehte sich in zwei Kugellagern, ergänzt durch ein Stützlager an der Schwungscheiben- und Lüfterradlagerung. Die Aufnahmeplatte für die Zylinderverschraubung ragte auf beiden Seiten über das schmale Kurbelgehäuse hinaus. Der Zylinder selbst war als Sackzylinder ausgeführt, der Kopf also nicht abnehmbar. Die Auspufföffnung befand sich nicht auf der Vorderseite, dem Einlaß gegenüber, sondern vielmehr rechts am Zylinder. Der nach vorne gerichtete Bogen bestand aus einem verrippten Gußstück. Die Zündkerze saß rechts am Zylinderkopf, schräg eingeschraubt. An der gleichen Stelle auf der linken Seite befand sich ein Dekompressionsventil. Hinter der Blechummantelung des Gebläses mit der Luftführung auf die Zylinderrippen war auch die Zündanlage untergebracht. Bei der ersten, getriebelosen Ausführung der ZM 175 befand sich der Unterbrecher noch unterhalb des Kurbelhauses, wo er aber stets durch tropfendes Öl verschmutzt wurde, weshalb man auch ihn auf die Magnet-Grundplatte hinter der Schwungscheibe setzte. Die Zündanlage stammte von der Firma Rota, einer hauseigenen Marke. Ebenfalls aus einem Rasmussen-Betrieb stammte der Vergaser, nämlich von Framo. Relativ aufwendig (nach englischen Vorbildern) war die Auspuffanlage gestaltet. Von dem erwähnten Gußeisen-Flansch führte ein Krümmerrohr nach unten in den vor dem Rahmenrohr quer liegenden Schalldämpfertopf, von wo aus die Gase über ein etwa 30 cm langes Rohr unterhalb des rechten Trittbretts ins Freie treten konnten.

Charakteristisch sind die großen Fußbretter. Karbidbeleuchtung und Glieder- statt Keilriemen sind Extras.

Der Einrohr-Rahmen wies ein nach innen gekrümmtes Frontrohr auf, und der Motor saß über der unteren Rohrverbindung. Der Tank wurde an das Oberrohr gehängt, unter ihm versteifte ein Tankrohr den Rahmen. Die Vordergabel war eine horizontal gefederte Pendelgabel, die es sowohl mit zwei als auch mit einer Schraubenfeder gab. Gebremst wurde bei der ZM 175 mit Komet-Bremsnaben sowohl am Vorder- als auch am 26-Zoll-Hinterrad.

Als 1925 die E 206 eingeführt wurde, war der Motor auf 64 mm aufgebohrt worden und kam damit auf einen Hubraum von 206 ccm. Somit war das Motorrad zwar leistungsfähiger geworden, aber in der Ausstattung rangierte es deutlich hinter der ZM 175. Den Rahmen hatte man vereinfacht, Trittbretter und »Teapot«-Auspuffanlage waren entfallen. Ein gewichtiges Verkaufsargument waren hingegen Trommelbremsen und die auf Wunsch lieferbare elektrische Lichtanlage. Die E 206 wurde ein Bombenerfolg, und als man bei der Bekanntgabe der Steuerfreigrenze von 200 ccm die entsprechende Version E 200 bereit hatte, setzte eine noch stärkere Nachfrage ein. Die rasch zunehmende Produktionsausweitung machte DKW schließlich Ende der zwanziger Jahre zur größten Motorradfabrik der Welt.

Die Tatsache, daß die ZM 175 stets von der E 206 überschattet wurde, führte wohl auch dazu, daß dieses Modell heute sehr rar ist, obwohl es eigentlich auch auf hohe Stückzahlen gekommen war.

Um so erstaunter waren die Mitarbeiter der *Automobil- und Motorrad Chronik*, als ihnen Anfang der 80er Jahre ein wunderschön restauriertes und mit allem Zubehör versehenes Exemplar vorgeführt wurde. Der Besitzer dieser Maschine, Hans Vetterling, hatte schon seit geraumer Zeit nach einem Restaurierungsobjekt Ausschau gehalten; es sollte ein Motorrad aus der Zeit vor 1930 sein. Wie bei vielen Kollegen, hatten sich auch bei ihm viele Tips als Mißverständnisse herausgestellt; für die meisten Leute ist halt ein altes Motorrad je nach Zustand

Das Kickstartersegment greift auf der Abtriebswelle ein, die Konuskupplung ist mit der Riemenscheibe verbunden.

»alt«, und außerdem wollte Hans Vetterling keine NSU-OSL und auch keine Triumph-Kongreß, sondern eine Vintage-Maschine. Deshalb war er auch an einer in Schliersee entdeckten DKW zunächst nicht interessiert. Als er aber von »Stecktank« und »Fußbrettern« erfuhr, wurde er hellhörig.

Die ZM 175 schien auf den ersten Blick komplett zu sein, und nach einigem Wischen und Putzen kam unter einer dicken Dreckschicht sogar die Originallackierung wieder zum Vorschein. Es war zu erfahren, daß das Motorrad lange Jahre in einer Autolackiererei gestanden hatte und deshalb mit unzähligen aufgestaubten Farbschichten versehen war. Nach einer gründlichen Reinigung konnte Vetterling den an sich guten Zustand feststellen, nichts war verrostet. Die Reifen erwiesen sich natürlich als unbrauchbar – interessanterweise handelte es sich um Weißwandreifen! Der Kickstarter und das Segment fehlten, die Lagerbuchse war gebrochen, die Trittbretter waren angeschliffen, ein Bing-Vergaser neueren Datums montiert und die Kupplung auf Fußbetätigung umgebaut.

Zuerst einmal wurde die DKW völlig zerlegt, wobei der Motor doch einiges an Reparaturarbeit erforderte. Offensichtlich war er während seiner aktiven Zeit niemals geöffnet worden und nun wirklich überholungsbedürftig. Neue Lager und auch der benötigte Framo-Vergaser ließen sich auftreiben, letzterer wie im Original mit Regulierschraube.

Nach Beendigung der einzelnen Reparaturen wurde die Optik aufgebessert, indem alle Teile neu lackiert oder vernickelt wurden. Schließlich war nach einiger Zeit die DKW ZM 175 wieder wie fabrikneu, auch wurden noch einige Extras hinzugefügt. Der Gepäckträger mit seinen beiden seitlich angebrachten Botanisiertrommmeln war noch vorhanden, eine komplette Karbid-Beleuchtungsanlage mit einem prächtigen Riemann-Scheinwerfer wurde angebaut, und auch die zwischen linkem Fußbrett und Motor angeklemmte Luftpumpe wurde nicht vergessen. Für seine zahlreichen Ausflüge auf Veteranen-Rallyes ging der Besitzer auf Nummer Sicher und schnallte eine »Doktor«-Tasche auf den Gepäckträger, gefüllt mit Utensilien wie Werkzeug oder Ersatzschläuchen.

Das bewährte Rallye-Fahrzeug »DKW - Das Kleine Wunder, fährt die Berge rauf wie andre runter!« stand bereit, einem Viertakt-Liebhaber Eindrücke früherer Zweitaktkultur zu vermitteln. Hans Vetterling kennt die Vorurteile sehr wohl, die man bei »175er Zweitakter 1924« assoziiert, aber er war sich seiner Sache sicher. Klar, daß es beim Antreten erst einmal die blaue Wolke aus dem Auspuff gab, und ein Schalldämpfer wie dieser muß einfach blechern klingen. Mit der Gebläseabdeckung sieht die ZM 175 zwar immer noch nach Mofa aus, aber beim Platznehmen auf dem bequemen Ledersattel merkt man schon, daß es sich hier um ein richtiges Motorrad handelt; der Schaltstock auf der rechten Seite erinnert sogar an wesentlich größere Kubaturen (USA etc.). Mit meinen festen Stiefeln betrete ich die Fußbretter etwas vorsichtig. Für den ersten Gang drückt man den Ganghebel nach vorne, kaum merklich rasten dabei die Schaltklauen ein. Mit dem Lenkerhebel wird etwas Gas gegeben, und mit dem Auslassen der Kupplung setzt sich die DKW wunderbar weich in Bewegung, ein Verdienst des Leder-Gliederriemens, der alternativ zum Keilriemen verwendet werden kann.

Auch bei einer Steigerung der Drehzahl schnurrt der DKW-Motor nur, er ist überhaupt nicht laut und klingt auch bei

Abdeckung für die Antriebsteile gab es keine, man mußte während der Fahrt vorsichtig mit dem linken Bein sein.

Vollgas nicht angestrengt. Ein Erlebnis ist der nächste Schaltvorgang, die Sache geht absolut ruckfrei vonstatten. Die sehr »mickrigen« Nabenbremsen sind bei der ZM 175 eigentlich nicht überfordert, wenngleich auch die viertakteigene Motorbremse fehlt. Erstens aber ist die DKW sehr leichtgewichtig und dann mit einer Höchstgeschwindigkeit von 50 km/h auch nicht rasant zu fahren. Es macht mehr Spaß, das Fahrzeug mit nicht ganz 40 Sachen dahintuckern zu lassen, zumal es sich an Steigungen von seiner besten Seite zeigt.

Der Werbespruch aus den zwanziger Jahren war nicht einmal übertrieben: Am Berg konnte das Kühlgebläse seinen Vorteil der gleichmäßigen Luftzufuhr und vor allem der Hitzeabfuhr sehr gut ausspielen. Ich war zwar schon lange nicht mehr an das Reisetempo dieser DKW gewohnt, aber den Fahrkomfort, den die ZM 175 zu ihrer Zeit zu bieten hatte, konnte ich auch heute noch erfahren. Verglichen mit späteren Aggregaten, kann man bei den zweieinhalb Pferdestärken aus 173 ccm Hubraum bei der ZM sogar von einer gewissen Bulligkeit sprechen, zumal dies echte sächsische Pferdestärken sind. Wie mir Hans Vetterling glaubhaft versicherte, hat er seine DKW sehr liebgewonnen und kann auch eine gewisse Freude nicht verhehlen, wenn er am Start einer Rallye mit seinem »Stinker« belächelt wird, dann aber an liegengebliebenen Fünfhundertern vorbeituckern kann.

DKW ZM 175 von 1924	
Motor	Zweitakt
Zylinder	1
Bohrung/Hub	59 x 64 mm
Hubraum	175 ccm
Steuerung	Dreikanalspülung mit Nasenkolben
Schmierung	Gemisch
Leistung	2,5 PS
Kühlung	Gebläse
Vergaser	Framo 21 mm
Elektrische Anlage	Rota-Magnet
Kupplung	Korklamellen
Getriebe	2-Gang
Antrieb	Keilriemen oder Gliederriemen
Rahmen	Einrohr
Radaufhängungen	Pendelgabel vorn, starr hinten
Reifen	26 x 2 ½ x 2 ¼
Fußbremse	Rücktritt
Handbremse	Komet-Nabe
Länge	2050 mm
Breite	780 mm
Höhe	1140 mm
Sattelhöhe	770 mm
Bodenfreiheit	110 mm
Tankinhalt	10 Liter
Leergewicht	100 kg
Höchstgeschwind.	50 km/h
Verbrauch	ca. 2,5 l / 100 km

Links oben: Mit Hilfe des Blechschachts arbeitet das Kühlgebläse recht effektiv, dahinter ist die Zündanlage untergebracht.

Rechts oben: Mit einem späteren Bing-Vergaser und teildemontierter Lüfterradabdeckung wurde die DKW gefunden.

Ein gepflegtes Vintage-Motorrad

Rudge Vierventiler 500 von 1925

Die vier Gänge wollen in der Schaltkulisse am Tank erst einmal sortiert sein...

In Österreich erfreuten sich britische Motorräder seit jeher großer Beliebtheit – nicht nur im Sport. Kein Wunder, daß Reinhard Schramke seine Rudge ebenfalls in Österreich aufstöbern konnte. Es handelt sich bei der Maschine um eines der ersten »Four Valve Four Speed«-Modelle. Ich hatte die Gelegenheit, mit dem historischen Vierventiler einige ausgedehnte Proberunden zu drehen. Mein Gesamteindruck: ein gepflegtes Vintage-Motorrad, an dem man bei richtiger Behandlung viel Freude hat.

Bei der Motorrad-Veteranen-Veranstaltung auf dem Hockenheimring im Oktober 1978 sah ich zum ersten Mal eine Rudge »Four Valve Four Speed«. Die frisch restaurierte Maschine wollte damals nicht nicht so ganz einwandfrei laufen. Es gab Probleme mit der Kupplung, die bis zur Edi-Linser Bergfahrt in Tirol zwar behoben waren, doch erforderte der schwierige Bergaufstart eine Radikalkur, also extrem starke Kupplungsfedern. Richtig zufrieden mit seinem Gefährt war Reinhard Schramke aber erst am Salzburgring, wo die Rudge nicht nur wie ein Uhrwerk lief, sondern obendrein noch gebührlich schnell war. Nachdem es also keinerlei Schwierigkeiten mehr gab, stand einem Test nichts mehr im Weg, und Schramke vertraute mir das gute Stück mit berechtigtem Stolz zur Erprobung an.

Zunächst ein kleiner Blick zurück. Die Marke Rudge stand zunächst für Fahrräder. Eine Fabrik zur Herstellung rassiger Velocipede war von Dan Rudge schon 1869 gegründet worden; im Jahre 1894 verschmolz die Firma mit der Whitworth Limited. Rudge-Whitworth in Coventry war aber nicht nur die führende Firma im Fahrradgeschäft – das Automobilrad mit Zentralverschluß ist noch heute ein Begriff. Im Borrani-Firmenemblem ist die Rudge-Hand, das klassische Wappen der Coventry-Männer, noch heute zu entdecken.

Im Jahre 1909, also relativ spät, dachte man bei Rudge an die Motorisierung des Fahrrades. Andere ortsansässige Unternehmen wie Triumph, Raleigh oder Enfield waren damals schon lange auf dem Markt, und so war der Start für Rudge im Januar 1911 nicht ganz leicht. Nur ein halbes Jahr hatte man gebraucht, um ein Motorrad zu entwickeln, aber es handelte sich dennoch um eine ausgereifte Konstruktion. Der Motor der neuen Rudge war ein Einzylinder mit Wechselsteuerung – man wollte sich nicht an die übliche Ventilanordnung halten, und ohv-Motoren galten allgemein noch als wenig zuverlässig. Beim wechselgesteuerten Motor hängt das Einlaßventil über dem stehenden Auslaßventil. Neu war auch der abnehmbare Zylinderkopf. Und sehr begrüßt wurde vom Rudge-Kunden das auf Wunsch (!) erhältliche Getriebe, das entweder von NSU stammte und zwei Untersetzungstufen aufwies oder eine eigene Konstruktion darstellte.

Geschichte machte eine weitere Neuheit bei Rudge im Jahre 1912. Die »Rudge Multi« war mit einer variierbaren Keilriemen-Antriebsübersetzung versehen – zehn Jahre lang behielt man diese Mechanik bei. Erst 1920 gab es bei Rudge ein konventionelles Dreigang-Getriebe, ab 1924 ging man zu vier Schaltstufen über. Im gleichen Jahr gab es auch einen neuen Motor. Der wechselgesteuerte Einzylinder hatte zwar dreizehn Jahre lang einen guten Ruf genossen, doch die Konkurrenz hatte inzwischen aufgeholt, und die ohv-Konstruktionen hatten sich als standfest erwiesen. Und unter dieser Spezies gab es die von Harry Ricardo entworfene, vierventilige Triumph, ein anerkannt leistungsfähiges Aggregat, das leider wegen Schwächen am Fahrwerk Einbußen in Kauf nehmen mußte. Hier sah Rudge-Manager John Pough seine Chance: seinen neuen Motor behielt er in der Grundkonstruktion in der unteren Hälfte bei, doch der vierventilige Kopf wartete mit ganz erstaunlichen Werten auf, verglichen mit dem ioe-Vorgänger.

Oben: Die Sportausführung hatte Fußrasten anstelle von Trittbrettern, die Ölauffangplatte unter dem Motor wurde nachträglich angebracht.

Links: ML-Zündmagnet und Amac TT-Vergaser gehören ebenfalls zur Sport-500er.

Erste Prüfergebnisse zeigten eine Leistung von 15 PS. Natürlich war der Rahmen der bisherigen Rudge solchen Kräften nicht gewachsen – also entwarf man ein neues Motorrad-Chassis, zugleich aber auch einen schwächeren Vierventiler mit 350 ccm Hubraum, den man Ende 1923 in der Londoner Olympia Hall präsentierte. Zwei Monate später, im Januar 1924, nahm man die Produktion auf. Die Weiterentwicklung der klassischen Fünfhunderter hatte man eingestellt – aber nur zeitweilig: schon im April sah man ein, daß man auch in dieser Klasse etwas bieten mußte und kam mit einer überarbeiteten 499-ccm-Version heraus.

Eine solche Maschine war es, die mir Reinhard Schramke anvertraute. Die Maschine wirkt ausgesprochen niedrig und langgestreckt, ein Eindruck, der durch den langen, abgeschrägten Stecktank noch verstärkt wird. Unten im Rohrrahmen-Dreieck ist der Motor eingehängt, dahinter befindet sich das Getriebe, mittels Halteblechen befestigt. Der hintere Rahmenausleger ist oben am Sattelrohr und unten an den Getriebeplatten verschraubt. Bis zum April 1925 gab es zusätzliche Abstrebungen zwischen der Hinterradaufnahme und dem Motor, doch erwies sich diese Rahmenverstärkung als überflüssig. Das Vorderrad wird durch eine stabile Rohrgabel geführt, die über Parallelogrammarme auf die verkapselte Zentralfeder wirkt. Die großen 26er Räder sind mit Ballonreifen der Größe 700 x 80 bestückt. Beide Felgen sind mit einem sehr breiten Rand, ähnlich einer Riemenscheibe, versehen, der als Bremsfläche für die Klotzbremsen dient. Die Verbindung zwischen Motor und Getriebe übernimmt eine abgedeckte Rollenkette; auf dem Kurbel- wellenstumpf sitzt ein Antriebsstoßdämpfer, am Getriebeeingang die Trockenkupplung. Die Schmierung geschieht nach der »Verlustmethode«: Die auf dem rechten Motorgehäusedeckel angebrachte Pumpe fördert das Öl vom Tank lediglich zur Kurbelwellenlagerung: zum Zylinderkopf führen keine Leitungen.

Der aufwendige Rudge-Motor verdient eine eingehende Beschreibung. Der Magnet sitzt an der Vorderseite des Kurbelgehäuses und wird – wie auch Ölpumpe und Nocken – durch Zahnräder angetrieben. Die Motorabmessungen sind bei allen Rudge 500 gleich: Bohrung 85 mm, Hub 88 mm. Ein auffälliges Unterscheidungsmerkmal zwischen der Fünfhunderter und der (1926 wieder eingestellten) 350er ist die Stellung der Stößelstangen. Bei der größeren Ausführung laufen beide Nocken auf einer Achse, so daß die Stoßstangen genau hintereinander stehen, während beim anderen Modell die Nocken einzeln laufen, die Stoßstangen nebeneinander stehen und nach oben gegeneinander zulaufen. Die vordere Stößelstange bewegt den Einlaß-Kipphebel, die zweite läuft hinter

Die Vierventil-Rudge war zu ihrer Zeit eine außergewöhnliche Erscheinung, doch erst die späteren Modelle brachten die legendären Rennerfolge.

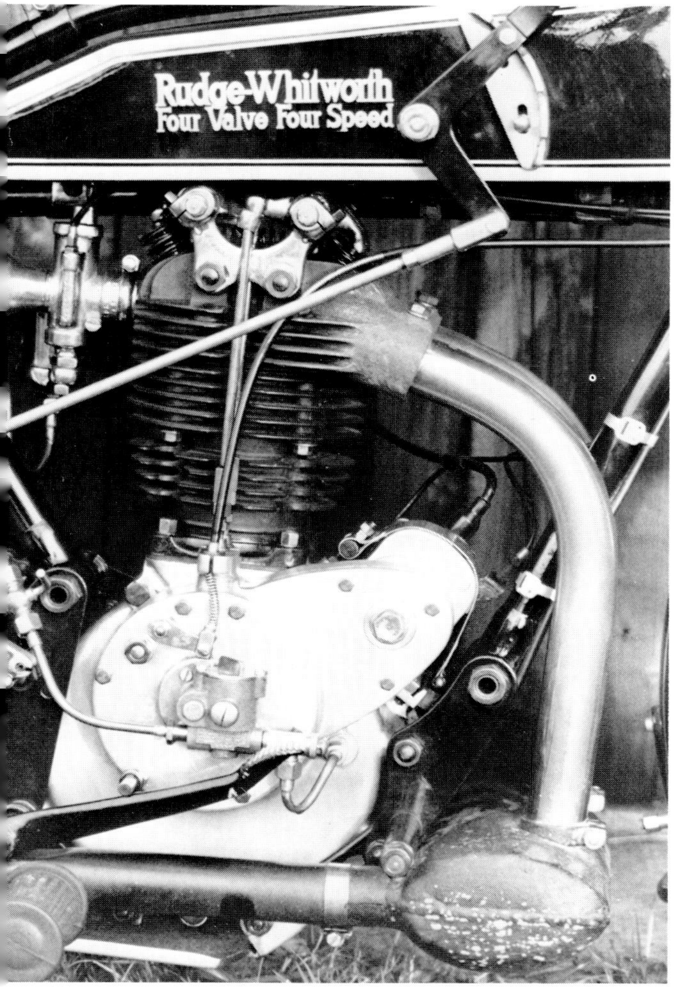

Links: Der Best & Lloyd-Tropföler sowie die hintereinander stehenden Stoßstangen bestimmen das Bild.

Oben: Zylinderkopf und Zylinder sind separat verschraubt.

dem Lagerschild der Kipphebelböcke und betätigt die Auslaßseite. Am Kipphebelkörper sind zwei Betätigungsarme angegossen, die die parallel hängenden Ventile niederdrücken. Beide Ventilpaare bilden einen dachfömigen Brennraum im Zylinderkopf. Es gibt nur einen Ansaugstutzen, wobei sich die Kanäle im Kopf teilen; auslaßseitig gibt es indessen zwei Auspufföffnungen. Der gesamte Ventiltrieb liegt offen und verlangt allein schon deshalb besondere Wartung. Außerdem erforderte diese Konstruktion so viel Platz, daß das Tankrohr des Rahmens einen eleganten Bogen um den Zylinderkopf machen muß.

Der damalige Besitzer hat diese Rudge vor einiger Zeit in recht desolatem Zustand in Vorarlberg gefunden. Sie war dort früher einmal sehr bekannt gewesen, war sie doch die erfolgreiche Bergrennmaschine des Lokalmatadors. Der Motor scheint sehr robust zu sein, denn als einziges Teil war er kaum verändert, im Gegensatz zu den Rädern oder dem Tank: man sah der Maschine ihr langes, hartes Leben an. In ungefähr 700 Arbeitsstunden schuf Reinhard Schramke aus dem verwahrlosten Fahrzeug eine vorzügliche Veteranenmaschine. Die österreichischen Unterlagen konstatieren der Rudge ein Baujahr 1924, aus dem Fehlen der zusätzlichen Rahmenstreben sowie der Koppelung der Bremsen läßt sich jedoch ein Herstellungsdatum ab April 1925 ableiten. Die Maschine soll offenbar die Sportausführung darstellen; es gab auch eine Tourenversion mit Trittbrettern anstelle von Fußrasten, Maglita 4,5 Volt Magdyno sowie einen Senspray-Vergaser anstatt des Amal TT.

Beim ersten Hinschauen schienen mir Klotzbremsen und Vierventilmotor eine etwas sonderliche Kombination. Doch so etwas kann man erst nach einer Probefahrt beurteilen. Ölstand überprüfen – Ölhahn aufdrehen. Benzinhahn auf, Fluten: dies sind die Startvorbereitungen. Beim Füllen der Schwimmerkammer darf natürlich die Überschwemmung wie bei jedem TT-Vergaser nicht ausbleiben. Jetzt ein paar vorsichtige Tritte auf den Kickstarter, ohne dabei den Ventilausheber zu vergessen: Kompression ist reichlich vorhanden. Dann Zündung zurück, Luft schließen und etwas Gas, so müßte sie kommen ... indessen: Rennmaschinen wollen angeschoben werden. Als sie lostuckert, fällt sofort der niedrige Geräuschpegel auf, der große Schalldämpferkasten leistet gute Arbeit. Zwar liegt der Ventiltrieb, der zunächst einen komplizierten Eindruck macht, offen, aber es klirrt und schwirrt nichts – es ist kein Gehäuse da, das als Resonanzkörper wirken könnte. Ich befolge den gegebenen Ratschlag und lege zum Anfahren den zweiten Gang ein, er ist kurz übersetzt, und man kommt dank der guten Zugkraft damit bequemer vom Fleck. So soll ein Motorrad wegziehen! Man spürt förmlich, wie jede Kurbelwellenumdrehung in Vorschub umgesetzt wird. Ich ziehe zuerst einmal vorsichtig am Gashebel, habe natürlich schon Frühzündung gegeben und den Luftschieber weiter geöffnet: der Motor gehorcht willig. Er hängt, wie man so sagt, am Gas. Der Hebel läßt sich um mehr als 90 Grad bewegen, was eine bemerkenswerte Beschleunigung zur Folge hat.

Der erste Versuch, in den Dritten zu schalten, mißlingt kläglich. Wir haben es hier mit einem Viergang-Getriebe typisch englischer Art zu tun, das heißt, es gibt einen Sprung in der Abstufung zwischen zweitem und drittem Gang, wobei die beiden oberen Fahrbereiche eng gestuft sind. Meine Schwierigkeiten bezogen sich indessen nicht auf das Getriebe, sondern vielmehr auf die Schaltkulisse. Ist es schon ungewöhnlich, eine Viergang-Tankschaltung vorzufinden, so war ich um so erstaunter über den großen Abstand der Einrast-Kerben zwischen den Gängen Nummer zwei und drei.

Mit zunehmendem Tempo wurde ich besorgter um die nicht gerade vertrauenerweckende Bremsanlage. Die Rudge-Leute hatten aber eine ingeniöse Verbesserung für das Modelljahr 1925 vorgesehen: Beide Bremsen sind gekoppelt, mit dem Fußhebel betätigt man zusätzlich zur Hinterradbremse mittels eines zweiten Seiles auch die vordere (vergleiche Moto Guzzi heute!). Man kommt in befriedigender Art und Weise zum Stehen, allerdings möchte ich das nicht unbedingt aus 120 Stundenkilometern versuchen müssen und erst recht nicht bei Regen.

Die Maschine sieht sehr leicht aus und verspricht auch gutmütiges Fahrverhalten, dem jedoch stehen der lange Radstand und die geringe Bodenfreiheit etwas entgegen. Sie fällt nicht einfach in Kurven, Arbeit am breiten Lenker ist dazu schon vonnöten, andererseits ist das Fahrwerk aber recht steif und bewegt sich trotz der ungedämpften Gabel stabil, es läßt sich ein »sehr gerader Strich« fahren.

Die Vorzüge des Viergang-Getriebes lernt man bei einer etwas gemütlicheren Probefahrt eigentlich gar nicht kennen. Der Motor hat seine gute Zugkraft über den ganzen Drehzahlbereich, und so ist man nicht zu häufigem Schalten gezwungen. Dies ist aber im Einsatz auf der Rennstrecke anders. Diese Rudge wird zwar nicht rennmäßig gefahren, aber schon bei einer Veteranen-Gleichmäßigkeitsprüfung macht es Spaß, die Motorleistung besser abgestuft auf den Boden bringen zu können; die Drehzahl läßt sich konstanter halten als bei den Dreigang-Aggregaten der gleichen Epoche.

Das »Four Valve Four Speed«-Modell wurde ein voller Erfolg für Rudge-Whitworth Ltd.; im Jahre 1925 kam man

Die Klotzbremsen griffen auf den seitlichen Felgenansätzen ein.

in Coventry auf eine Stückzahl von 7000 Motorrädern dieses Typs. Bei Zuverlässigkeitsfahrten und Geländeprüfungen war man ebenfalls erfolgreich, und was lag da näher als der Gedanke, eine werksseitige Beteiligung im Straßenrennsport wieder aufzugreifen. Man entwarf einen Leichtmetall-Rennkolben, baute einen Rennlenker, Lenkungsdämpfer und Doppelrohr-Auspuff an. Nachdem 1926 zwei Privatfahrer die Tourist Trophy mit den überarbeiteten Modellen bestritten hatten, wollte Rudge im kommenden Jahr sich erneut mit einem Werksteam auf die Isle of Man begeben. Mit George Hack und Graham Walker holte man sich zwei gute Leute für die Vorbereitungen ins Haus. Die Maschinen hatten sich inzwischen weiter stark verändert, Trommelbremsen und ein großer Satteltank waren die augenfälligsten Details. Die Rennmaschinen leisteten nun bereits 28 PS und waren enorm schnell, aber einen TT-Sieg gab es diesmal noch nicht zu vermelden. Der erste große Erfolg des Vierventilers war der Sieg Graham Walkers beim Ulster Grand Prix des Jahres 1928 mit einem neuen Rekordschnitt für Rundstreckenrennen (80,07 Meilen). Und damit begann ein neues Kapitel in der Rudge-Geschichte.

Rudge Vierventiler 500 von 1925

Motor	Viertakt
Zylinder	1
Bohrung/Hub	85 x 88 mm
Hubraum	499 ccm
Ventile Ventil-betätigung	ohv, Stoßstangen, Kipphebel
Schmierung	Verlustschmierung, mechanische Pumpe
Leistung	18 PS bei 4500/min
Kühlung	Fahrtwind
Vergaser	Amal TT 22 mm oder Senspray
Elektrische Anlage	ML -Magnetzündung
Kupplung	Einscheiben, trocken
Getriebe	Rudge 4-Gang
Antrieb	Kette
Rahmen	Einrohrrahmen, unten offen
Radaufhängungen	Rudge Trapez-Vordergabel, starr hinten
Reifen	26 x 3 (700 x 80)
Fußbremse	Klotz auf Riemenscheibe hinten und vorne
Handbremse	Klotz auf Riemenscheibe vorne
Länge	2070 mm
Breite	85 mm
Höhe	1000 mm
Sattelhöhe	700 mm
Bodenfreiheit	135 mm
Tankinhalt	11 Liter
Leergewicht	127 kg
Höchstgeschwind.	120 km/h
Verbrauch	ca. 4 l / 100 km
Originalpreis	64 £ 6 Shilling (1924)

Rauh aber herzlich

Norton Modell 18 von 1925

Seit dem denkwüdigen Sieg bei der ersten TT auf der Isle of Man im Jahre 1907 war der Name Norton aus Birmingham in aller Munde. James Lansdowne Norton, liebevoll »Pa« genannt, wußte, was er seiner Kundschaft schuldig war: Er ließ seine Motorräder von nun an jedes Jahr bei der TT an den Start gehen.

Die seitengesteuerten Einzylinder schlugen sich recht wacker. Ein weiterer TT-Sieg blieb ihnen versagt, doch zahlreiche Privatfahrer vertrauten auf die Zuverlässigkeit und die Schnelligkeit der 490 ccm-sv-Norton. Auf dem Brooklands-Oval erzielte sie einen Geschwindigkeits-Rekord mit 148 km/h.

Hängende Ventile waren für die weitere Leistungserhöhung unabdingbar. Sunbeam hatte zwar 1920 die Senior-TT mit einer seitengesteuerten 500er gewonnen, doch im Jahr darauf wies Howard Raymond Davies mit seiner AJS den Weg in die Zukunft; die 350 ccm-Maschine mit dem neuen ohv-Zylinderkopf siegte in der Junior- und in der Senior-TT. So bedeutete es für die Fachwelt keine allzu große Überraschung, als am 15. März 1922 ein ohv-Prototyp von Norton zu ersten Testfahrten in Brooklands auftauchte.

Auf Anhieb erreichte Rex Judd mit diesem neuen Motor 157 km/h. Norton entschloß sich, zwei ohv-Maschinen für die TT fertigzumachen. Nur Ralph Cawthorne ging an den Start und been-

Die sportliche Linienführung der britischen 500 ccm-ohv-Modelle beeinflußte viele Motorradhersteller in ganz Europa.

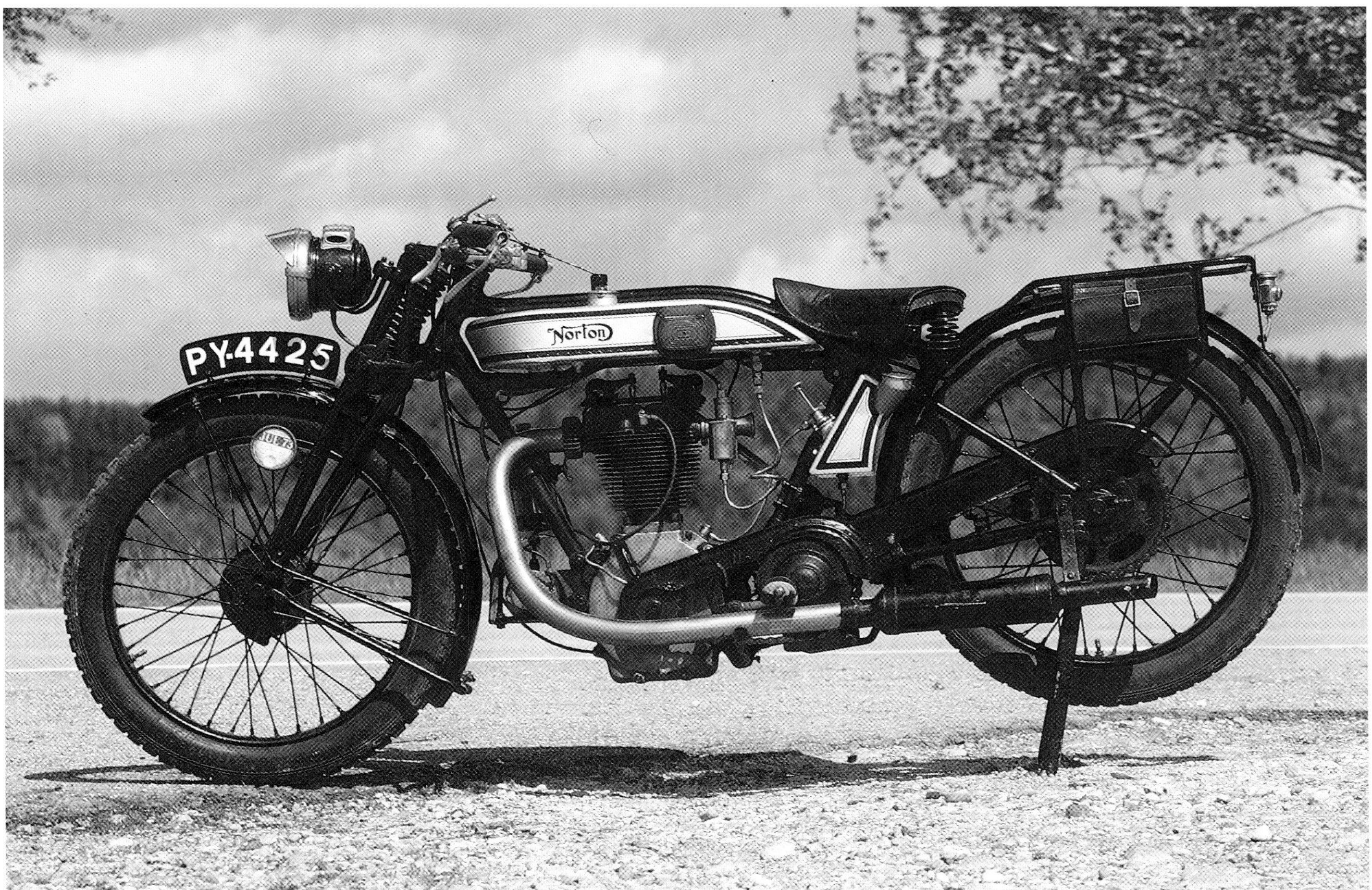

Norton
Sturmey Archer
Norton

Links: Mit dem Langhub-Einzylinder siegte Norton 1924 bei der Senior-TT.

Oben: Die Fahrleistungen können immer noch überzeugen...

dete das Rennen vorzeitig – an 15. Stelle liegend, nachdem er bereits auf den vorangegangenen 300 Kilometern mit Problemen aller Art zu kämpfen hatte.

Wie nicht anders zu erwarten, schmückte die ohv-Norton als Modell 18 den Ausstellungsstand auf der alljährlich im November stattfindenden Motorradshow im Londoner Olympia. Das Top-Modell für 1923 lockte die Kunden mit magischen 100 Meilen pro Stunde; in der Tat war die Norton eine der ersten käuflichen 500er, die 160 km/h erreichen konnten, allerdings nur mit einem höherverdichtenden Kolben und Alkohol-Kraftstoff.

Für die Senior-TT des Jahres 1923 blies Norton zum Angriff, mußte sich aber dem hochdrehenden Douglas-Boxer knapp geschlagen geben. Dafür war die Freude im darauffolgenden Jahr umso größer: Alec Bennett siegte endlich mit der 500er-ohv-Norton, und George Tucker holte mit der 588 ccm-Version den Seitenwagenpreis.

Für diese Erfolge zeichnete nicht zuletzt der neue Norton-Rennleiter Walter William Moore verantwortlich, der wichtige Verbesserungen an den Werksrennern vornahm; sie erhielten mechanische Best & Lloyd-Ölpumpen (vorher gab es nur Handpumpen), Webb-Vordergabeln und große acht-Zoll-Trommelbremsen am Hinterrad statt der Klotzbremsen.

Die Modifikationen an den Rennmotorrädern flossen auch stets in die Serien-

Der Tropföler versorgt zuerst die beiden Nockenwellen im Steuergehäuse, der Kurbeltrieb bekommt das ablaufende Öl durch Schleuderung zugeführt.

produktion für den nächstfolgenden Modelljahrgang mit ein. Auf diese Weise wurde die Norton 18 in der Saison 1925 entsprechend weiterentwickelt, und in aller Stille vollzog sich bei diesem Motorrad ein ganz anderer Fortschritt: Das mehr oder minder verkappte Rennmodell entpuppte sich nun als zivilisierte schnelle Touren- und Sportmaschine. So hatten unter dem Steuerdeckel Rennokken und Rollenschlepphebel einfacheren Bauteilen Platz gemacht. Die speziellen Sportteile bleiben auf Bestellung auch weiterhin lieferbar.

In der Saison 1925 und 1926 ging die Werksmannschaft mit laufend weiter verbesserten ohv-Rennnmaschinen an den Start, und 1927 wurde im Katalog schließlich eine Replika der 26er TT-Norton angeboten. Aber noch im gleichen Jahr begann mit der ersten Königswellen-Norton ein gänzlich neuer Entwicklungsabschnitt.

Dies alles bedeutete jedoch keineswegs das Aus für das Modell 18; es blieb noch lange Jahre als Standard-ohv-Tourer im Programm. Vom einstigen Renner zum zahmen Serienmotorrad wurden bei Norton später noch einige Modelle entwickelt. Die ohv-Norton machte zahlreiche Änderungen durch, von verkapselten Kipphebeln, über einen geschlossenen Zylinderkopf bis hin zum Aluminium-Kopf – von den Ausstattungsänderungen einmal ganz abgesehen. Das Grundkonzept blieb jedoch unberührt.

Die 18er Norton verschwand offiziell erst 1954 aus dem Programm, als die 500 ccm-Starrahmen-Modelle gestrichen wurden. Der Motor lebte in der ES 2 weiter; dieses stets teuere und besser ausgestattete Modell trat die Nachfolge des einfachen Einzylindermodells namens 18 an, während die Twins in den Vordergrund rückten. Endgültig Schluß war dann im Jahre 1963. Die letzte ES 2 mit Federbett-Rahmen beendete die 40-jährige Geschichte der ohv-Norton; die Manx-Rennmaschine wurde ebenfalls eingestellt.

Ein Exemplar aus dem Jahrgang 1925 stand mir zur Verfügung, um die Qualitäten des klassischen Modells 18 zu beweisen. Die »King of the Road« Karbid-Lichtanlage von Lucas und der Gepäckträger mit den beiden Werkzeugkästen weisen diese Norton als ein Tourenmodell aus, ebenso der Motor mit zahmeren Steuerzeiten und niedriger Verdichtung.

Dennoch kann die Norton bestens mit allen zeitgenössischen Sportmaschinen Schritt halten, was sie auch schon des öfteren beweisen durfte. Vor 22 Jahren in England restauriert, befindet sich das Test-Exemplar nunmehr seit 1982 im oberbayerischen Alpenvorland und wird vom glücklichen Besitzer fleißig bewegt.

Der Langhub-Motor wird mit der üblichen Startzeremonie zum Leben erweckt: Vergaser-Schwimmerkammer fluten, bis es richtig trieft, Zündverstellhebel am linken Lenkerende nach hinten (Spätzündung); Luft geschlossen und Gas ein kleines Stück auf; Ventilausheber betätigen; Kolben mit dem Kickstarter auf den oberen Totpunkt und noch etwas weiter bringen; Ausheber zu und kräftig kicken.

Die beiden vollen Hubscheiben der Kurbelwelle bewirken im Verein mit den 100 mm Kolbenweg mehrere Umdrehungen, und der Motor springt eigentlich immer an. Außer unter den Umständen, bei denen, – wie in unserem Falle –, der Zündfunke aus dem ML-Magneten schon recht mickrig ist. Da hilft nur noch der sportliche Schiebestart.

Sobald der Einzylinder läuft, wartet er mit einer imposanten Geräuschkulisse auf. Dafür sorgt neben dem kaum gedämpften Auspuff vor allem der völlig ungekapselte Ventiltrieb. Die ellenlangen Stoßstangen benötigen sogar separate Rückholfedern.

Beim ersten Auskuppeln läßt sich der Außenzughebel am linken Lenkerende nur mühsam bewegen, und die offen laufende Kupplung scheppert unangenehm. Doch kaum ist der erste Gang durch Heraufziehen des langen Schalthebels am Getriebe eingelegt, läßt sich mit wenig Gas die Kupplung sanft einrücken, und die Norton bewegt sich vorwärts.

Zum Gasgeben wird mit dem Daumen der Hebel am rechten Lenkerende nach vorne bewegt. Den Lufthebel öffnet man unter normalen Fahrbedingungen bis zur Hälfte. Der erste Gang macht etwa 45 km/h möglich, doch das wird kaum ausgenutzt.

Zügig zeigt sich der Vorwärtsdrang der polternden Maschine; der Motor reagiert überraschend spontan auf die Gashebel-Kommandos und beim Hinaufschalten macht die Norton einen richtiggehenden Sprung nach vorn. Recht schnell bewegt man sich im Bereich von 80 km/h und mehr.

Mit etwas Gefühl spürt man am hölzernen Schaltknauf das Einrasten des nächsten Ganges, so daß der Schaltvorgang zwar nicht allzu schnell, dafür aber recht präzise vonstatten geht.

Auf heutigen Straßen ist das Fahrverhalten makellos. Auch sind die Bremsen nicht schlecht, vor allem die acht Zoll große Trommel am Hinterrad. Der Bremshebel befindet sich vor der linken Fußraste; eine Welle durch den Fußrastenträger hindurch stellt die Verbindung zum Gestänge auf der rechten Seite her.

Etwas anders sieht es dagegen auf Schotterwegen aus. Der Fahrer braucht den breiten Lenker, um die Norton auf Kurs zu halten. Die Gabel kapituliert vor größeren Schlägen, und die schmalen Wulstreifen, einstmals noch knallharte, dünnwandige Hochdruckreifen, sind auch in jüngerer Ausführung unkomfortabel. Trotzdem macht es großen Spaß, mit niedertourig tuckerndem Motor auf Feldwegen und Landstraßen dahinzufahren. Der kräftige Motor und die (nach kurzer Eingewöhnungszeit) leicht zu beherrschenden Bedingungselemente verlocken zu einer forschen Fahrweise. Das Revier des Langhubers sind natürlich die Steigungen. Abwärtsschalten ist hier nur selten nötig; souverän zieht das alte Motorrad an vielen blechernen Familienkutschen vorbei.

Man merkt der Norton also die Renn-Vergangenheit noch immer an; so sehr ließ sie sich wohl damals noch nicht zähmen.

Sparsam ist sie nicht. Es mag durchaus glaubhaft sein, daß die zeitgenössischen Tester mit 2,5 Liter/100 km auskamen, denn damals bremsten die schlechten Straßen das Tempo. Unser Testmotorrad konsumierte aber zwei Liter Benzin mehr. Ebenfalls recht hoch liegt der Ölverbrauch; dies ist jedoch bei einer Verlustschmierung konstruktiv bedingt. Zur Sicherheit hatte man noch eine zusätzliche Handpumpe am Öltank vorgesehen. Der Ventiltrieb muß per Fettpresse separat abgeschmiert werden; es gibt dazu jeweils einen Schmiernippel pro Kipphebel zur Versorgung der Lagerrollen an beiden Enden. Ventilführungen und Kugelpfannen an den Stoßstangen werden mit dem Ölkännchen betreut.

Ein gewisser Pflegeaufwand war dazu vonnöten, um die Norton bei Laune zu halten, doch stets versöhnt der Fahrspaß mit jeglicher Mühe. Ein ganz besonderes Erlebnis bieten enge Kurven, in die man das handliche Motorrad bedenkenlos drücken kann. Die leicht verbogenen Fußrasten zeugen von solchen Räubereien mit der äußerst wendigen Maschine. Die Grenzen ziehen auch hier wieder die Wulstreifen, die heute leider nur in dem unglücklichen groben Blockprofil lieferbar sind.

Probleme traten an der Norton bisher keine auf. Zur Sicherheit wird demnächst der Motor einmal von innen begutachtet werden, denn das Motorrad reizt förmlich zu größeren Unternehmungen als den bisherigen Ausflügen.

Norton Modell 18 von 1925	
Motor	Viertakt
Zylinder	1
Bohrung/Hub	79 x 100 mm
Hubraum	490 ccm
Ventile Ventil-betätigung	ohv, Stoßstangen, und Kipphebel
Schmierung	Best & Lloyd Tropfölpumpe
Leistung	21 PS bei 5000/min
Kühlung	Fahrtwind
Vergaser	Amac Sportvergaser 27 mm
Elektrische Anlage	ML-Zündmagnet
Kupplung	Mehrscheiben-Trockenkupplung
Getriebe	Dreigang Sturmey-Archer LS
Antrieb	Kette
Rahmen	Einrohrrahmen, unten offen
Radauf-hängungen	Webb-Trapez-vordergabel
Reifen	26 x 3 Wulst vorne und hinten
Fußbremse	Trommelbremse 210 mm
Handbremse	Trommelbremse 140 mm
Länge	2080 mm
Breite	840 mm
Höhe	980 mm
Sattelhöhe	720 mm
Bodenfreiheit	100 mm
Tankinhalt	8 l, Öltank 1,7 l
Leergewicht	ca. 130 kg
Höchst-geschwind.	ca. 125 km/h
Verbrauch	ca. 4 l / 100 km
Originalpreis	80 £ (1925)

Familien-Gespann

AJS Modell G2 800 ccm mit Seitenwagen von 1926

Im Frühjahr vor zehn Jahren hatte ich in England eine Norton abzuholen. Ein Kollege begleitete mich in der Absicht, sich ein schweres Motorrad mit Seitenwagen zuzulegen, eine Harley vielleicht oder eine Indian, eventuell eine BSA V-Twin. Seine Wahl fiel auf ein AJS-Gespann aus dem Jahre 1926.

Das Motorrad fanden wir in einer alten Scheune, dick mit Staub belegt. Es war noch Sprit im Tank, und so lag die Versuchung nahe, einen Start zu wagen... und tatsächlich: nach dem fünften Tritt auf den Kickstarter setzte sich der Motor des Veteranen in Bewegung. Mächtig qualmte es aus dem Auspuff – Öl aus dem Kurbelgehäuse war in die Verbrennungsräume gelangt.

Die Maschine gab einen gesunden Klang von sich. Es handelte sich bei unserem Motorrad um eine G2 mit seitengesteuertem 799 ccm Aggregat eigener Herstellung. Der Seitenwagen war ein »De luxe« mit ausklappbarem Schwiegermuttersitz. Vor einigen Jahren war die Maschine restauriert, aber kaum gefahren worden – daher der nach Original aussehende »Gebrauchtzustand«. Die vernickelten Nabenbolzen waren erneut angerostet, der Motor mit einer dicken Schmierschicht überzogen. Aber die AJS war komplett. Es fehlten weder die Inspektionsdeckel der Kettenkästen noch die Gummiauflagen der Fußbretter.

Die Marke AJS wurde vor allem wegen ihrer großartigen Rennerfolge in der 350 ccm-Klasse berühmt. Aber auch von den Produktionszahlen her zählte AJS stets zu den Großen. Eine Zweizylinder-V-Maschine wurde erstmals im Jahre 1912 präsentiert, mit der Albert John Stevens auch am Gespannmarkt teilhaben wollte. Der Motor hatte 698 ccm Hubraum, die beiden seitengesteuerten Zylinder saßen in einem Winkel von 50 Grad zueinander. Ein Jahr später kam ein von AJS selbst produzierter Seitenwagen auf den Markt.

Kleine Schotterstraßen sind für das bequeme Reisefahrzeug kein Problem.

1919 erfuhr die schwere Gespann-AJS einige Änderungen. Der Hubraum des Motors war auf 748 ccm angewachsen, die Zylinderköpfe wieder abnehmbar. In seiner ganzen Konstruktion und Ausstattung – austauschbare Räder rundum, elektrische Beleuchtung auf Wunsch – blieb das Motorrad für die nächsten Jahre unverändert.

Im Jahre 1925 wich der kantige »Long«-Tank einem etwas gefälliger aussehenden Behälter mit abgerundeten Kanten. Durch eine Verlängerung des Kolbenhubs um 9 mm ergab sich jetzt ein Hubraum von 799 ccm.

Unsere Maschine stammt eindeutig aus dem Jahre 1926, erkennbar am Code-Buchstaben G und an der Vordergabel. Die bisher verwendete Brampton-Biflex hatte man durch eine Druid-Gabel ersetzt.

Die AJS wirkt durch ihre Länge und die schmale Gesamtansicht sehr grazil.

Der Einrohrrahmen ist unten offen, das Hinterrad läuft in einem an den Hauptrahmen angeschraubten Dreicksausleger, der relativ lang nach hinten ausläuft. Motorrad und Seitenwagen haben die gleichen Räder mit 80 x 700-mm-Wulstreifen. An allen Rädern befinden sich angeschraubte Bremstrommeln. Das Dreigang-Getriebe ist an der Rahmenverbindungsstelle unter dem Sattelrohr eingehängt, der Kickstarter sitzt an einem Gehäuseausleger und greift mit einem außenliegenden Zahnsegement ein – wie man hört, war er an der großen AJS etwas überfordert. Wie im übrigen auch das Schubrad-Getriebe selbst.

An dem 800er V-Zweizylinder gibt es einige interessante Details zu entdecken. Die Zylinder sind nur in der oberen Hälfte mit Kühlrippen versehen, die Köpfe senkrecht verrippt. Die Stößel und Ventilfedern des seitengesteuerten Motors sind nicht abgedeckt. Der Binks-Vergaser versorgt die Zylinder über ein gegabeltes Ansaugrohr, wie bei den meisten V-Twins üblich.

Um die Zylinderköpfe abnehmbar zu gestalten, griff AJS zu einer ungewöhnlich einfachen Konstruktion. Vor und hinter den Zylindern ist je ein langer Zuganker in das Motorgehäuse eingeschraubt, eine geschmiedete Haltebrükke wird auf den Zylinderkopf gesetzt und über die Anker geschoben, an deren Gewinde Halteschrauben die Brücke und damit auch den Kopf andrücken und festhalten. Diese Anordnung bewährte sich großartig. An der rechten Motorseite führt in einem Gehäuse die Antriebskette für den Lucas-Magdyno nach vorne. Die Primärkette auf der linken Seite läuft vollständig gekapselt in einem Kettenkasten. Die Kupplung sitzt in einem eigenen Blechkasten, und auch die Antriebskette ist wieder gekapselt.

Der Seitenwagen weist ein Rohr-Rechteck als Hauptrahmen auf, das Boot – oder hier besser die Karosserie – wird darauf von vier Dreiviertelelliptik-Blattfedern gehalten. Das Rad läuft in einem als Bügel ausgeformten Rohr-Anbau. An das Motorrad ist der Beiwagen mit vier Knebeln angeschlossen: oben unterhalb des Steuerkopfs und an der Rahmenverbindung unter dem Sattel; unten an der vorderen Motorhalterung und an der hinteren Radaufnahme.

Die Beiwagen-Karosserie besteht aus einem Holzrahmen, der mit Blechen beplankt ist. Eingestiegen wird durch eine kleine Seitentür, nach dem Platznehmen im dick gepolsterten Sessel wird noch die Plane mit aufgenähter Zelluloid-Scheibe angeknöpft. In der Gepäckklappe befindet sich ein klappbarer Notsitz. Damit auch länger geratene Passagiere hier Platz finden, ist der Fußraum unter dem Vordersitz hindurch wannenförmig vertieft. Der AJS-Beiwagen ist als typisches Beispiel aus der damaligen Zeit keine einfache Blech-Zigarre oder Fiberglas-Schüssel, sondern ein bequemes Fahr-

Oben: Der 800 ccm-Motor bringt die nötige Zugkraft; die weißen Trittbrettgummis sind original.

Mit dem ausladenden Lenker-Geweih läßt sich das schwere Gespann gut dirigieren.

zeug, wie es der Kunde in den zwanziger und dreißiger Jahren vor allem in England wünschte.

Nach einigen kürzeren Probefahrten holten wir uns für ein schönes Herbstwochenende ein rotes Kennzeichen von der Zulassungsstelle und beschlossen, einen Ausflug ins Gebirge zu unternehmen. Mit vorgestellter Zündung, Gas- und Lufthebel eine viertel Umdrehung geöffnet, ballert der große Twin schon nach dem ersten Tritt auf den Kickstarter los. Zu dessen richtiger Startstellung muß in jedem Fall der Ventilausheber (rechter Lenkerhebel) zu Hilfe genommen werden, denn die beiden 7,4-cm-Kolben wollen erst einmal über einen Weg von 93 mm bewegt werden...

Das Auspuffgeräusch ist nicht das von den US-Twins gewohnte Blubbern, sondern vielmehr ein blechernes Geknatter. Die beiden Auspuffkrümmer münden nämlich in eine große Blechtrommel (Schalldämpfer) vorne unter dem Motor, von welchem ein dünnes Rohr nach hinten führt und unter dem linken Fußbrett endet. Die als Passagier auserkorene Dame hat beim Besteigen des Seitenwagens kein gutes Gefühl, schwingt doch die Karosserie schon im Stand.

Das Einlegen des ersten Gangs mit dem Tank-Schalthebel geht wie erwartet nicht ganz geräuschfrei, aber daran ist nichts zu ändern. Unter lautem Geknatter und Gerassel des offenen Ventiltriebs setzt sich das Gespann in Bewegung. Nach ein paar Metern wird in den zweiten Gang geschaltet; wenn man dabei sehr bedächtig zu Werke geht und bei der Leerlaufstellung des Schalthebels auskuppelt und Zwischengas gibt, kann man weich und geräuschfrei schalten.

Die Sitzposition des Fahrers ist sehr gewöhnungsbedürftig. Durch den U-förmigen Lenker sitzt man weit hinten, die Lenkergriffe werden fast in Längsrichtung gehalten, und die Fußbretter stehen sehr schräg. Das anfängliche Lenkerpendeln läßt sich durch höheren Luftdruck fast beseitigen, der Lenker braucht jedoch festen Zugriff. Lenkungsdämpfer gab es früher nur an Rennmaschinen!

Zum Einfahren von der Seitenstraße auf die Landstraße nach Bad Tölz mußte wegen eines Autos abgebremst werden, doch dazu ist hier kein Handgriff nötig – es werden beide Bremsen (die Seitenwagenbremse ist mit der Hinterradbremse verbunden) mittels Fußhebel betätigt: am linken Fußbrett die hintere, am rechten die Vorderradbremse. Zusammen mit der Bremswirkung des Langhub-Motors ist die Verzögerungsleistung als ausreichend zu bezeichnen. Der Motor wurde nun schon langsam wärmer und konnte einen Schuß Öl vertragen. Im Jahre 1926 waren die AJS-Modelle letztmals mit einem Handöler ausgestattet, eine automatische Ölpumpe von Pilgrim konnte man zwar schon als Extra bestellen, aber unser Motorrad hatte sie nicht. So muß in Abständen von drei bis fünf Kilometern jeweils der Kolben der Handpumpe im Ölbehälter am Tank eingedrückt werden, damit durch den Unterdruck Öl ins Kurbelgehäuse befördert wird.

Auf der Landstraße lege ich nun auch den dritten Gang ein, was leicht und problemlos vonstatten geht. Mit etwa 65 km/h (gemessen mit dem Tacho des Begleitmotorrades) rollt das AJS-Gespann ruhig dahin, es sind bei diesen Drehzahlen kaum Vibrationen zu verspüren. Auf der kurvigen und über viele Anhöhen führenden Straße von Dietramszell nach Bad Tölz kann die AJS jetzt ihre Leistungsfähigkeit unter Beweis stellen. Vor den Kurven nehme ich nach kurzer Gewöhnung das Gas kaum mehr zurück, denn trotz der Schaukelei des Beiwagens bleibt das Gespann sicher in der Spur. Sehr schnell darf man dabei jedoch nicht werden, denn die Wulstreifen flüchten nur allzu gerne vor der Felge. Etwas von der Drehzahl gekommen, braucht man nicht gleich zu schalten, bei leicht zurückgenommener Zündung zieht der V-Motor auch noch aus niedrigsten Drehzahlen. Etwas Gefühl in der Gashand ist hierbei aber Voraussetzung. Auf Straßenunebenheiten kommt eine gewisse Unruhe in das Fahrzeug, aber auch hier ist es wieder nur das Schwingen des Beiwagens. Man könnte meinen, daß auch die Maschine an der Hinterhand unruhig wird, aber das ist nicht der Fall.

Die Maschine wäre auch schneller als 65 oder 70 km/h zu fahren, aber bei höheren Drehzahlen vibriert der Motor stark und läuft nicht mehr so seidenweich. Dies ist an sich auch besser so, denn bei gemäßigter Fahrweise werden die thermischen Probleme mit dem hinteren Zylinder des V-Motors nicht akut. Daß der Motor mit Verlustschmierung

Der original AJS-Luxusseitenwagen weist zum besseren Einstieg eine seitliche Tür auf, die Heckklappe birgt eine zusätzliche Sitzgelegenheit.

AJS Modell G2 800 ccm mit Seitenwagen von 1926	
Motor	Viertakt
Zylinder	2 (50° V-Twin)
Bohrung/Hub	74 x 93 mm
Hubraum	799 ccm
Ventile	seitlich stehend
Schmierung	Verlustschmierung mit Handpumpe
Leistung	18 PS bei 4000/min
Kühlung	Fahrtwind
Vergaser	Binks
Elektrische Anlage	Lucas Magdyno
Kupplung	Einfeder-Mehrscheiben
Getriebe	3-Gang
Antrieb	Kette
Rahmen	Einrohrrahmen, unten offen
Radaufhängungen	Druid-Parallelogrammgabel vorne, hinten starr
Reifen	Wulst 80 x 700
Fußbremse	Halbnaben-Trommel
Handbremse	dito
Länge	2230 mm
Breite	700 mm/1600 mm mit Seitenwagen
Höhe	1080 mm
Sattelhöhe	820 mm
Bodenfreiheit	140 mm
Tankinhalt	10 l Kraftstoff, 1,5 l Öl
Leergewicht	150 kg (solo), Gespann ca. 240 kg
Höchstgeschwind.	ca. 90 km/h mit Seitenwagen
Verbrauch	ca. 6 l / 100 km
Originalpreis	98 £ (1926)
Seitenwagen	AJS de Luxe, Einsitzer + Dickey-Seat, gebremstes Seitenwagen-Rad

Oben: Die Schmierölzufuhr wird mit der Handpumpe bewerkstelligt.

Links: Zwischen den zwei mächtigen Zylindern sitzt der Binks-Vergaser auf einem T-förmigen Ansaugstutzen.

arbeitet, sieht man nach einigen Kilometern Fahrt sehr deutlich, vor allem der hintere Zylinder wird mit dem großen Ölangebot nicht immer fertig und schleudert den warmen Schmierstoff auf den rechten Fahrerstiefel. Doch daran gewöhnt man sich.

Bad Tölz wurde umfahren, doch bei der Ortsdurchfahrt von Lenggries wäre der AJS-Ausflug beinahe in Arbeit ausgeartet. Im dichten Verkehr half nur noch Ruhe und Gelassenheit bei den zahreichen Brems- und Schaltmanövern. Die Passanten staunten dabei nicht nur über das ungewöhnliche Vehikel, sondern des öfteren auch über lautes Getriebe-Krachen. Wir waren froh, bald wieder auf der offenen Straße zu sein, die uns nun über den Sylvenstein-Stausee zur Mautstraße am Oberlauf der Isar entlangführte. Hier machte es nun richtig Spaß, das Gespann durch eine wilde Berglandschaft zu lenken, das Schnaufen und Knattern des 800er V-Twins hallte an den Felswänden an der Straße. Die Überraschung kam, als es von Wallgau bei Mittenwald zum Walchensee hinauf ging. Hier zeigte der Motor, was in ihm steckt, als er in den weiten Kehren schön zügig bergauf zog – alles im Dritten. Die Autos auf der Strecke waren allesamt nicht schneller. Es zeigte sich wieder einmal die Charakteristik des langsamlaufenden, seitengesteuerten »Tourendampfers« – bergauf, bergab, geradeaus: immer gleich schnell (oder langsam). Auch die ehemalige Kesselberg-Rennstrecke hinunter wurde im dritten Gang gefahren, mit dem Gashebel konnte man die AJS buchstäblich aus der Kurve »ziehen«. Gebremst wurde nur mit dem Motor – die Trommelbremsen hätten es wohl auch nicht lange überstanden. Irgendwo muß man schließlich Konzessionen machen, wenn es um ein 64 Jahre altes Motorrad geht.

Ein Ausflug mit einem solchen Motorrad über nahezu 180 km darf nicht ganz ohne Panne ablaufen. Drei Kilometer vor der Garage verloren wir den geschraubten Tankdeckel. Natürlich fanden wir ihn wieder und setzten ihn – etwas fester angezogen als zuvor – auf den Einfüllstutzen. So etwas kann schon mal passieren. Ansonsten gab es nichts zu schrauben, nichts zu reparieren oder zu basteln. Ein dankbares und in jeder Hinsicht zuverlässiges Tourenmotorrad, gutmütig und obendrein zu bepacken wie ein Kamel. Der Eigner hat sich vorgenommen, die AJS demnächst zum TÜV zu fahren und sie den ganzen Sommer über so einzusetzen wie es 1926 gedacht war: als Reisefahrzeug für die ganze Familie.

Schwerer Brocken

Windhoff 750 Vierzylinder von 1927

Das umlaufende Öl kühlt innen an den Gehäusewandungen ab, deshalb entstand dieser gewaltige Motorblock für den ölgekühlten Vierzylinder.

In Rheine in Westfalen existierte seit 1902 die Maschinenfabrik Gebr. Windhoff. Ab 1908 beschäftigte man sich auch mit der Produktion von kompletten Automobilen. Hans Windhoff hatte 1907 seine Brüder Fritz und Ernst verlassen, um sich in Berlin mit einer Kühlerfabrik selbständig zu machen. Auch in Berlin befaßte man sich mit dem Bau von Ausrüstungsteilen für die Kraftfahrzeug-Industrie, doch eigene Fahrzeuge sollten hier erst 1925 entstehen.

Zu jener Zeit entstanden in Deutschland, vor allem in Berlin, eine ganze Reihe interessanter Motorrad-Konstruktionen. Es handelte sich dabei vorzugsweise um leichte Zweitakter mit 125 bis 175 ccm Hubraum. Der ideenreiche Konstrukteur Hugo Ruppe hatte bereits DKW in Zschopau zum Aufschwung verholfen und danach bei Bekamo einen sehr fortschrittlichen 129-ccm-Zweitaktmotor mit einem Pumpkolben am Kurbelgehäuse realisiert. Dieser leistungsstarke Motor fand sich auch in anderen Motorrädern – Eichler, M.F.Z., TX – und wurde viel im Rennsport verwendet. Beim Frühjahrsrennen auf der Avus im Jahre 1925 war eine weitere Firma mit Ladepumpen-Zweitaktern am Start: Windhoff. Für die Kühlerfabrik erschien es naheliegend, den Motor mit einer Wasserkühlung zu versehen, wodurch er sehr standfest wurde. Prompt gewann man auch das erste Rennen. Mit den 125- und 175-ccm-Maschinen konnte Windhoff noch weitere Erfolge einheimsen und begann kurz darauf mit der Serienfertigung; die Wasserkühlung wurde auch hier beibehalten. Nicht so glücklich verlief der Einsatz eines 500-ccm-Einzylinders, der nach denselben Prinzipien gebaut worden war. Man verfolgte deshalb dieses kühne Projekt nicht lange weiter.

Die Kühlerfabrik hatte also schon mit ihren ersten eigenen Fahrzeugen für beträchtliches Aufsehen sorgen können, doch dies sollte erst ein Anfang sein. Hans Windhoff entwarf anschließend ein ganz besonderes Motorrad. Bei der Realisierung war Ing. Joseph Dauben, ein enger Mitarbeiter Gustav Röhrs und späterer Daimler-Benz-Konstrukteur, behilflich. Es handelte sich dabei um eine äußerst unkonventionelle Maschine mit Vierzylindermotor. Vierzylinder gab es zwar bereits von FN (1904), Henderson (1911) und Nimbus (1920), aber an der Windhoff gab es erstmalig eine obenliegende Nockenwelle und vor allem die bisher kaum je verwendete Ölkühlung des gesamten Motors. Auch hatte dieses Motorrad keinen Rahmen im eigentlichen Sinne; die Aufhängungen für Vorder- und Hinterrad waren am Motorblock verschraubt. Die Firma Windhoff war inzwischen von der Bülowstraße nach Berlin-Johannistal in die Friedrichstraße umgezogen, und dort wurde 1928 die Produktion der 750er aufgenommen.

Das Motorrad stellte bei seiner Präsentation im Dezember 1927 eine richtiggehende Sensation dar, es war ein Vorläufer unserer heutigen »Superbikes«. Der Verkauf der Windhoff lief indessen nur schleppend an; zum einen war sie mit 1950 Reichsmark (in voller Ausrüstung mit Lichtmaschine, Beleuchtung und Hupe) sehr teuer, das bisherige Spitzenmodell, die BMW R 47, kostete nur 1850 Reichsmark. Der andere Grund war die Neuartigkeit der Konstruktion. Man traute sich nicht so recht ran an dieses Gefährt, die Fahrwerkskonstruktion sah nicht gerade vertrauenerweckend aus, und in einer Zeit, als alle Motorräder mehr oder weniger verschwenderisch mit dem Schmieröl umgingen, glaubte man nicht so recht an die Zuverlässigkeit dieses Kühlsystems durch Öl. Die Windhoff 750 fristete somit ein Außenseiter-Dasein auf dem deutschen Motorradmarkt, sie war ein »weißer Elefant«.

Man konnte die Vierzylinder noch bis in die frühen dreißiger Jahre kaufen (der Listenpreis betrug inzwischen RM 2 050,-), aber es handelte sich dabei um Ladenhüter. Bei Windhoff hatte man zunächst noch an eine Vergrößerung der Vierzylindermaschine auf 1000 ccm gedacht, sich aber dann doch für den Bau eines seitengesteuerten Boxermotors mit 996 ccm entschieden. Diese Maschine war zum Preis einer 750er BMW erhältlich und lief einige Zeitlang ganz gut im Verkauf, man erhielt hierfür auch vereinzelte Behördenaufträge. 1930 griff man wieder den Bau leichter Zweitakter auf, zuerst mit Villiers-Motoren, später mit Neukonstruktionen des vormaligen Bekamo- und TX-Konstrukteurs Kurt Pohle. Doch schon 1933 endete die Motorradproduktion bei Windhoff.

Hans Windhoff hatte sich sehr viel von seinem Vierzylinder versprochen, er wollte ihn in großen Stückzahlen herstellen und hatte aus diesem Grund sogar die erfolgreichen Ladepumpen-Zweitakter aus dem Programm gestrichen. Die Maschine kam jedoch zu einem ungünstigen Zeitpunkt auf den Markt (Wirtschaftskrise), und eine Werbekampagne, wie sie heute die großen japanischen Firmen inszenieren, war 1927 noch unbekannt. Dabei hätte man auf diesem Weg die Vorurteile abbauen und ganz im Sinne des Erfinders die Eigenheiten und Vorzüge dem ungläubigen Publikum vorführen können.

Da die Motorradabteilung nur ein kleiner Nebenzweig der Kühlerfabrik war, ließ sich der Mißerfolg ohne größeren Schaden auf das Gesamtunternehmen verkraften. Windhoff sollte sich

Überraschend handlich zeigt sich die 750er-Windhoff im Fahrbetrieb.

bald zusammen mit Behr in Stuttgart den gesamten Markt teilen, und das Motorradabenteuer des Chefs war bald vergessen. Die Firma existiert indessen in Ost-Berlin noch heute.

Nicht vergessen aber haben die Motorradfreunde die Vierzylinder, auch die jungen Leute, die an Vierzylinder-Motorräder in allen Variationen gewöhnt sind, staunen heute über dieses Monster, wenn sie es auf Bildern oder im Zweiradmuseum Neckarsulm entdecken. Die Windhoff gilt als Prestigeobjekt unter Sammlern, doch eine Maschine, die im fahrbereiten Zustand gehalten wird, ist äußerst selten zu finden. Nun, ich hatte das große Glück, von einem solchen Stück zu erfahren, und bei der Kontaktaufnahme wurde vom Besitzer auch eine Proberunde in Aussicht gestellt...

Zunächst verdient dieses außergewöhnliche Motorrad eine eingehende Beschreibung. Diese wurde auch während der Fotoaufnahmen von interessierten Passanten oder überrascht anhaltenden Motorradfahrern laufend verlangt. Das Wichtigste ist wohl der Motor, er sticht ja auch optisch am meisten hervor, denn wie bei vielen Konstruktionen aus

Einen Rahmen sucht man an diesem Motorrad vergebens, Lenkkopf und Hinterradausleger sind am Motor-Getriebe-Block befestigt.

dem Fernen Osten wurde auch hier ein Motorrad um das gewichtige Aggregat herumgebaut. Der stark verrippte Aluminiumblock ist vertikal geteilt, über dem tiefen Ölsumpf, der im übrigen nicht abnehmbar ist, sondern mit dem Motorblock in einem Stück gegossen wurde, läuft die einteilige, geschmiedete Kurbelwelle in drei Kugellagern. Die Kurbelwelle weist keine Gegengewichte auf, da die Wälzlager aufgeschoben werden mußten; die Auswuchtung wird allein von der großen Schwungscheibe übernommen. Die vier Pleuel sind rollengelagert. Die Kolben weisen einen relativ hohen Dom auf, der die Flammfront im Verbrennungsraum zur rechtsseitig eingeschraubten Zündkerze lenkt. Sie bewegen sich in Grauguß-Laufbüchsen, welche am unteren Ende auf einen Gußsteg im Motorgehäuse gestellt und oben an der Dichtfläche mit einem kräftigen Bund eingepaßt werden. Am vorderen Kurbelwellenende sitzt das zentrale Steuerzahnrad für den Nockenwellen- und Ölpumpen-Antrieb, ebenso wie die Pumpe ist dieses Rad durch einen verschraubten Deckel von der Gehäusestirnseite her von außen zugänglich. Über ein Zwischenrad wird die im Zylinderkopf auf drei Lagerböcken in Kugellagern laufende Nockenwelle angetrieben. Diese betätigt die parallel hängenden Ventile über Tassenstößel. Der Zylinderkopf ist an der Außenseite nicht verrippt und besteht wie auch der Ventildeckel aus Aluguß. Die vier Ansaugkanäle auf der linken Motorseite

Das Kühlungsöl läuft an den Zylinderlaufbüchsen entlang nach unten.

münden genau wie die Auslaßkanäle auf der gegenüberliegenden Seite in zwei Krümmerrohre. Das Gemisch wird von einem Zenith-Steigstrom-Vergaser mit 22 mm Ansaugweite aufbereitet.

Die große Zahnrad-Ölpumpe hat am Windhoff-Motor zwei Aufgaben zu erfüllen. Sie drückt nicht nur das Schmieröl in den Kreislauf, sondern dient auch als Kühlmittel-Pumpe. Das Öl wird nach oben zum Zylinderkopf gepumpt wo es durch breite Kanäle – wie bei einem wassergekühlten Motor – fließt und die Wärme von den Brennräumen aufnimmt. Die eingesetzten Zylinderlaufbüchsen werden vom abfließenden Öl ebenfalls umspült und gekühlt. Der Wärmeaustausch des erhitzten Öls findet an der reich verrippten Außenwand des Motorblocks statt, die vom Luftstrom bestrichen wird und so das innen abfließende Öl wieder abkühlt. Die Pumpe hält das Öl in Umlauf, so daß Zylinder und Brennräume ständig umspült werden. Diese Kühlungsart war eigentlich immer Großmotoren in Schiffen oder zu Industriezwecken sowie einigen Flugmotoren vorbehalten. In England hatte sich Granville Bradshaw an diese Kühlungsart herangewagt, doch bei seinen Motoren wurde lediglich der Zylinder umspült, der Kopf blieb luftgekühlt. Es handelte sich hierbei aber meist um Einzylinder-

Die Blattfeder-Vordergabel ist von Indian und BMW her bekannt. Rechts oben sieht man den aufgeschraubten Lenkkopf.

Unter den Stirndeckeln laufen die Zahnräder für den Antrieb der obenliegenden Nockenwelle.

Aggregate. Die Sache funktionierte bei Windhoff sehr gut, und das präzise gefertigte Motorgehäuse blieb absolut dicht.

An den Motor angeblockt und über die in der Schwungscheibe untergebrachte Mehrscheiben-Kupplung angetrieben, ist das Dreigang-Getriebe eigener Fertigung. Geschaltet wird über einen halbhoch angebrachten Handhebel auf der linken Seite. Der Kickstarter sitzt rechts und wird in Längsrichtung bewegt, nicht wie bei der BMW quer zur Fahrtrichtung. Am Getriebeausgang ist die Kardanwelle mit einer Bremstrommel versehen, auf welche eine Außenbandbremse als Fußbremse wirkt. Der Hinterradantrieb ist öldicht verkapselt und weist eine Spiralverzahnung auf, wobei das Tellerrad sehr groß geraten ist.

Doch nun zur Fahrwerks-Konstruktion. Die Windhoff besitzt genaugenommen keinen Rahmen; an dem Motor-Getriebe-Block sind sowohl der Steuerkopf als auch die Hinterradführung befestigt. Fangen wir vorne an. Der Steuerkopf besteht aus einem Gußstück, das am Ventildeckel und an der Oberkante des Kurbelhauses angeschraubt ist, dazu sind nur vier große Schrauben notwendig. Das Vorderrad läuft in einer Kurzhebel-Schwinge nach BMW-Vorbild, die Federung übernehmen dabei zwei kräftige Blattfederpakete, die vom Hauptrohr aus nach vorne zum Verbindungsrohr zu den Schwinghebeln ragen. Am Schwingen-Drehpunkt kurz vor der Radachse sind kleine Reibungsstoßdämpfer angebracht. Gebremst wird das Vorderrad mit einer 210 mm großen Trommelbremse. Die Belagbreite auf den Bremsbacken beträgt annähernd 50 mm, die Ankerplatte ist aus Aluguß gefertigt. Die Hinterradachse ist auf der linken Seite in einem stabilen Gußstück gelagert, das die Verbindung der beiden Auslegerrohre herstellt. Rechts stecken diese Rohre im Gehäuse des Hinterradgetriebes. Die insgesamt vier Stahlrohre sind an den vier Ecken des Getriebes über dessen ganze Länge in spezielle Führungen eingesteckt und bilden auf diese Weise die Hinterradführung.

Dank der weitreichenden Verwendung von Aluminium ist die massiv wirkende Windhoff mit 175 kg (einschließlich der im Katalog extra aufgeführten – aber immer mitgelieferten – Lichtanlage) relativ leicht geblieben. Daß aber auch dreieinhalb Zentner ein gehöriges Gewicht sind, merkte ich beim Aufbocken der Maschine; da stimmt keine Hebelübersetzung, es hilft nur eine gute Portion Kraft in den Armmuskeln. Dafür ist der Kickstarter nicht allzu schwer zu treten. Anstrengend wurde es dennoch, denn der Vierzylinder wollte nicht so recht. So wechselten wir erst einmal die »prähistorischen« 18-mm-Zündkerzen gegen solche aus neuerer Produktion. Als die Maschine immer noch nicht anspringen wollte, nahmen wir uns den Bosch-Magnet vor und nach einigem Probieren stellte sich heraus, daß die Markierung auf dem Antriebszahnrad nicht stimmen konnte. Magnet und Lichtmaschine, die nebeneinander hinter dem Zylinderkopf auf dem Getriebe sitzen, werden von einem Zahnrad an der Nockenwelle angetrieben. Als nun der Kopf zwecks Inspektion vor einigen Monaten abgenommen wurde (im Keller des Hauses), verließ sich der Besitzer beim Zusammenbau auf die gut sichtbare Markierung. Da die Windhoff bisher noch nicht für den Betrieb vorgesehen war, konnte der Fehler erst anläßlich meiner Probefahrt entdeckt werden. Die Sache war bald behoben, und nun stand dem großen Augenblick nichts mehr im Wege.

Nach dem Fluten der Schwimmerkammer – bei diesem Vergaser wird hierzu der Stift nicht hineingedrückt, sondern herausgezogen, bis der Schwimmer durch das Benzinniveau in Position gehalten wird – genügte ein Tritt... Es ist in der Tat eine »gewaltige Musik«, die da aus dem glatten Auspuffrohr drang. Bei Windhoff hatte man für die 750er keinen Schalldämpfer vorgesehen, sie wäre wohl damit für die damaligen Fahrensmänner zu leise geworden. Allerdings verschafft sich auch die Mechanik sehr nachdrücklich Gehör: Die geradverzahnten, durchwegs kugelgelagerten Stirnräder singen ziemlich laut. Bitte Platz nehmen! Der breite Pfannensattel nach amerikanischem Vorbild ist sehr bequem und darüber hinaus mit langen Schraubenfedern auf den oberen Auslegerrohren gut abgefedert. Leider fehlen an dieser Windhoff die charakteristischen Aluminium-Fußbretter mit den eingebauten Werkzeugkästen, an ihrer Stelle sind irgendwann in den letzten 63 Jahren Gummi-Fußrasten angebracht worden. Die Schaltung geht sehr leicht, und gleich nach dem seidenweich verlaufenden Anfahrvorgang wird hochgeschaltet. Kurz in den zweiten, aber erst im dritten Gang ist das kräftige und elastische Triebwerk in seinem Element. Wenn man in Fahrt ist, lassen sich kaum mehr mechanische Geräusche vernehmen. Der Auspuff braust wie bei einem MG-Sportwagen der dreißiger Jahre; das tiefe Grollen, besonders beim Gaswegnehmen, hallt sehr eindrucksvoll auf einem Waldstäßchen. Der erste Eindruck deutet auf ein überraschend gutmütiges Fahrverhalten hin, und vor allem die große Vorderradbremse funktioniert hervorragend. Wie vermutet, glänzt der Vierzylinder durch seine fabelhafte Elastizität: Im dritten Gang fährt man mühelos auch Schrittgeschwindigkeit. Das andere Ende des Tachometers habe ich hingegen nicht ausprobiert...

Eine wunderbare Ergänzung zu diesem Motorrad stellt natürlich ein Seitenwagen dar. Es scheint zwar aufgrund des nicht vorhandenen Rahmens nicht dafür geeignet zu sein, aber die kräftigen Anschlüsse am Hinterradgetriebe und vorne am Motorgehäuse belehrten mich eines Besseren. Die Windhoff wurde werksseitig auch als Gespann angeboten. Ich hoffe, daß ich mit dieser Maschine noch einige Kilometer sammeln kann, falls der Besitzer wieder einmal beide Augen zudrückt und nicht an das bevorzugte Thema der meisten Windhoff-Interessenten denkt – den hohen Wert seiner Maschine. Sie ist selten, das stimmt, aber soll sie deshalb im Keller oder im Museum nur stumm dastehen?

Oben: Die Nockenwelle öffnet die Ventile über Tassenstössel.

Außen: Die Bosch-Zündlichtmaschine wird über Zahnräder vom hinteren Nockenwellenende aus angetrieben.

Links: Eine Kardanbremse soll das Hinterrad zum Stehen bringen.

Windhoff 750 Vierzylinder von 1927	
Motor	Viertakt
Zylinder	4 in Reihe
Bohrung/Hub	63 x 60 mm
Hubraum	748 ccm
Ventile Steuerung	ohc, Stirnräder
Schmierung	Druckumlauf
Leistung	22 PS bei 4000/min
Kühlung	Öl und Fahrtwind
Vergaser	Zenith 22 K
Elektrische Anlage	Bosch-Zündmagnet FF4a, Bosch-Lichtmaschine
Kupplung	Mehrscheiben-Lamellen, trocken
Getriebe	3-Gang, angeblockt, Handschaltung
Antrieb	Kardan
Rahmen	Steuerkopf und Hinterrad-Ausleger am Motorblock verschraubt
Radaufhängungen	Blattfeder-Schwinge vorn, starr hinten
Reifen	27 x 3 ½ Ballon
Fußbremse	Kardan-Außenbandbremse
Handbremse	210-mm-Trommelbremse am Vorderrad
Länge	2200 mm
Breite	870 mm
Höhe	1000 mm
Sattelhöhe	700 mm
Bodenfreiheit	140 mm
Tankinhalt	14 l Benzin, ca. 5 l Öl im Sumpf
Leergewicht	175 kg
Höchstgeschwind.	ca. 130 km/h
Verbrauch	ca. 5 l / 100 km
Originalpreis	RM 1950,– (1930: RM 2050,–)

Des Försters Büchse

Royal Enfield 1000 V-Zweizylinder Gespann von 1927

Der starke 1000er-V-Twin der Royal Enfield hat mit dem kleinen Seitenwagen leichtes Spiel.

Im Jahre 1927 hätte das Gehalt eines Försters wohl kaum gereicht, um sich eine englische 1000 ccm-Maschine zu leisten, denn in der Preisliste des österreichischen Royal Enfield- und Norton-Importeurs Niesner in Wien schlug das Royal Enfield Sportmodell »182« mit dem 976 ccm-sv-V-Motor mit 3900 Schilling zu Buche. Ein kleines Einfamilienhäuschen auf dem Lande kostete damals etwa 3000 Schilling, so daß das komplette Gespann mit dem Alu-Sportbeiwagen und Bosch-Zündlichtanlage für 5600 Österreichische Schilling in der Tat als ein Luxusfahrzeug anzusehen war.

Sechs Jahre später hatte der Erstbesitzer wohl den Spaß daran verloren, denn das junge Ehepaar Novotny sah das Enfield-Gespann als Gebrauchtangebot in Wien und entschloß sich spontan zum Kauf. Es sah zwar schon etwas altmodisch aus, aber die Leistungsfähigkeit und der vermutlich inzwischen recht attraktive Preis zählten bei einem Gebrauchsfahrzeug eben doch viel mehr. Als Förster im Semmering-Gebiet hatte Karl Novotny auf allen seinen Wegen stets beträchtliche Höhenunterschiede zu überwinden und lernte deshalb die Royal Enfield bald zu schätzen. Im tiefen Winter gönnte er dem Gespann eine Pause und zerlegte dabei in jedem Jahr den Motor, um eventuell notwendige Überholungsarbeiten vorzunehmen.

Nach einem Einsatz von 23 Jahren wurde das Gespann schließlich 1956 abgemeldet, Novotnys kauften ein Auto und stellten die Enfield in den Schuppen, sie wollten sie nicht dem Schrotthändler geben. Erst 1970 wechselte die 1000er Royal Enfield zum zweitenmal den Besitzer, als ein junger Veteranensammler aus Wien dem Förster 250 Schilling dafür bezahlte. Das Gespann war zwar noch komplett, aber es befand sich nun doch in einem etwas heruntergekommenen Zustand. 1983 schließlich, noch immer unrestauriert, gelangte das Fahrzeug zu Peter Ehringer nach Oberösterreich, der, 1927: 500 Schilling). Ansonsten war an der Royal Enfield-Technik kein größerer Schaden festzustellen: Den Kurbeltrieb und alle Lager erneuerte man ohnehin, aber es wurden wieder die alten Kolben eingebaut, das Laufspiel schien noch nicht zu groß. Dies zeigte sich dann auch im Ölverbrauch, der mit einem Liter Schmierstoff pro 300 km (Verlustschmierungssystem) den angegebenen Wert in einem zeitgenössischen Testbericht nicht

Gegenüber den Sport-1000ern von Brough Superior, Coventry Eagle oder Zenith mit JAP-Motor blieb die Royal Enfield 182 eher unbekannt, obwohl sie mehr als mithalten konnte.

wie Karl Novotny vor ihm, die besonderen Eigenschaften der Enfield zu schätzen wußte.

Peter Ehringer machte sich also gemeinsam mit seiner Frau Elfie – zuständig für Satteldecken, Beiwagen-Innenausstattung und -Staubschutzplane – sogleich an die Arbeit. Statt des vorgefundenen SUM-Vergasers wurde dem Original entsprechend ein Brown & Barlow-Instrument montiert, die Kombination einer Zündlichtmaschine von Bosch mit einem Lucas-Scheinwerfer entsprach der Katalogausführung (Aufpreis anno

überschritt. Etwas aufwendiger gestaltete sich die Restaurierung des Seitenwagens. Royal Enfield bot Ende der zwanziger Jahre mehrere Seitenwagenmodelle mit polierten Aluminium-Karosserien an, deren Alublechhäute über ein Holzgerippe gezogen waren. Den größten Teil des Holzrahmens konnte Peter Ehringer aus den vorhandenen Teilen neu verleimen, aber die Sperrholz-Innenwände und die ramponierte Außenhaut mußten erneuert werden.

Die Aluminiumblech-Außenhaut des Seitenwagenboots liegt über einem Holzgerippe, zusätzlich sind Seitenwände und Boden aus Holz.

Ab dem Frühjahr 1984 stand das Royal Enfield-Gespann dann endlich wieder zu Ausfahrten bereit. Im September besuchten die Ehringers im Rahmen einer 850 km langen Österreich-Rundreise auch die Witwe Novotny, die sich – ihr hohes Alter für einen Moment außer Acht lassend – voller Freude in den Beiwagen schwang und nach der kurzen Rundfahrt mit verklärten Augen meinte: »Das ist halt doch viel schöner als mit dem Auto!«

Als erschwinglicher Automobil-Ersatz waren auch die Seitenwagengespanne seit den zwanziger Jahren gedacht, und besonders die schweren V-Zweizylindermotorräder eigneten sich hervorragend für den Seitenwagenbetrieb. Bei Royal Enfield im mittelenglischen Redditch, am südlichen Rand der Industriemetropole Birmingham gelegen, hatte man bereits zur Motorradausstellung 1909 in London das erste V-Twin-Modell vorgestellt. Es handelte sich dabei um eine 297 ccm-Maschine mit dem Motosacoche-Motor aus Genf. Mit diesem Motorrad, insbesondere mit der auf 344 ccm vergrößerten Version, kam Royal Enfield in den folgenden Jahren zu viel sportlichem Ruhm. Für das Modelljahr 1912 erschien dann erstmals eine schwere Seitenwagenmaschine, die 771 ccm-Enfield mit einem V-Zweizylinder der Firma JAP. Als einziges Motorrad von Royal Enfield blieb dieses Modell auch während des ersten Weltkriegs in Produktion. In Redditch wurden übrigens auch in Kriegszeiten keine Kanonen oder Gewehre hergestellt, wie man dies aus dem Firmenzeichen und dem Slogan »Made like a Gun« zu entnehmen glaubte, die Enfield-Waffenfabrik befand sich nämlich als unabhängiges Unternehmen in Enfield im Norden Londons.

Ab 1921 wurde der JAP-Motor durch ein 976 ccm großes Aggregat abgelöst, das die Vickers-Flugzeugwerke für die Automobilfirma Wolseley bauten.

In der ersten Oktoberwoche 1926 waren auf der Motorradausstellung im Londoner Olympia die neuen Motorräder des Modelljahrgangs 1927 zu bewundern, darunter auch ein kräftig überarbeiteter Royal Enfield V-Twin. Äußerlich fiel dieser durch deutlich vergrößerte Zylinderrippen auf – die Dimensionierung für Bohrung und Hub war mit 85,7 x 85 Millimeter jedoch unverändert beibehalten worden – und durch den Magnetantrieb vom abtriebsseitigen Kurbelwellenende. Die Pleuel saßen nun nicht mehr nebeneinander auf dem gemeinsamen Hubzapfen, denn man hatte nach amerikanischem Vorbild eine Gabelpleuel-Anordnung gewählt, bei der auch die Zylinder direkt hintereinander montiert werden konnten.

Wie in den beiden vorangegangenen Jahren gab es auch jetzt wieder neben dem Standardmodell »180« eine sportlichere Version mit der Bezeichnung »182«. Sie wies neben einer besonde-

Aus dem Ölbehälter im Tank wird die Druckschmierung per Kolbenölpumpe mit frischem Öl versorgt.

Die 8 Zoll großen Bremsen von Royal Enfield galten Ende der zwanziger Jahre als führend und wurden auch von Herstellern wie Norton übernommen.

ren Auspuffanlage mit zwei einzelnen Schalldämpfern auch wahlweise einen schmalen Lenker sowie Fußrasten anstelle der Aluminium-Fußbretter auf. Zum Sportmodell wollte der Käufer natürlich auch den entsprechenden Seitenwagen, wobei es im Royal Enfield-Katalog gleich drei flache Karosserien in Alu-Ausführung gab: das Modell 14 als leichten Rennbeiwagen für Einzylindermaschinen, das Modell 8 als etwas vergrößerte Ausführung mit seitlicher Tür und das Modell 4 mit Ausleger-Blattfedern anstelle von Schraubenfedern am Karosserievorderteil.

Wie fährt sich nun so ein 27 PS-Gespann aus dem Jahre 1927? Die Sitzposition ist etwas gewöhnungsbedürftig, denn der niedrige Sportlenker harmoniert nicht besonders gut mit den Fußbrettern des Tourenmodells, aber der Förster Novotny hatte wohl auch keine so langen Beine.

Vor dem Antreten des Enfield-V-Zweizylinders sucht man vergebens nach einem Benzinhahn an der vernickelten Kraftstoffleitung, das Öffnen des Benzinzuflusses wird mittels eines Drehknopfes auf der linken Tankoberseite bewerkstelligt, rechts findet sich eine im Ölabteil des Tanks eingelassene Handölpumpe, die jedoch nur zur Zusatzschmierung bei hoher Belastung des Motors bedient wird. Die normale Schmierung übernimmt die Royal Enfield-Kolbenölpumpe außen auf dem Steuerdeckel, die das dickflüssige Öl in die wenigen Schmierkanäle drückt.

Ein kräftiger Tritt auf den Kickstarter bringt die Maschinerie in Bewegung. Da Ventilfedern und Stößel ihre Arbeit im Freien verrichten, ist vom Ventiltrieb einiges Gerassel zu vernehmen, das jedoch beim Betätigen des Gashebels vom dumpfen Auspuffton aus der kaum gedämpften Zweirohranlage übertönt wird.

Der lange Schalthebel liegt mit seinem Holzknauf gut zur Hand, es ist keine Schaltkulisse vorhanden, dafür rastet jedoch der Hebel immer präzise in den Kerben auf der Stirnseite seiner Halterung ein.

Vorsichtig lasse ich mit dem Innenzughebel die Kupplung kommen, und das Gespann setzt sich mit einem merklichen Ruck in Bewegung. Auf der Schotterstraße fällt sofort die sichere Fahrbahnhaltung der Enfield-eigenen Girdergabel mit zwei Zentralfedern auf, mit leicht zugedrehtem Lenkungsdämpfer und den großen 4,00 x 19 Reifen – und natürlich einem besetzten Seitenwagen – läßt sich das Gespann gut bewegen.

Eine ungewohnte Erscheinung zeigt sich beim Einkuppeln im zweiten Gang: das Hinterrad dreht für einige Meter Weges durch und hinterläßt eine tiefe Furche im Schotter. Nun, die Höchstleistung von 27 PS steht bei 3500/min zur Verfügung und das maximale Drehmoment von enormen 6 mkg ist bei niedrigen 1500 Umdrehungen vorhanden. Somit hat man schon bei einigen Hundert Umdrehungen pro Minute gehörigen Vorschub parat. Zur Schonung der Kupplung empfiehlt sich langsames Schalten – einmal an die Maschine gewöhnt, bleibt man ohnehin zumeist im dritten Gang.

Royal Enfield 1000 V-Zweizylinder Gespann von 1927	
Motor	Viertakt
Zylinder	V2
Bohrung/Hub	85,7 x 85 mm
Hubraum	976 ccm
Ventile	sv
Schmierung	Kolbenölpumpe
Leistung	27 PS bei 3500/min
Kühlung	Luft
Vergaser	Brown & Barlow Schiebervergaser 25,4 mm
Elektrische Anlage	Bosch-Zündlichtmaschine
Kupplung	Mehrscheiben-Trockenkupplung
Getriebe	3-Gang Sturmey-Archer Heavyweight
Antrieb	Kette
Rahmen	Gelöteter Einrohrrahmen
Radaufhängungen	Enfield-Rohrparallelogrammgabel vorn
Reifen	4,00 x 19 Drahtreifen
Fußbremse	8 Zoll-Enfield-Trommelbremse
Handbremse	dito
Länge	2220 mm
Breite	1580 mm
Bodenfreiheit	150 mm
Tankinhalt	10 l Benzin, ca. 2 l Öl
Leergewicht	250 kg vollgetankt
Höchstgeschwind.	ca. 100 km/h
Verbrauch	ca. 8 l / 100 km
Originalpreis	5600 ÖS (1927)
Seitenwagen	Royal Enfield Sportseitenwagen Modell 4, blattgefedert, Aluminium-Karosserie

Man ist also mit dem schnell vertrauenerweckenden Enfield-Gespann auf guten Straßen recht flott unterwegs – zumal, wenn der Besitzer einen aus dem Beiwagen heraus noch dazu ermuntert. Er kann dies aber auch guten Gewissens tun, denn nicht umsonst genießen die 8 Zoll-Enfield-Bremsen unter den Kennern englischer Vintage-Motorräder einen hervorragenden Ruf. Die Bremse am Hinterrad wird mittels Hackenhebel am hinteren Ende des linken Fußbretts betätigt, die Vorderradbremse, wie üblich, mit dem Handhebel am rechten Lenkerende, und die beiden Verzögerer packen auch wirklich enorm zu. Der sportliche Umgang mit der »Sport«-Enfield hat natürlich auch seinen Preis, Peter Ehringer spricht von 10 l Kraftstoffverbrauch auf 100 km und einem deutlich sichtbaren Verschleiß auf dem Hinterreifen. Da kann also mancher Kritiker, genau wie im Jahre 1927, zurecht von einem Luxusfahrzeug sprechen. Aber daß der jetzige Besitzer, und bestimmt auch der Förster Novotny, die 1000er-Enfield mit größtem Vergnügen bewegten, davon konnte ich mir einen recht guten Eindruck verschaffen.

Tourenmodell aus Milwaukee

Harley-Davidson 1200 JD von 1928

Bei ihrem zweiten Besitzer steht die unrestaurierte Harley auch heute noch im Langstreckeneinsatz.

Mit Norton in Birmingham und Hercules in Nürnberg zählt Harley-Davidson heute zu den ältesten noch existierenden Motorradherstellern der Welt. Wobei die Amerikaner eine Reputation genießen, die nur wenig Parallelen aufweist.

William S. Harley und Arthur Davidson bauten im Jahre 1903 ihr erstes Motorrad. Der mit einem Schnüffelventil versehene Einzylindermotor basierte auf einem französischen Aggregat von De Dion-Bouton, wurde aber nicht einfach in einen verstärkten Fahrradrahmen gehängt – vielmehr hatten Harley und Davidson einen geschlossenen Motorradrahmen konstruiert.

Die Konzeption dieser Maschine überzeugte. Eine Serienfertigung kam in Gang, die Fahrzeuge wurden verbessert, und als erster Hersteller stattete Harley-Davidson seine Maschinen mit einem Gasdrehgriff am rechten Lenkerende aus. Und schon 1907/08 gab es eine Vorderradfederung, die Geschichte machte – die Schwinggabel war für die nächsten vierzig Jahre an sämtlichen Harleys zu finden!

Die Geschäfte der Firma in Milwaukee gingen recht gut. Noch aber sah Indian in Harley-Davidsons Aktivitäten keine große Konkurrenz. Schließlich kamen aus dem Indian-Wigwam schon 1907 die ersten V-Zweizylinder-Modelle, die vor allem im Sport eine große Rolle spielten.

Doch bei Harley-Davidson schlief man nicht. 1910 machte man sich daran, den Motor umzukonstruieren, wobei das bisher atmosphärisch gesteuerte Einlaßventil durch ein mechanisch gesteuertes,

Der wechselgesteuerte (ioe) 1200 ccm-Motor wurde von 1911 bis 1929 gebaut.

Der Soziussattel sitzt auf einem eigenen Gestell und ist gut abgefedert.

hängend über dem Auslaßventil angeordnetes ersetzt wurde. Diese Bauweise, im englischen Sprachraum mit i.o.e. (inlet over exhaust) abgekürzt, bezeichnet man bei uns als »wechselgesteuert«.

Und dann präsentierte auch Harley einen V-Twin. 1911 kam jenes Modell auf den Markt, dessen Motor aus zwei Zylindern des bisherigen Singles bestand, wodurch sich ein Hubraum von 1000 ccm (61 c.i. = Kubikzoll) ergab. Jetzt war Harley-Davidson der Konkurrenz überlegen!

Anfangs hatte die Harley noch kein Getriebe, sondern einen direkten Antrieb via Riemen auf das Hinterrad. Erst 1912 wurde zusammen mit einer Zweigangnabe auf Kette umgestellt, im Herbst 1914 war schließlich auch ein konventionelles Dreiganggetriebe erhältlich.

Dieses »Modell J« genannte Motorrad blieb mit nur wenigen Detailänderungen bis 1929 im Programm und stellte zunächst in den USA, später auch auf der ganzen Welt, das Erfolgsmodell Nummer eins dar.

Nach Beendigung des Ersten Weltkrieges setzte in den Staaten wie vor allem auch in Europa eine verstärkte Nachfrage nach Motorrädern ein. In Amerika hatte es einen ersten Boom aber schon etwa 1910 gegeben; allein im Jahre 1914 wurden in den USA nicht weniger als 71 000 Einheiten produziert! Solche Höhepunkte wurden indessen später nicht mehr erreicht. Sowohl Indian als auch Harley-Davidson mußten zur Kenntnis nehmen, daß schon eine auf 30 000 Maschinen Jahreskapazität ausgerichtete Produktion zu hoch angesetzt war. Wer sich in den Staaten jetzt zu motorisieren gedachte, war mit einem Ford T-Modell besser dran als mit einem Motorrad. Nur die großen Exportraten gaben den Zweiradherstellern die Chance, weiterhin mit Erfolg im Geschäft zu bleiben.

Im Leistungswettlauf maß sich Harley damals mit den Vierzylinder-Modellen von Henderson. 1921 brachten die Männer aus Milwaukee deshalb eine schwere 1200er heraus, die es – wie die 1000er – in zwei Versionen gab. Das Modell FD hatte Magnetzündung, das Modell JD Batteriezündung.

Acht Jahre blieb die wechselgesteuerte 1200-ccm-Maschine im Programm, bevor sie 1929/30 von neuen, seitengesteuerten Modellen abgelöst wurde. Das altgediente Gefährt, das mir der Motorradsammler Peter Ehringer aus Oberösterreich zu einem Test zur Verfügung stellte, entstammt der vorletzten Bauserie von 1928. Viele Harley-Experten halten gerade diese Maschine für die beste HD überhaupt. Und das begründen sie auch.

Grundsätzlich entspricht die Harley JD von 1928 noch dem Modell von 1911. In dem großen, runden Kurbelhaus bewegt sich die aus zwei massiven Schwungscheiben und einem einzigen Hubzapfen zusammengesetzte Kurbelwelle, deren Lagerzapfen an beiden Enden in großdimensionierten Kugellagern laufen. Die beiden Pleuel sind rollengelagert, und zwar auf ein und demselben Hubzapfen, wobei der eine Pleuelfuß gegabelt ist und somit über den zweiten normalen Pleuelfuß geschoben wird. Die in einem Winkel von 45 Grad angeordneten Zylinder weisen keinen abtrennbaren Kopf auf, sie sind nicht bis hinunter zum Zylinderfuß mit Kühlrippen versehen, dafür aber sind die Ventilzonen gut verrippt. In den Sackzylindern bewegen sich herkömmliche Graugruß-Kolben, Aluminium-Kolben gab es dann ab 1929. Die Ventile werden mit einer Nocke pro Zylinder gesteuert (Ende 1928 kam mit dem Modell JDH auch eine für den Sporteinsatz gedachte Zweinocken-Version ins Programm), die Stößel für die unten stehenden Auslaßventile sind verkapselt. Stoßstangen und Kipphebel für die darüber hängend angebrachten Einlaßventile laufen dagegen ungeschützt im Freien. Das charakteristische Türmchen über dem Einlaßventil hält die Ventilfedern in Position. Die 18-mm-Zündkerzen sind schräg zwischen den Ventilen eingeschraubt.

Auf der linken Seite zwischen den Zylindern sitzt der Schebler-Vergaser und liefert das Kraftstoff-Luft-Gemisch über einen gegabelten Krümmer in die Einlaßkanäle. Zwei kurze Auspuffkrümmer münden in einen gemeinsamen langen Schalldämpfer auf der rechten Maschinenseite. Außen auf dem kreisrunden Steuerdeckel sitzt der blecherne Räderkasten für die Nebenantriebe; nach dem Antriebszahnrad und einem Zwischenrad befindet sich hier die Kolbenölpumpe, deren Förderleistung über den Gasdrehgriff lastabhängig reguliert wird. Dahinter liegt das Zahnrad, das die Lichtmaschine antreibt. In dem Blech-Kettenkasten auf der linken Seite läuft die einreihige Rollenkette des Primärantriebs, die das Dreiganggetriebe antreibt. Hinter der Mehrscheiben-Kupplung befindet sich dann das Sekundärritzel für den Endantrieb. Weder auf der Kurbelwelle noch im Hinterrad ist ein Ruckdämpfer zu finden. Der mit einem Tretpedal versehene Kickstarter erinnert noch an die früheren Tretkurbeln zum Starten des Motors.

Bis auf den Vergaser und die Reifen fertigte Harley-Davidson alle Teile an diesem Motorrad im eigenen Werk, so auch die gesamte elektrische Ausrüstung. Elektrische Beleuchtung und ein starkes Horn gehörten bei amerikanischen Motorrädern schon vor 1914 zur normalen Ausstattung.

Das Fahrwerk bestand bei Harley-Davidson von Anfang an aus einem geschlossenen Einrohrrahmen, bei dem die einzelnen Rohre vermufft wurden. Der Steuerkopf war dabei ein massives Gußstück. Die hintere Außenbandbremse hatte ebenfalls eine lange Tradition bei Harley-Davidson, die Vorderbremse stellte an den 1928er Modellen dagegen eine Neuerung dar. Nicht nur die Innenbacken-Trommelbremse war neu, sondern die Bremse im Vorderrad an sich. Die amerikanischen Motorradfahrer konnten sich lange Zeit nicht für eine solche Bremse begeistern, man sah dabei die Gefahr eines blockierenden Vorderrades über der wesentlich besseren Bremsleistung. Neue Felgen zusammen mit Drahtreifen kamen 1928 ebenfalls ins Programm, sie lösten die herkömmlichen Wulstreifen ab.

Die zahlreichen weiteren Details, von denen viele typisch für ein amerikanisches Motorrad sind, lassen sich am besten zusammen mit den Fahreindrücken und einer Schilderung des Umganges mit der Harley beschreiben.

Der breite, lederbezogene Sitz stellt wahrhaft ein bequemes Instrument dar, er ist vorne auf den Tank mit einer Achse befestigt und stützt sich über eine Druckstange auf die lange, im Sattelrohr des Rahmens untergebrachte Feder. Auf diese Art kommen nur noch wenige Fahrbahnstöße bis zum Fahrer durch. Als nächstes greift man dann zum weitausladenden Lenker; an der Testmaschine stellte dieses »Hirschgeweih« bereits die Ausführung »Sportlenker« dar – die amerikanischen Tourenlenker jener Zeit waren ja die weit nach hinten reichenden Geräte. Vor dem Lenker ragen die beiden Hüllrohre der Harley-Schwinggabel empor. Diese besteht aus einem geschmiedeten Hauptstück, das oben im Steuerkopf steckt und unten beiderseits mit den kurzen Schwinghebeln verschraubt ist, welche an ihren Vorderenden die Radachse aufnehmen. Die Hilfsgabel ist genau dazwischen angelenkt und überträgt die Stoßbewegungen auf zwei Schraubenfedern, die auf einem Querjoch in Höhe des Steuerkopfs sitzen. Zusätzliche und feinere Federbewegungen werden von langen Schraubenfedern in den Hüllrohren abgefangen. Diese Vordergabel wurde bei Harley-Davidson mehr als 40 Jahre lang verwendet, aus verschiedenen Lizenzfertigungen gab es diese Bauart auch an vielen anderen Motorrädern, etwa bei Standard in Ludwigsburg oder bei der englischen Brough-Superior.

Der Sozius auf dieser Maschine vermißte ebenso wie der Fahrer keineswegs die Hinterradfederung, denn auch der Beifahrersattel, der als Zubehör zusammen mit einem stabilen Anbau-Gestell geliefert wurde, war sehr gut abgefedert.

Der bauchige Harley-Tank, wie er an der 1928er JD zu finden ist, wurde 1925 als Ablösung des bisherigen kantigen Stecktanks eingeführt. Er besteht aus zwei Hälften, die über dem Rahmenrohr mittels eines Flacheisenbandes verschraubt sind; der Zweihälften-Tank wird bei Harley noch heute verwendet. In der linken Hälfte haben etwa zehn Liter Benzin Platz, im Tankdeckel steckt ein herausziehbarer Meßstab. Rechts wird über den hinteren Tankdeckel ein weiterer Benzinvorrat von fünf Liter eingefüllt. Der zweite Tankdeckel verschließt das in die Tankhälfte eingesetzte Ölreservoir, auch hier gibt es einen separaten Meßstab. Voltmeter und Tacho sind ebenfalls auf dem Tank befestigt.

Doch nun auf zur Probefahrt. Der Zündschlüssel wird in den linken Schalter auf der kleinen Konsole hinter der Lenkerbefestigung gesteckt (rechts sitzt der Lichtschalter), womit zwar entsichert, jedoch noch nicht auf »On« gestellt wird. Nach dem Öffnen der Benzinhähne schließt man zuerst die Zusatz-Luftklappe am Vergaser, um dann zweimal kräftig auf den Kickstarter zu treten. Danach wird die Klappe halb geöffnet, mit dem rechten Drehgriff das Gas zur Hälfte aufgedreht und mit linkem Drehgriff die Zündverstellung in eine Mittelposition gebracht. Nun sind die Zündung einzuschalten, der Kickstarter zu treten, und schon knattert der V-Motor los.

Zugegeben, beim erstenmal hatte es noch nicht geklappt. Aber ich hatte es bald gelernt. Wenn der Motor dann allmählich schön rund läuft, läßt sich auch die Zündung vorstellen, und es kann losgehen. Doch vor die Fahrt haben die Amis die Fußkupplung gesetzt. Die Position der Füße rückt durch die Fußbretter ziemlich weit nach vorne, außerdem sind sie relativ hoch angebracht. Vorne am linken Brett befindet sich die Betätigungswippe für die Kupplung, nach vorne treten – einkuppeln, nach hinten – auskuppeln. Ich trete vorsichtig auf den hinteren Tritt der Wippe und lege in der Schaltkulisse an der linken Tankseite den ersten Gang ein, dabei ist es wichtig, den Motor am Laufen zu erhalten, was aber bei warmgelaufenem Triebwerk kein Problem darstellt (um so mehr natürlich bei kalter Maschine, doch das ist ein Kapitel für sich). Kupplung kommen lassen ist leichter gesagt als getan, denn dazu

Die Durchzugskraft aus niedrigsten Drehzahlen flößt Respekt ein.

Der Zahnkranz treibt den Tacho an, Außenband- und Innenbackenbremse wirken auf dieselbe Bremstrommel.

muß ich auf der Wippe sehr vorsichtig und gleichmäßig nach vorne treten... irgendwann ist es dann auch mir gelungen. Das Kupplungsgestänge ist auf der Getriebe-Oberseite sehr dicht an das Schaltgestänge herangerückt, dadurch ist es möglich, bei eingerückter Kupplung die Schaltung zu sperren.

Der reichliche Hubraum und die großen Schwungmassen des Langhubmotors machen sich sofort bemerkbar. Mit ganz wenig Gas zieht die Harley schon kräftig ab. Ein kurzer Dreh am Gasgriff läßt sie fast nach vorne springen. Einmal in Fahrt, wird der Schaltvorgang schon einfacher, und bei diesem Dampflokomotiven-Drehmoment wird auf der Strecke sowieso nicht mehr geschaltet.

Die Sitzposition ist wirklich tourenmäßig bequem, nur für meine langen Haxen sind die Fußbretter etwas zu hoch montiert. Aber man soll ja schließlich auch Kurven fahren können. Und die alte Harley zeigt sich trotz des langen Radstands von 1530 mm recht kurvenfreudig – also ganz im Gegensatz zu den heutigen Maschinen aus Milwaukee. Peter meinte zwar, ich hätte bei meiner Probefahrt nur einen kleinen Vorgeschmack davon mitbekommen, aber allein das war schon erstaunlich genug.

Einen Heidenlärm bringt die Auspuffanlage zustande, mechanisch ist der wechselgesteuerte V-Twin hingegen verhältnismäßig ruhig. Das Geknatter paßt recht gut zu diesem Motorrad, alte Traktoren klingen genauso. Und ein Traktor ist die JD, zumindest was die Zugkraft anbelangt, ganz bestimmt. Und langlebig ist diese Harley ebenfalls.

Peters Harley-Davidson 1200 Modell JD wurde am 23. März 1928 von der Wiener Harley-Vertretung Kurt Nadherny am Rennweg (ein treffender Ort für einen Motorradhändler) ausgeliefert.

Erstbesitzer war ein gewisser Herr Krzywon aus Wien, der die Harley bis zum 31. März 1939 im täglichen Einsatz bewegte. Nach dem Krieg gab er sie an den Harley-Händler zurück; lange Zeit fand sich jedoch kein Käufer, so daß sie nach einigen Jahren schließlich in den Besitz eines Harley-Mechanikers gelangte, der aber lieber Triumph fuhr und sie nie in den Verkehr brachte. Erst 1971 tauchte die JD dann wieder auf, als sie Peter von jenem Mechaniker zu einem günstigen Preis erstehen konnte. Peter, ebenfalls Triumph-Fahrer, pilotierte schon seit einigen Jahren nebenbei solche Oldtimer, wobei nun die Harley gegenüber seiner bisher bewegten Ariel 550 schon einen gewaltigen Aufstieg darstellte.

Die lange Standzeit hatte bei der Harley glücklicherweise nur an zwei Stellen Schaden angerichtet, nämlich an der rechten Tankhälfte und an den Rädern. So wurden also der Tank geschweißt und die Räder neu aufgebaut. Dabei blieb es auch; bei der Vorführung an der Technischen Prüfstelle wurden keine weiteren Mängel festgestellt. Großes Aufsehen bei den Prüf-Ingenieuren erregte übrigens die Bremsleuchte der Harley: Bei Betätigung der Fußbremse erscheint eine Leuchtschrift »Stop« am Rücklicht.

Peter hatte inzwischen Kontakt mit dem Erstbesitzer aufgenommen und erfahren, daß der Tachostand korrekt war. Die Maschine hatte innerhalb von elf Jahren an die 90 000 Kilometer abgespult. Der alte Herr berichtete, daß er alle Inspektionen und Wartungsarbeiten peinlich genau ausgeführt und ihn die Maschine niemals im Stich gelassen habe...

Harley-Davidson 1200 JD von 1928	
Motor	Viertakt
Zylinder	2 in 45°-V-Form
Bohrung/Hub	87 x 101,6 mm
Hubraum	1207 ccm
Ventile	wechselgesteuert (i.o.e.)
Schmierung	Verlustschmierung
Leistung	24–28 PS bei 3600/min
Kühlung	Fahrtwind
Vergaser	Schebler de Luxe 1 3/8 (35 mm)
Elektrische Anlage	HD-Batterie-Spulenzündung
Kupplung	Mehrscheiben, trocken
Getriebe	3-Gang, Harley-Davidson
Antrieb	Kette
Rahmen	geschlossener Einrohrrahmen
Radaufhängungen	HD-Kurzhebelschwinge mit Hilfsgabel vorn
Reifen	4,00 x 19 (26 x 3 1/2 Ballon)
Fußbremse	Außenband-Trommel, Hinterrad
Handbremse	Innenbacken-Trommel, Vorderrad
Länge	2330 mm
Breite	900 mm
Höhe	1150 mm
Sattelhöhe	750 mm
Bodenfreiheit	110 mm
Tankinhalt	15 l Benzin, 4 l Öl
Leergewicht	215 kg
Höchstgeschwind.	ca. 120 km/h
Verbrauch	ca. 5 l / 100 km
Originalpreis	335 US Dollar (1928) 2100 Reichsmark

Die 1928er Harley hat in der Zwischenzeit einige Bergfahrten absolviert und wird je nach Lust und Laune immer wieder gerne aus der Garage geholt, doch Peter hat nicht mehr soviel Zeit wie früher. An seiner Harley Baujahr 1978 gibt es ständig etwas zu schrauben – Fortschritt der Technik?

Eine treue Alltagsmaschine

Ardie 500 CC von 1929

Die Firma Ardie war 1919 im Zuge des Neubeginns der deutschen Industrie entstanden. Arno Dietrich – aus dessen Namen sich die Bezeichnung seiner Marke zusammensetzt – tat es den meisten seiner Zunft- und Zeitgenossen gleich und schuf zunächst einen simplen Zweitakter. Schon im ersten Produktionsjahr kam er auf 300 Motorräder. Später bezog die Nürnberger Firma Motoren aus England – seitengesteuete JAP-Touren-Aggregate von 350 und 500 ccm Hubraum.

So wartete Ardie im Modelljahr 1926 mit zwei stattlichen Viertaktmodellen auf. Auch die Getriebe bezogen die Nürnberger aus England – von Burman. Das 350-ccm-Zweitaktmodell blieb noch ein Jahr lang parallel zu den JAP-Viertaktern im Programm.

1927 kam ein 680er-Modell hinzu, dann folgten ähnliche V-Zweizylinder-Modelle mit 750 und 1000 ccm Hubraum. Sie wurden aber nur in geringer Stückzahl gebaut.

Auf dem sportlichen Sektor war man bei Ardie stets recht aktiv. Als Werksfahrer nahm man die drei Brüder Thumshirn, den Münchner Eugen Bussinger und andere talentierte Fahrer unter Vertrag. Georg Thumshirn brachte der Firma Ardie drei vielbeachtete Siege: Er gewann 1926/27 zweimal die Österreich-TT und 1927 die ungarische TT.

Im Unterschied zu den schnellen ohv-Wettbewerbsmaschinen blieb man im Serienbau bei seitengesteuerten Motoren. Die ohv-Renner waren nur auf Sonderbestellung erhältlich. Eine ganze Reihe von Neuerungen gab es dann 1929. Auffällig war der nunmehr verwendete Satteltank mit seinen beige lackierten Seitenteilen. Auch hatte die Ardie jetzt eine Tiger-Parallelogrammgabel statt der Druidgabel. Drahtreifen ersetzten Wulstreifen, Tacho und Ampèremeter waren im Grundpreis enthalten.

1930 kam ein Jubiläumsmodell auf den Markt, das sich durch einen leistungsstärkeren Motor (Typenbezeichnung K) mit gekapseltem Ventiltrieb und 14 statt 9 PS Dauerleistung vom bisherigen Fahrzeug unterschied. An die Stelle der 350er trafen die neuen 200er und 300er mit Namen Silberfuchs, die 500er nannte man Silberpfeil (500 ccm ohv). Allen drei gemeinsam war ein neuartiger Rahmen aus Duraluminium-Profilen. Das Rohrrahmenmodell war noch bis 1934 zu haben, und es ließ sich gut an den Mann bringen. Die von mir gefahrene

Die Ardie mit dem seitengesteuerten englischen JAP-Motor war die meistgekaufte deutsche Halblitermaschine.

Maschine ist eine 500er von 1929, also ein echtes Vintage-Modell als typischer Vertreter der damaligen Motorradzeit.

Das Jahr 1929 war für Ardie ein Erfolgsjahr. Die neuen Satteltank-Modelle ließen sich wie die sprichwörtlichen warmen Semmeln verkaufen. Allein im Jahre 1929 wurden von der gegen Ende des Vorjahres in Serie gegangenen 350er und 500er an die 9500 Exemplare hergestellt. Die Ardie-Gesamtproduktion von 1926 bis 1934 betrug knapp über 30 000. Zum Vergleich: BMW stellte 1929 etwa 5000 Motorräder her.

Die in Nürnberg gebaute Ardie 500 CC war auch nicht teuer. Einschließlich elektrischer Lichtanlage kostete sie 950 Reichsmark. Die BMW R 52 kam immerhin auf 1520 Reichsmark! Kein Wunder, daß sich so mancher Motorradliebhaber für die Ardie entschied. So erwarb auch ein Steinmetz aus Moosach bei München 1929 eine solche Ardie 500 CC, gab bei der Bestellung aber zwei Sonderwünsche an: die Montage von Fußrasten für den Beifahrer sowie die Verlängerung des Kupplungs-Ausrückhebels am Getriebe, wodurch sich die Kupplung mit dem Fuß betätigen ließ.

Noch 1940 benutzte jener Steinmetz aus Moosach seine Ardie fast täglich. Nach Kriegsende wurde sie erneut zugelassen und einige Jahre weiterbenützt – dann verbrachte sie Jahre des Rastens in einem Schuppeneckchen. 1968 kam sie aber wieder ans Tageslicht.

Die Maschine hatte nicht nur gerastet, sondern auch ein bißchen gerostet. Durch Zufall fand sie einen neuen Liebhaber – der sie sogar geschenkt bekam; samt Kfz-Brief. Es dauerte zwei weitere Jahre, bis die Ardie aus ihrem Dornröschenschlaf geweckt wurde, um einer kompletten Restaurierung unterzogen zu werden. Es gab hierbei indessen keine größeren Probleme, zumal sogar der blaue Originallack auf dem Tank wieder zum Vorschein kam und als Farbmuster für eine Neulackierung dienen konnte. Lediglich der Auspuff mußte neu angefertigt werden.

Bei der Salzburger Frühjahrsveranstaltung 1980 wurde die alte Ardie zum

Ist sie etwa abgesoffen? Ein Kerzenwechsel ist kein Problem.

erstenmal wieder ausgeführt. 1981 konnte der glückliche Besitzer beim Oldtimer-Grand-Prix sogar einen zweiten Platz in der Gleichmäßigkeitswertung erringen.

Die Ardie 500 CC ist eigentlich ein recht kompaktes Fahrzeug für ihre Kategorie. Die volumigen Vier-Zoll-Reifen passen eigentlich nicht so ganz dazu. Grazil wirkt hingegen das angeschraubte Rahmenheck, von dem es im Ardie-Handbuch heißt, es sei auch für Seitenwagenbetrieb bestens geeignet. Überhaupt scheint die Rahmenkonstruktion gegenüber britischen Erzeugnissen ein wenig fragil hinsichtlich des gebogenen Frontrohrs und der langen, schmalen Getriebebrücke. Unterwegs zeigten sich allerdings keine Schwächen – aber ich habe die Ardie ja auch nicht voll ausgefahren.

Die Sitzposition ist gut. Viel trägt dazu der breite, an seinen Enden nach unten gekröpfte Lenker bei, der damals en vogue war und allgemein »Henne-Lenker« hieß. Amerikanischen Vorbildern nachempfunden ist der Satteltank. Nicht nur, daß Ampèremeter und Walzentacho dort untergebracht sind – auch die Ausführung in zwei Hälften, die durch ein verchromtes Stahlband befestigt sind, konnte man beispielsweise bei der Harley finden...

Zum Anlassen wird nach dem Öffnen des Benzinhahns erst einmal die Schwimmerkammer des Vergasers geflutet. Dieser Vergaser ist ein ganz besonderes Stück, er wurde unter dem Namen »Orkan« von der Süddeutschen Bremsen AG in München hergestellt – heute kann sich dort niemand mehr an dieses Produkt erinnern. Es handelt sich nicht um einen Schiebervergaser, sondern um ein Drosselklappeninstrument, wie es vom Automobil her bekannt ist. Die Schwimmerkammer sitzt über dem Mischrohr und weist einen Ringschwimmer auf. Als nächstes wird nun der Motor zwei-, dreimal leer durchgetreten, wobei das Auslaßventil mit dem Ausheber leicht geöffnet wird. Diese mit dem Außenzughebel am linken Lenkerende betätigte Vorrichtung ist im Fahrerhandbuch von Ardie etwas mißverständlich mit »Entlüfter« bezeichnet. Sodann wird der Kolben in die richtige Stellung kurz nach Überschreiten des oberen Totpunkts gebracht und mit einem kräftigen Tritt auf den Kickstarter der JAP-Motor angeworfen. Selbstverständlich sollte man zuvor die Zündung auf »Spät« gestellt haben.

Die Gemischregulierung des Vergasers wird lediglich mit dem Gashebel kontrolliert, es gibt keinen zusätzlichen Lufthebel. Er braucht nicht weit geöffnet zu werden, um einen sauberen Leerlauf zu bekommen. Es fällt sofort die geringe mechanische Geräuschentwicklung auf, und das trotz der offenen Ventilstößel und -federn. Als nächstes sollte die Tropfgeschwindigkeit der mechanischen Best-&-Lloyd-Ölpumpe im Schauglas kontrolliert werden. Im Handbuch heißt es, daß gerade noch eine Tropfbewegung und kein durchgehender Strahl auszumachen sein soll. Nach längerer Standzeit ist es zumeist auch nötig, das vom Öltank ins Kurbelhaus heruntergeflossene Öl abzulassen, um ein Pantschen der Kurbelwelle und Verölen des Brennraums zu vermeiden. Das Schmiersystem ist ein einfaches Verlustsystem ohne Rücklauf. Die Ölpumpe sitzt außen auf dem Magnetkettenkasten, sie wird nicht von einer der beiden Nockenwellen angetrieben, sondern separat über ein Schneckenrad vom Antriebsritzel auf der Kurbelwelle. Der Deckel des Magnetkettenkastens trägt die Inschrift »Ardie« anstatt »JAP«. Vor dem Rahmenrohr sitzt auf einem Ausleger die Magnet-Dynamo-Kombination, geliefert von der Firma Unterberg & Helmle (UH) in Karlsruhe, woher auch der Trommel-Scheinwerfer stammt.

Überraschend leicht läßt sich der erste Gang einlegen, dazu wird der rechts am Tank in einer Kulisse montierte Schalthebel ganz nach vorne gedrückt. Nach vorsichtigem Einkuppeln und Gasgeben setzt sich die Maschine mit mächtigem Auspuffgeräusch in Bewegung. Der durchzugskräftige Motor erlaubt ein frühes Hochschalten, der Weg in der Kulisse bis zur Kerbe des zweiten Ganges ist relativ lang, aber der Schaltvorgang selbst geht geräusch- und ruckfrei vonstatten, was mich erstaunte. Hatte ich bisher nur ausgeleierte Schaltungen und Getriebe kennengelernt?

Selbstverständlich läßt sich der dritte Gang ebenso leicht einlegen, und beim Herunterschalten mit Zwischengas gibt es auch kein Krachen. Der Motor zieht in allen Drehzahlen kräftig an und dreht sauber, was wohl auch am quadratischen Bohrung-Hub-Verhältnis liegt.

Er dreht nicht sehr hoch, seine Dauerleistung von 10 PS ist bereits bei 3400/min erreicht. In Deutschland wurde ja bekanntlich noch in den fünfziger Jahren nach Höchst- und Dauerleistung unterschieden; bei der 1929er Ardie betrug der Unterschied 2,5 PS und 600 Touren.

Der Orkan-Vergaser war eine besondere Konstruktion aus deutschen Landen, der Ringschwimmer saß über dem Mischrohr.

Komponenten aus England konnten in den zwanziger Jahren günstig bezogen werden. Oben das Gebtriebe von Burman; darunter der vieltausendfach bewährte JAP-Motor mit Pilgrim-Tropföler.

Etwas erschrocken war ich über das Fahrverhalten der Ardie. Das hing auch damit zusammen, daß ich auf einer Schotterstraße startete. Die Tiger-Gabel ist ziemlich hart gefedert und weist als Dämpfung lediglich Konusse an den unteren Hebeln auf, doch noch störender empfand ich das träge Lenkverhalten, weil die Maschine zum Kippen zu tendieren schien. Auf der Asphaltstraße und ab etwa 60 Stundenkilometer wurde die Straßenlage schön stabil, wobei ein Drehen am Lenkungsdämpfer keinen Unterschied erbrachte. Die Bremsen würde ich als ausreichend für den heute üblichen vorsichtigen Betrieb der Maschine bezeichnen.

Besitzer moderner Einzylinder blikken oftmals neidisch auf die Oldtimer-Fahrer, denen der kernige Ton aus den meist nicht sehr wirkungsvollen Schalldämpfern noch gegönnt ist. So übertönt das Geknatter an der Ardie auch alle anderen Geräusche, noch dazu ist hier die Auspuffanlage recht kurz, und das Endrohr mündet zur Seite ins Freie. Ansonsten bleibt jedoch dem heutigen Motorradfahrer nur die Bewunderung. Man brauchte damals schon allerhand Fahrkönnen und auch kraftvolle Arme. Man stelle sich die Fuhre mit Sozius vor, auf Urlaubsfahrt über steinige Gebirgspässe! Doch es gibt auch Eigenschaften an Motorrädern wie dieser Ardie, die in der heutigen Zeit nicht so leicht zu finden sind. Ich glaube kaum, daß ein Motorrad des Jahrgangs 1990 zwölf Jahre lang ohne Reparaturen, nur mit einer guten Wartung, seinen täglichen Dienst versieht und dann im hohen Alter von 61 Jahren nach einer nicht allzu aufwendigen Kur noch immer genauso gut funktioniert.

Ardie 500 CC von 1929	
Motor	Viertakt, JAP Typ KY
Zylinder	1
Bohrung/Hub	85,5 x 85 mm
Hubraum	490 ccm
Ventile	sv
Schmierung	Verlustschmierung
Leistung	12,5 PS bei 5000/min
Kühlung	Fahrtwind
Vergaser	Orkan R26
Elektrische Anlage	UH-Zündlicht-maschine
Kupplung	Mehrscheiben
Getriebe	Burman-3-Gang
Antrieb	primär und sekundär mit Ketten
Rahmen	Einrohr, Heckteil angeschraubt
Radaufhängungen	Tiger-Parallelogrammgabel vorne, hinten starr
Reifen	27 x 4 Ballon (4,00 x 19)
Bremsen	Ardie-Halbnaben-Trommeln ∅ 200 mm
Länge	2130 mm
Breite	790 mm
Höhe	1030 mm
Sattelhöhe	760 mm
Bodenfreiheit	100 mm
Tankinhalt	12 l Benzin, 3 l Öl
Leergewicht	125 kg
Höchstgeschwind.	ca. 95 km/h
Verbrauch	ca. 3,5 l / 100 km
Originalpreis	950 Reichsmark

Schon fast eine Legende

Scott TT-Replica 500 von 1929

Dies dürfte wohl heute die bekannteste Scott in Europa sein, sie überrascht immer wieder mit ihrem Speed bei den Veteranenrennen.

Eine Scott ist nicht einfach ein Motorrad, wenn auch ein besonderes. Für die Liebhaber der Marke ist der Name Scott zum Teil eines Mythos geworden. »Love it or hate it«, sagen die Engländer, womit sie auf die Schwierigkeiten im Umgang mit diesem Fahrzeug anspielen. Es besitzt in der Tat einen sehr eigenständigen Charakter. Der Firmenname ist auch in unserem Lande nicht unbekannt, doch man bekommt nur selten ein Exemplar dieser Marke zu Gesicht.

Für ein englisches Motorrad ist es zuerst einmal schon ungewöhnlich, nicht aus Birmingham, Coventry oder London zu stammen. Die Scott kommt aus der Grafschaft Yorkshire (wie übrigens auch P&M Panther). Yorkshiremen gelten in England als sehr eigenwillig und zuwei-

Oben: Die 2 in 1-Auspuffanlage ist Originalausstattung, sie birgt jedoch heute einen berechneten Expansionstopf.

Links: Über dem Dreigang-Scott-Getriebe ist das wichtigste Teil des Motorrads zu sehen, die Ölpumpe.

len auch als ziemlich stur, Wesenszüge, die sich auch in der Geschichte der Scott-Motorräder widerspiegeln.

Im Jahre 1908 sahen die meisten Motorräder den Fahrrädern noch sehr ähnlich. Einzylinder und V-Zweizylinder, fast durchweg Viertaktmotoren, saßen in verstärkten »Veloziped«-Rahmen und trieben getriebelos mittels Riemen das Hinterrad an. Alfred Angas Scotts neues Motorrad wich indessen stark von den bekannten Konstruktionen ab; im Aussehen erinnerte es an die Hildebrand & Wolfmüller. Der Motor war ein Zweizylinder-Zweitakt-Paralleltwin (333 ccm Hubraum) mit wassergekühltem Kopf. Der Antrieb erfolgte über Ketten, wobei es zwei Primärketten gab, die durch ein Pedal gesteuert zwei Übersetzungsstufen ermöglichten. Neben diesem Getriebe wies die Scott als erstes Motorrad einen Kickstarter und eine Teleskopgabel als Vorderradaufhängung auf. Diese Anhäufung neuartiger Details sicherte Scott einen großen Entwicklungsvorsprung. Die ersten Exemplare wurden bei dem späteren Automobilhersteller Jowett gebaut, bevor man in Bradford das Mornington-Gelände bezog. 1913 wechselte die Firma dann nach Shipley, dem Stammsitz für annähernd vierzig Jahre, über.

Das Scott-Motorrad erwies sich auf Anhieb als sehr leistungsfähig, bei einigen Bergrennen der Konkurrenz sogar haushoch überlegen, was zu einem Handikap-Faktor für diese Motorenbauart führte. Die Leistungsüberlegenheit wurde dadurch allerdings kaum geschmälert, und nur eine mangelnde Standfestigkeit verhinderte zunächst einen Erfolg bei den Tourist-Trophy-Rennen auf der Isle of Man. Nach der Reglementsänderung und einer Überarbeitung der Werksmaschinen (nun 486 ccm Hubraum) gelang es dann Frank Applebee, die Senior-TT 1912 siegreich zu beenden, und im darauffolgenden Jahr wiederholte Tim Wood diesen Erfolg. In diesem Jahr wurden auch die Zylinder mit einem Wasserkühlmantel versehen, und das Motorrad erhielt damit seine bekannte Gestalt, die im folgenden nur in Details verändert wurde.

Im Ersten Weltkrieg fanden neben Douglas und Triumph auch einige Scott-Motorräder beim Militär Verwendung, hauptsächlich als Beiwagenmaschinen. Dies hatte Alfred Scott zu einer neuen Konstruktion angeregt. Ausgehend von einem Gespann, entwickelte er ein Dreiradfahrzeug zur Verwendung als Maschinengewehrträger, doch das Militär zeigte kein Interesse. Scott war von seiner Idee überzeugt und wollte sie mit allen Mitteln zum Erfolg führen, doch als Kleinwagen mit Motorradfahreigenschaften ließ sich das Dreirad schwer verkaufen. Alfred Scott veräußerte sogar sein Motorrad-Unternehmen, um sich dem »Sociable«-Vehikel ganz widmen zu können, doch es blieb beim Mißerfolg. Im Jahre 1923 verstarb Alfred Angas Scott im Alter von nur 48 Jahren.

Die sportlichen Erfolge häuften sich in allen Sparten. 1914 wurde in Yorkshire erstmals eine besondere Veranstaltung abgehalten, die heute schon legendären Charakter besitzt. Begonnen als familiärer Wettstreit unter Scott-Fahrern, wurde das Scott-Trial zu einer der härtesten Geländeprüfungen des Landes, und in diesem Zusammenhang ist der Name Scott auch heute noch weit bekannt.

Zu den alltäglichen Serienmotorrädern gesellte sich 1921 erstmals eine

Sportversion, die 486-ccm-Squirrel (Eichhörnchen), die sich nicht nur durch einen Sportlenker und Fußrasten anstelle von Trittbrettern, sondern auch durch einen neuen Motor von den anderen Modellen unterschied. Bei den Tourern löste im folgenden Jahr ein konventionelles Dreiganggetriebe den alten Zweiketten-Mechanismus ab, der jedoch bei den Sport- und Rennmaschinen weiter erhalten blieb. 1924 gab es eine verbesserte Super Squirrel mit überarbeitetem Motor (quadratisches Bohrung-Hub-Verhältnis 68,25 x 68,25 mm anstatt 63,5 mm Kurzhub) und Dreiganggetriebe. Scotts Stammkunden trauerten zwar den Two-Speedern nach, an die man sich so gewöhnt hatte. Doch die Tatsachen, daß das neue Getriebe nicht zuerst in den Sportversionen zum Einsatz kam und daß man in der Auslegung des Motors aus heutiger Sicht rückwärts vorging, nämlich vom Kurzhuber zum Langhuber, sind Beispiele für die Eigenwilligkeit der Yorkshire-Leute.

Für das 1925 vorgestellte Modell Flying Squirrel gab es nun eine mechanische Ölpumpe als Ablösung der Tropfschmierung, weiterhin war auch der große, im offenen Rahmendreieck befestigte Tank erhältlich. Dadurch wurde die Scott zumindest im Aussehen etwas konventioneller, aber die Traditionalisten verlangten weiterhin die Ausführung mit den getrennten, aufrechtstehenden Fäßchen für Benzin und Öl. Im nächsten Jahr verwendete man einen neuen Rahmen, nun mit doppeltgeführten Rohren sowie einer verstärkten Vordergabel. Eine Reihe weiterer Verbesserungen führten schließlich zu einem neuen Typ, der im Herbst 1928 auf der Londoner Ausstellung Premiere hatte.

Bei meinen Fachsimpeleien mit englischen Freunden war des öfteren der Name Scott gefallen; selbst eingeschworene Viertakt-Enthusiasten sprachen mit Anerkennung von diesen Motorrädern. Zwar vertraut mit der Firmengeschichte, konnte ich mir aber bisher noch kein Bild von den Besonderheiten dieser Zweitakt-Zweizylinder machen. Um so begeisterter war ich, als Manfred Schweiger mir von seiner Neuerwerbung berichtete und eine Probefahrt in Aussicht stellte.

Das neue Modell für den Jahrgang 1929 wurde damals TT Replica getauft.

Manfred Schweiger beim rennmäßigen Start mit seiner Scott.

Bei der vorangegangenen TT war zwar kein Sieg verbucht worden, doch Tommy Hatch hatte hinter Dodsons Sunbeam und Rowleys AJS einen ehrenvollen dritten Rang erreicht. Grund genung für Scott, dem neuen Motorrad diesen publikumswirksamen Namen zu geben. Es war außerdem der letzte größere Erfolg auf der Isle of Man für das Haus in Shipley und auch die beste Plazierung für ein Zweitaktmotorrad in der 500-ccm-Klasse bis 1971!

Mit dem Erscheinen der TT Replica waren einige Umstellungen im Verkaufsprogramm verbunden. Das bisherige Spitzenmodell wurde in Flying Squirrel Tourer umbenannt; es hatte den quadratischen 486-ccm-Motor behalten, wenn auch mit etwas gedrosselter Leistung. Wie der Name schon andeutet, trat dieses Modell an die Stelle der langjährigen Squirrel-Tourer, als Unterscheidungsmerkmal waren die Zierflächen auf dem großen Tank in Weiß gehalten. Ebenfalls im Katalog blieb die Super Squirrel, die nach wie vor mit Zweigang-Übersetzung geliefert wurde.

Die TT-Replica hatte einen neuen Motor aufzuweisen. Mit 66,6 mm Bohrung bei einem Hub von 71,4 mm war dies ein Langhuber (498 ccm). Ein großes Maß an Feinarbeit und eine Abgasführung in zwei getrennten Krümmern ermöglichten einen erneuten Leistungsgewinn. Wie bei den meisten Scott-Modellvarianten gab es die TT-Replica auch als 600er; diese Vergrößerung wurde durch Kolben mit 73,02 mm Durchmesser erreicht, das dadurch veränderte Bohrung-Hub-Verhältnis wurde leicht kurzhubig. Die Hubraumerweiterung war in England lange Zeit hindurch als ein Zugeständnis an Seitenwagenfahrer gedacht. Ausgehend von der sportlichen 500er, schuf man hier eine durchzugskräftigere Version. Auch am Fahrwerk gab es einige Veränderungen, der Radstand war verkürzt worden, und die Reibungsdämpfer an der Scott-Telegabel waren einem fettgefüllten Teleskop-Stoßdämpfer gewichen. Die von Enfield gelieferten Bremsen waren mit Leitblechen versehen, die hintere Nabe zusätzlich verrippt. Die Abstützung der Bremsankerplatte übernahm ein langer Hebelarm, der fast bis zum Magneten reichte. Außerdem waren nun Drahtreifen und Gasdrehgriff anstelle von Wulstreifen und Gashebel serienmäßige Details.

Als sorgfältiger Kraftfahrer darf man bei der Scott in nicht weniger als drei Behältern den Flüssigkeitsstand überprüfen – für ein Motorrad ist dies schon ungewöhnlich. Die Arbeit ist indessen schnell erledigt, denn die Verschlüsse von Benzin-, Öl- und Wassertank liegen nahe beieinander. Nicht so leicht ist der nächste Schritt innerhalb der Vorbereitungen zur Fahrt: Das Fluten der Vergaser-Schwimmerkammer erfordert Erfahrung oder in meinem Falle Informationen des Besitzers, denn der Brennraum ist sehr schnell überflutet.

Die richtige Position von Zündverstellung und Luftregulierung ist gerade bei einem Zweitakter von großer Bedeutung. Bereits beim ersten Tritt auf den sehr leichtgängigen Kickstarter begann der Motor zu laufen, zuerst noch mit unregelmäßigen Zündungen, schon nach kurzer Zeit aber recht rund. Falls das Anwerfen nicht gelungen wäre, hätte man es halt, wie es sich für eine TT-Replica geziemt, mit einem sportlichen Schiebestart versuchen müssen. Im kalten Zustand wählt man die Fördermenge der Pilgrim-Ölpumpe etwas reichlicher, um die wenigen wichtigen Schmierstellen zuverlässig zu erreichen; erkenntlich wird dies an der imposanten »Fahne«. Die Regulierung läßt sich durch das Schauglas gut überwachen. Die Geräuschentwicklung ist das für einen Zweitakt-Twin charakteristische Brutzeln, doch im Gegensatz zu vielen heutigen Motorrädern hört man keinerlei mechanische Geräusche, es können ja auch keine Primärantriebszahnräder »singen«. Gefühlsmäßig ungewohnt ist die spontane Reaktion auf Bewegen des Gasdrehgriffes: der Motor dreht ohne Verzögerung gleichmäßig hoch.

Beim Draufsitzen fällt einem die Kompaktheit der Scott auf. Die Sattelposition ist sehr niedrig, zusammen mit dem guten Knieschluß am schmalen Tank und dem Sportlenker wird eine ausgezeichnete »versammelte« Fahrhaltung möglich. Der erste Gang muß vorsichtig eingelegt werden, mit dem Handhebel läßt sich jedoch der geräuschlose Eingriff buchstäblich erfühlen. Zum Anfahren ist eine relativ hohe Drehzahl erforderlich, was sich von der Konzeption des Motorrads her erklären läßt; der leistungsgesteigerte Motor weist schärfere Steuerzeiten auf und ist mehr auf Höchstleistung als auf eine füllige Drehmomentkurve ausgeleget, und außerdem ist der erste Gang des enggestuften Renngetriebes äußerst lang übersetzt, er reicht bis etwa 90 Stundenkilometer. Nachdem die Maschine durch Schleifenlassen der Kupplung und nach einigen Ruckern losgerollt ist, beschleunigt der Motor beim weiteren Gasgeben wie eine Turbine, der Übergang zur zweiten Fahrstufe ist trotz Tankschaltung ein Kinderspiel: kurz die rechte Hand vom Gas, Schalthebel zur zweiten Einkerbung in der Kulisse vorschieben, und schon ist lautlos der Gang eingelegt. Die Kraftentfaltung geschieht ohne spürbaren Ruck, man glaubt einen Elektroantrieb eingebaut zu haben.

Oben: Drei Füllöffnungen – für Benzin und Öl im Tank und fürs Wasser im Kühler.

Der hochgesetzte Wabenkühler und der nach vorn geneigte Zylinderblock sind allen Scott-Zweizylindern gemeinsam.

Alfred Angas Scott war ein Verfechter des Zweitaktprinzips. Er machte sich jedoch seine eigenen Gedanken und konstruierte seinen ersten Zweizylindermotor nach diesem Prinzip. Beim Zweitakter findet bekanntlich die Vorverdichtung des Benzin-Luft-Gemisches im Kurbelgehäuse statt, also ist man bei einem Mehrzylindermotor gezwungen, die jeweiligen Verdichtungsräume getrennt zu halten. Scott erreichte dies durch eine ganz besondere Konstruktion des Kurbeltriebs. Das Motorgehäuse ist nicht zerlegbar, es ist nach oben sowie nach hinten offen. Man erkennt in der Mitte das große Schwungrad, von dem links die Primärantriebs-Kette und rechts die Kette für Magnet und Ölpumpe herausführten. Die einzige vorhandene Kurbelwellenlagerung findet man hier in der Mitte, die beiden Kurbelwangen ragen freihängend in die Vorverdichtungskammern. Die Pleuel sind um 180 Grad versetzt, das heißt, die Kolben bewegen sich in entgegengesetzter Richtung auf und ab. Durch diese Anordnung und natürlich durch die Verwendung des großen Schwungrades ergibt sich der weiche Lauf des Scott-Twins. Zur Demontage des Kurbeltriebs muß man zuerst die beiden Blechdeckel am Motorgehäuse entfernen; diese verschließen die Vorverdichtungskammern. Das übergroß dimensionierte Pleuellager ist gut erreichbar. Nach dessen Demontage löst man die Verschraubung der Kurbelwangen und kann, nachdem man die Pleuel nach oben herausgezogen hat, die komplette Kurbelwelle in zwei Teilen durch die jeweiligen Seitendeckel herausnehmen. Durch Herausdrücken des Hauptlagers bekommt man auch das Schwungrad frei und kann dieses nach hinten entfernen.

Die am Gehäuse angegossenen Zylinderflansche sind ziemlich tief, und die Laufbahnen werden auch ebenso tief hineingesteckt. Der Zylinderkopf ist nicht abnehmbar, es läßt sich lediglich der Deckel der Kühlummantelung abheben.

Schnell vertraut mit der Bedienung, konnte ich mich den besonderen Eindrücken im Umgang mit der Scott widmen. Die Wendigkeit des relativ leichten Motorrads wird nur durch den geringen Lenkeinschlag etwas beeinträchtigt, doch im reinen Fahrbetrieb ist dies unerheblich, denn in enge Kurven läßt sie sich wunderbar und mit hoher Geschwindigkeit legen. Der Zweitaktton wirkt bei der Scott selbst für einen Viertaktmann nicht lästig; im mittleren Drehzahlbereich bleibt es bei einem Brummen kräftiger Art, in hohen Geschwindigkeiten tritt dann auch das typische Heulen auf, doch am faszinierendsten ist das »Bellen« zum Zurückschalten.

Bereits auf einer kurzen Probefahrt erlebt man die Leistungsfähigkeit des Triebwerks. Im Verein mit dem glänzend abgestuften Getriebe ist eine rasante Gangart möglich, und dies ist bei sechzigjährigen Motorrädern nicht oft der Fall. Wie bei vielen englischen Motorrädern sind die Bremsen hoffnungslos unterdimensioniert, beim Zweitakter wirkt sich das wegen der fehlenden Motorbremswirkung besonders problematisch aus. Die Scott-eigene Teleskop-Vordergabel arbeitet sehr gut, man sieht keine Bewegung wie bei einer Parallelogrammgabel, und das Rad richtet sich beim Bremsen nicht auf.

Scott TT Replica 500 von 1929

Motor	Zweitakt-Paralleltwin
Zylinder	2
Bohrung/Hub	66,6 x 71,4 mm
Hubraum	498 ccm
Steuerung	Schlitze- und Nasenkolben
Schmierung	Getrenntschmierung mit Pilgrim-Ölpumpe
Leistung	ca. 24 PS bei 5000/min
Kühlung	Wasser
Vergaser	Binks
Elektrische Anlage	BTH-Renn-Zündmagnet
Kupplung	Mehrscheiben, trocken
Getriebe	Dreigang, Fußschaltung, enggestuft
Antrieb	Kette
Rahmen	Doppel-Dreieck, Scott-Telegabel
Radaufhängungen	Scott-Teleskopgabel vorn, starr hinten
Reifen	300 x 20
Bremsen	Enfield-Halbnaben
Länge	2150 mm
Breite	640 mm
Höhe	970 mm
Sattelhöhe	730 mm
Bodenfreiheit	50 mm
Tankinhalt	Benzin 11 l, Öl 3,5 l
Leergewicht	145 kg
Höchstgeschwind.	ca. 135 km/h
Verbrauch	ca. 5-6 l / 100 km
Originalpreis	88 £ (1929)

Eine angenehme Tatsache, daß die Scott eine echte Fünfhunderter ist, was heißen soll, daß sie ihre Kraft nicht aus den Drehzahlen zu schöpfen braucht, wie das bei den heutigen Zweitakttwins aus Fernost üblich ist. Man kann mit dieser Supersport-Maschine sogar gemächlich dahinrollen. Vibrationen sind bei einem gut eingestellten Motor nicht zu verspüren – ein weiter Pluspunkt.

Man kann die TT-Replica aufgrund ihres guten Abzugs auch heute noch sehr gut einsetzen, doch die Domäne sollten dabei nicht Veteranenrennen auf langweiligen Rennkursen sein, sondern vielmehr Spritztouren auf engen, kurvigen Sträßchen. Dieser Wunsch wird aber von der Vernunft verdrängt: Wer wird eine Scott TT Replica zum TÜV fahren wollen und sie vielleicht anschließend den Gefahren des Straßenverkehrs aussetzen? Dazu ist sie zu schön und zu wertvoll.

In England ist es kein Geheimnis, daß in der Scott noch einige Reserven stekken. Wenn man nur einen kleinen Ausschnitt aus der Entwicklung des Zweitaktmotors der letzten fünfzig Jahre in die Praxis umsetzt, erhält man ein erstaunlich schnelles Motorrad. Dabei sind nicht einmal schwerwiegende Eingriffe nötig, nur stellt sich hier die Frage nach dem Sinn des Ganzen. Wir wollen ja schließlich keinen Wettstreit wie in England aufzäumen, wo der Unterschied zwischen modernen und Veteranen-Rennen nur im Geburtsjahr der Motorräder liegt, denn dort laufen die Scott-Motoren nicht wie 1929, sondern wie moderne Maschinen. An ihnen hat nämlich der technische Fortschritt oft sehr deutliche Spuren hinterlassen. Eindeutig gegen dieses Treiben sind die meisten Mitglieder des Scott Owners Club eingestellt. Er stellt wahrscheinlich die aktivste und rührigste Gruppe von Liebhabern einer speziellen Motorrad-Marke dar.

Scott-Fahrer sind ein besonderes Völkchen, sie werden von ihren Kollegen aber nicht belächelt, sondern man spricht stets mit Hochachtung von Mann und Maschine – das ist der Scott-Mythos...

Alfred Angas Scott baute nicht nur den ersten Zweitakttwin, er erfand auch die Teleskop-Vordergabel. An der TT-Replica wurde eine verstärkte Ausführung verwendet.

Dieser Schüttoff-Prototyp wurde im Straßen- und Renneinsatz erprobt.

Motorrad-Kostbarkeit

Schüttoff 350 Sport von 1929

Motorräder mit dem Namen Schüttoff gab es nur neun Jahre lang, der durch hohe Qualität verdiente gute Ruf aber konnte sich über Jahrzehnte halten. Die Werkzeugmaschinenfabrik Arthur Schüttoff AG im sächsischen Chemnitz sah 1924 eine Chance zur Ausweitung des Produktionsprogramms in der aufstrebenden Motorradbranche. Mit einigen erfahrenen Leuten aus den nahen Wanderer-Werken ging man mit großer Sorgfalt zu Werke; man wollte eigene Viertaktmotoren herstellen, um nicht in die Reihe der Motorrad-Konfektionäre einzutreten. Schüttoff begann mit seitengesteuerten 350- und 500-ccm-Modellen. Ein bemerkenswertes Konstruktionsdetail war die Verwendung eines Blockmotors, der das Getriebe mit einschloß. Besonders geeignet für den Sporteinsatz war die 1927 erschienene 350 ccm Sport mit hängenden Ventilen. Den Höhepunkt erreichte der Motorradbau bei Schüttoff im Jahre 1929, als das Verkaufsprogramm vier Modelle umfaßte: die 350 als seitengesteuerte Gebrauchsmaschine und die beliebte ohv-Sport sowie das 500-sv-Tourenmodell und schließlich die 500 ohv Luxus. Die aufwendige Fertigung der Viertakt-Modelle, die komplett im eigenen Hause entstanden, war nicht sehr wirtschaftlich, und so entschloß man sich 1930 zur Verwendung von 198-ccm- und 298-ccm-Zweitaktern aus dem DKW-Programm. Diese »Billig-Schüttoffs« fanden nicht die erhoffte Aufnahme beim Kunden, man geriet in finanzielle Schwierigkeiten, und so wurde das Werk schließlich zwei Jahre später vom DKW-König Rasmussen übernommen.

Zusätzlich zum Lenkerhebel gibt es noch ein Fußpedal zur Kupplungsbetätigung, die Justierung ist ein Problem.

Die rotbraun lackierten Schüttoff-Motorräder waren bei vielen Sportveranstaltungen zu finden, die Firma gab Fahrern wie Lohse, Ihle, Lassnak, A. Müller, Hirth und Mittenzwei volle Werksunterstützung. Man baute keine Spezialmaschinen, sondern es waren Serienmotorräder, die eindrucksvoll den hohen Standard der Marke demonstrierten.

Ich hatte Gelegenheit, ein ganz ausgefallenes Exemplar der Marke Schüttoff zu fahren. Diese Maschine gibt es sicher nur ein einzigesmal. Es handelte sich dabei um eine 350 Sport, jedoch mit obenliegender Nockenwelle. Der ohc-Motor war Anfang 1929 entstanden, Schüttoff hatte als einziges rein deutsches Fabrikat dieser Klasse seine Ehre zu verteidigen, und so entschloß man sich damals, in Abweichung von der Serienproduktion einen Königswellen-Motor zu bauen. Dieser wurde in das leichte Fahrwerk der vorhandenen Maschine eingesetzt, das aus einem Einrohr-Rahmen besteht, wobei das Rahmendreieck unten offen ist und der Motor somit als tragendes Element dient. Das Heckteil ist ebenso wie die beiden Längsträger zur Tankaufnahme angeschraubt, letztere gewährleisten hervorragende Verwindungssteifheit. Die Druid-Vordergabel arbeitet sehr feinfühlig für eine Parallelogramm-Federung, zwei Reibungsstoßdämpfer verhindern (fast) das Nachwippen. Augenfällig ist auch hier wieder das Charakteristikum aller Viertakt-Schüttoffs: die langen, verrippten Auspuffbirnen aus Leichtmetallguß. Sie sollen eine zusätzliche Kühlung der Auslaßzone bewirken. An diese »Dinger« werden die eigentlichen Krümmer angeschlossen. Das Endstück kann man kaum als Schalldämpfer bezeichnen,

Links: Die verrippten Alu-Krümmer der Doppelport-Auspuffanlage sind typisch für Schüttoff.

die Rohre mit den Einkerbungen und dem plattgedrückten Abschluß sehen nämlich nicht nur aus wie Maschinengewehre, sie hören sich auch so an. Diese Double-Port-Auspuffanlage der Schüttoffs ist an sich schon eine sehr aufwendige Angelegenheit. Stets aufwendig ist auch der Nockenwellenantrieb mittels Königswelle. Das Motorgehäuse wurde beibehalten, auf der rechte Seite wich das Steuergehäuse einem dosenförmigen Anbau, der die Kegelradsätze zum Antrieb der in einem Hüllrohr laufenden Königswelle sowie der unten angebrachten Ölpumpe aufnimmt. Ausgangsbasis für den Zylinderkopf war das ursprüngliche ohv-Modell, von welchem man Ventilwinkel und Kipphebellagerung beibehielt; die Nockenwelle wurde buchstäblich dazwischen hineingepaßt. Sie ist beidseitig in groß dimensionierten Kugellagern gelagert und zusammen mit den Schlepphebeln in einem Gehäuse gekapselt, die eigentliche Ventilbewegung läuft hingegen im Freien ab. Durch die Änderungen an der Steuerseite wurde eine Verlegung des Magnet-Antriebs notwendig, nach dem Beispiel der 500-ccm-ohv greift das Antriebsrad nun in den Zahnrad-Primärantrieb auf der linken Seite. Der rechte Seitendeckel stammt auch aus diesem Grunde von der Fünfhunderter.

Oben: Der kompakte Motor-Getriebe-Block entspricht dem der Serienmodelle.

Interessant ist natürlich eine Probefahrt mit dieser Schüttoff, die ja schließlich in ihrer Klasse als sehr leistungsstark galt. Der Kickstarter befindet sich an der linken Maschinenseite, der Eingriff erfolgt aber auf der anderen Seite, das offenliegende Zahnsegment läßt eine lange Übersetzung erkennen. Dadurch und mit Hilfe des vorhandenen Ventilaushebers bereitet der Startvorgang keine Schwierigkeiten. Der Schalthebel ist nicht am Tank, sondern am darunter verlaufenden Rahmenrohr angebracht, die Gänge rasten stets präzise ein, und somit gibt es auch hier keine Probleme. Anders bei der Kupplungsbetätigung. Hier ist nämlich außer einem gewöhnlichen Lenkerhebel noch ein Fußhebel vorhanden. Die Bedienung eines solchen erfordert einige Übung; hinzu kommt, daß dieser bei der Schüttoff sehr direkt wirksam ist: er sitzt genau auf dem Kupplungsgehäuse. Man greift also zuerst zur bequemen Möglichkeit des Seilzugs per Hand, doch der Koppelungsmechanismus ist nicht sehr zuverlässig, der Bowdenzug springt leicht aus der Führung, so daß man einfach gezwungen ist, sich an den Fußhebel

Mittels einer obenliegenden Nockenwelle und des aufwendigen Königswellenantriebs sollte die Drehzahlfestigkeit gesteigert werden.

Schüttoff 350 Sport von 1929	
Motor	Viertakt
Zylinder	1
Bohrung/Hub	72 x 85 mm
Hubraum	346 ccm
Ventile	ohc, Königswelle
Schmierung	Druckumlauf mit Kolbenpumpe
Leistung	etwa 18 PS bei 5500/min
Kühlung	Fahrtwind
Vergaser	Graetzin 26 mm
Elektrische Anlage	Bosch-Magnetzündung
Kupplung	Mehrscheibenkupplung
Getriebe	3-Gang, verblockt
Antrieb	Kette
Rahmen	Einrohrrahmen, unten offen
Radaufhängungen	Trapez-Vordergabel, starr hinten
Reifen	26 x 3
Fußbremse	Trommel am Hinterrad
Handbremse	Trommel am Vorderrad
Länge	2120 mm
Breite	730 mm
Höhe	850 mm
Sattelhöhe	720 mm
Tankinhalt	10 Liter
Leergewicht	125 kg
Höchstgeschwind.	ca. 130 km/h
Originalpreis	unverkäuflicher Werksprototyp

zu gewöhnen. Das daraus resultierende Abwürgen des Motors quittiert die malträtierte Kupplung mit ungenauem Trennen, sie schleift. Eigentlich möchte man diesem doch relativ zierlichen Motörchen keine derartige Charakteristik zutrauen, es kann auch keine Rede von einem hochgezüchteten Rennaggregat sein. Seine großartige Durchzugskraft aus niedrigsten Drehzahlen ist begeisternd. Eine Eigenschaft, die man schon seit langer Zeit bei Motorradmotoren vermissen muß, und bei Rennmaschinen scheint dies geradezu in Vergessenheit geraten zu sein. Das Dreigang-Getriebe ist deshalb durchaus gerechtfertigt. Da im dritten bereits soviel Kraft umgesetzt werden kann, war auch eine sehr lange Übersetzung möglich, was wiederum eine weitere Gangstufe als unnützen Aufwand hätte erscheinen lassen.

Sparsamkeit war bei Schüttoff nicht zu Lasten der Technik zu verstehen. Es wurde bei den Grundlagen, wie der Materialauswahl, nicht auf den Pfennig geschaut, doch man verstieg sich nie zu technischen Spielereien, waghalsigen Konstruktionen. Der Königswellen-Motor war deshalb ein von niemandem erwarteter kühner Schritt. Bei der Beschäftigung mit dem Schüttoff-Motorrad fällt auch sofort die bewunderswerte Handlichkeit auf; man sieht, daß bei Schüttoff die Motorräder wie aus einem Guß sind. Es wurde jedem kleinsten Detail die größte Aufmerksamkeit zuteil, und einen wesentlichen Beitrag zur hohen Qualität der Maschinen dürfte den sportlichen Einsätzen zur Erprobung des Konzepts zufallen.

Die Geschichte dieses Motorrads ist sehr verworren, und einiges ist noch im unklaren. Es ist zweifelsohne eine Werks-Sportmaschine von 1929. Die perfekte Ausführung deutet auf eine eventuell vorgesehene Serienproduktion hin. Für diese Vermutung spricht auch die bereits erwähnte Tatsache, daß man bei Schüttoff eigentlich niemals sogenannte Specials für Wettbewerbseinsätze geschaffen hat. Da indessen die Straßen-Accessoires wie Scheinwerfer und Sozius-Fußrasten aus einer späteren Zeit stammen, ebenso Vergaser und Lenkerarmaturen, wurde die Maschine offenbar später zu einer »zivileren« Straßenausführung abgewandelt. Der Besitzer wird die Vorzüge dieses Motorrads auch noch einige Zeit nach der Entstehung zu schätzen gewußt haben, ebenso wie einige Veteranenfreunde, die heute ihre »Rotbraunen mit der goldenen Schrift« hegen und pflegen.

Haute Couture

Neander 1000 von 1930

Der Preßstahlrahmen läßt die Neander wuchtiger erscheinen als sie es in Wirklichkeit ist.

Oben: Der weich gepolsterte Clubsessel und die herunter gezogenen Lenkerenden ergeben eine sehr bequeme Fahrhaltung.

Motorräder mit einem ganzen Liter Hubraum sind heute nichts Besonderes. Eine 1000er hat derzeit fast jeder Hersteller zwischen Spandau, Milwaukee und Tokio im Programm. Aber was heute als Krone der Ingenieurkunst angeboten wird, gab es schon vor einem halben Jahrhundert. Die Neander etwa mit ihrem großen V-Twin war damals ein Traummotorrad – heute würde man es »Superbike« nennen. Und an neuen Ideen hatte es auch Ernst Neumann-Neander (genannt N^2) bei der Verwirklichung dieses Motorrades nicht gemangelt.

Im Jahre 1927 überraschte die Neander-Motorradfahrzeuge GmbH in Euskirchen die Motorrad-Branche mit einem – für damalige Begriffe – futuristischen Fahrzeug. Neumann-Neander dachte an eine universelle Fahrwerks-Konstruktion für eine breite Modellpalette, vergaß aber auch nicht den Fahrkomfort. Doch sein wuchtiges Motorrad mit dem Profilrahmen und dem schüsselförmigen Sattel wurde nur sehr zögernd akzeptiert. Da Neumann-Neander jedoch für jeden Geschmack etwas im Programm hatte und eine Vielfalt großer und kleiner Motoren anbot, kam der Verkauf allmählich in Schwung. Die Fahrensleute stellten fest, daß die Neander-Maschinen ihre Qualitäten hatten, und das sprach sich herum. Schon bald mußte die Fabrikation in größere Räume verlegt werden, und es kam zu einer Zusammenarbeit mit Allright in Köln.

Auch die Adam Opel-Aktiengesellschaft in Rüsselsheim, die ja schon einmal Motoräder produziert hatte, interessierte sich für das Neander-Motorrad. Man einigte sich auf eine Lizenzherstellung des Neander-Fahrgestells, die Motoren ließ Opel in den neuerdings zum Rüsselsheimer Imperium gehörenden Elite-Diamant-Werken in Sachsen fertigen. Die 500-ccm-Motoclub ist heute eigentlich die bekannteste Maschine mit Neander-Rahmen.

Ernst Neumann-Neander war ein vielseitiger Forscher und Erfinder – und, wie so viele seiner Kollegen, konzentrierte er sein ganzes Intersse auf die Technik, ohne sich um die kaufmännische Seite des Unternehmens zu kümmern. So erklärt es sich auch, daß im Jahre 1932 die Geschichte der Neander-Motorräder ein vorzeitiges Ende fand...

Irgendwann im Sommer 1930 hatte ein Motorradhändler in Kaufbeuren sei-

Mit dem 1000er-JAP ist dies die seltenste Neander, die Einzylindermodelle sieht man häufiger.

nen großen Tag. Er bekam eine Neander-Vorführmaschine geliefert. Sicher hatte man auf den großen Rennstrecken längst die berühmten Tausender von Harley, Indian, Brough, Bayerland oder Tornax sehen können, doch in einem Provinzstädtchen bedeutete das Auftauchen eines solchen Kalibers ein Ereignis. Aber – die Maschine blieb ein Ladenhüter, obwohl sie gar nicht einmal teuer war. So landete die schöne Maschine eines Tages in einer Berghütte im Allgäu, wo sie dem Hüttenwirt offenbar gute Dienste leistete. Der JAP-Motor mit seinem enormen Drehmoment war genau das richtige, um den gewichtigen Mann die schmalen, steilen Pfade hinaufzubringen.

Nach dem Kriege wurde die längst vergessene Neander dann von spielenden Kindern entdeckt – Schicksal vieler Veteranenfahrzeuge in jener Zeit. Und sie müssen es zuwege gebracht haben, das Ding in Bewegung zu setzen, und die traurigen Überreste machten deutlich, daß es wohl auch Unfälle gegeben haben muß. Dann aber wurde das Motorrad nicht mehr angerührt – dadurch blieb dem kräftigen V-Twin ein Schicksal als Jauchenpumpe oder Kompressoraggregat erspart. Schließlich kam die Neander dann eines Tages in die richtigen Hände zu einem Motorrad-Sammler, der sie restaurierte.

Allein schon von der Größe her kann man die Neander als ein Monstrum bezeichnen, und durch ihren skurrilen Aufbau flößt sie dem Betrachter zunächst einen gewissen Respekt ein. Rahmenteile sowie Tank, Schutzbleche, Primärkettenabdeckung und Werkzeugbehälter sind kadmiert. Der silbrige Überzug wirkt befremdend, man denkt unwillkürlich an Ofenrohr-Silberbronze. Aber im Original waren die Maschinen ebenso ausgeführt, sie sollten nach Neumann-Neander so »leichter sauberzuhalten« sein. Der Rahmen aus genieteten und geschraubten Preßstahlteilen wirkt recht stabil, nur an der Hinterradaufhängung wird ersichtlich, daß er auch Schwachpunkte aufwies. Die Hinterachse wird von zwei Blechplatten gehalten, die an das obere Rahmenprofil und zwei Stützstreben genietet sind, und so spürt man in der Hinterhand bei flotter Gangart auch eine gewisse Unruhe. Bei den stärkeren und schnelleren ohv-Modellen wird sich das entsprechend unangenehm bemerkbar gemacht haben! Als man später bei Zündapp ebenfalls Profilrahmen einführte, war durch Einbeziehung der

Links: Die Bosch-Zündlichtanlage wird über einen Kegelradsatz von der Kurbelwelle angetrieben.

Oben: Unter den Abdeckungen befinden sich die Blattfederpakete der Pendelgabel.

Radaufhängung in den durchgehenden Schleifenrahmen dieser wunde Punkt beseitigt worden.

Eine weitere Besonderheit der Neander liegt in der Konstruktion der Vordergabel. Vor dem Lenkkopf befindet sich nämlich eine Achse, an der die beiden Federelemente der Gabel befestigt sind; es sind Blattfederpakete, die in einem etwa dreieckigen Gehäuse sitzen und mit den Gabelholmen verbunden sind. Diese Anordnung erlaubt nur eine Reaktion auf horizontale Impulse, und um die Gabel auf vertikale Stöße ansprechen zu lassen, gab man ihr einen sehr flachen Anstellwinkel.

Auf Anhieb weckte die Neander in mir keine helle Begeistung. Um so besser dachte ich von ihr nach vollzogener Probefahrt. Da nimmt man zum Beispiel nicht auf eine Sattel Platz, um auf dem Motorrad zu »reiten« – man setzt sich förmlich in das Motorrad, wenn man den weichen Ledersessel besteigt. Der rundliche Benzintank erlaubt vorzüglichen Knieschluß. Zur guten Sitz- und Fahrposition tragen Lenker und Fußrasten bei, letztere waren an meiner Testmaschine nicht in idealer Lage (vielleicht lag das aber auch an meinen langen Füßen!). Der Lenker ist ein schön geschwungener »Gesundheitslenker«, dessen Enden nach Ernst-Henne-Art schön nach unten abgewinkelt waren, so richtig nach meinem Geschmack.

Neander 1000 von 1930	
Motor	Viertakt, JAP Typ KT
Zylinder	2 (60° V)
Bohrung/Hub	85,7 x 85 mm
Hubraum	976 ccm
Ventile, Ventil-betätigung	sv Stößel
Schmierung	Druckumlauf, Trockensumpf
Leistung	22 PS bei 3500/min
Kühlung	Fahrtwind
Vergaser	SUM 22 mm
Elektrische Anlage	Bosch-Zündlichtmagnet 6V
Kupplung	trocken, Mehr-scheiben-Lamellen
Getriebe	3-Gang Hurth, verstärkt
Antrieb	Kette
Rahmen	Stahlblech-Profile, Pat. Neander
Radauf-hängungen	Neander Blattfederschwinge vorn, starr hinten
Reifen	3,50 x 19
Fußbremse	Halbnabe, Pränafa
Handbremse	Halbnabe, Pränafa
Länge	2180 mm
Breite	800 mm
Höhe	1030 mm
Sattelhöhe	660 mm
Bodenfreiheit	100 mm
Tankinhalt	Benzin 14 l, Öl 2,5 l
Leergewicht	178 kg
Höchst-geschwind.	ca. 135 km/h
Verbrauch	ca. 5 l / 100 km
Originalpreis	1775.– Mark (1930)

Am Hurth-Getriebe ist der schwarze Hebel des Schaltgestänges zu erkennen und darunter der Winkelhebel der Kupplungsbetätigung.

Mit mächtigem Gerassel nimmt der JAP-Twin seine Arbeit auf. Großen Anteil an der eindrucksvollen Geräuschkulisse haben die geraden Auspuffrohre ohne Schalldämpfer, deren Endstücke in einen Fischschwanz münden. Mit Respekt vor dem Hubraum einer gut bayerischen »Maß« des Motors ließ ich nach Einlegen des ersten Ganges die Kupplung vorsichtig aus – und tatsächlich bringt der Motor schon bei Leerlaufdrehzahl das erwartet hohe Drehmoment auf, mit dem er das Gefährt zügig voranschiebt. Bei einer fälligen Kehrtwendung legt sich das Motorrad fast wie von selbst um – leider nicht weit: der massive Hauptständer kratzt schon bei geringer Seitenneigung am Boden, gerade noch rechtzeitig, bevor die Auspuffrohre dran sind. Die Bodenfreiheit könnte besser sein.

Da der erste Gang des Dreiganggetriebes nur sehr kurz untersetzt ist und der V-Zweizylinder so schön von unten herauszieht, lege ich das nächstemal beim Anfahren gleich den zweiten ein, und der Besitzer der Maschine hatte auch nichts dagegen, daß ich es mit dem dritten (direkten) Gang versuchte: Es ging problemlos, und man muß die Kupplung dabei kaum schleifen lassen. Es ist schon ein Erlebnis, die Maschine aus dem Stand im direkten Gang beschleunigen zu lassen – mit einem gewaltigen Satz spurtet sie davon. Aber man mußte nicht schaltfaul sein – die Gänge des Hurth-Getriebes ließen sich wundervoll einlegen. Der Name »Vierbolzen-Getriebe« rührt übrigens von der Art der Befestigung mittels vier Schrauben an der Halteplatte her, wo es einfach eingehängt ist.

Gemächlich brummt der Motor auf freier Strecke dahin. Doch bei 90 bis 100 km/h wird das Fahrverhalten kritisch. Bei Unebenheiten oder in Kurven machen sich die labile Hinterhand und die unorthodoxe Gabelkonstruktion bemerkbar. Laut Zeugenaussagen soll die Seitenventiler-JAP-Neander an die 135 km/h laufen – ich versuchte dies nicht. Immerhin: die reinen Sportmotoren dürften noch um einiges schneller gewesen sein.

Auf Veteranen-Rallies hat sich die Neander schon mehrfach bewährt, sie würde auch als normales Alltags-Motorrad zum Spazierenfahren gut geeignet sein. Besonders reizvoll wäre es, fände man noch einen Original-Neander-Beiwagen in seiner ebenfalls kadmierten Ausführung, der selbstverständlich nach den Prinzipien des Konstrukteurs aus Stahlblech-Preßteilen bestand – das ergäbe ein eigenwilliges und gewiß bequemes Gespann.

Eine beeindruckende Ideenfülle, auf der einen Seite begeisternd, auf der anderen Seite nie ganz ausgegoren: das waren stets die Charakteristika der Neander-Konstruktionen. Dieses Motorrad mit seinem eigenwilligen Rahmen, dem Clubsessel für den Fahrer und der kadmierten Silberoberfläche wurde zum bekanntesten Erzeugnis unter dem Namen Neander und war wohl auch sein einziger kommerzieller Erfolg.

Ruhiger Tourer

Triumph SSK 350 von 1931

Die Nürnberger Fahrradfirma Triumph pflegte zu Anfang des Jahrhunderts gute Kontakte zur Triumph Company im englischen Coventry, wo unter der Leitung der beiden ausgewanderten Deutschen Siegfried Bettmann und Moritz Schulte ebenfalls Fahrräder gebaut wurden. Als man sich 1903 in England zur Aufnahme einer Motorradfertigung entschloß, wurde damit auch in Nürnberg diesbezügliches Interesse geweckt.

Die Sache lief recht einfach. Die Nürnberger bezogen Motoren von Minerva aus Belgien oder Fafnir aus Aachen und bauten sie in eigene, den Engländern nachempfundene Fahrgestelle ein. Ein großer Erfolg schien dem deutschen Triumph-Motorrad jedoch vorerst noch verwehrt, denn nach fünf Jahren konzentrierte man sich wieder voll und ganz auf die Fahrrad-Produktion.

Nach dem Ersten Weltkrieg gab es einen großen Nachholbedarf an leichten wirtschaftlichen Fahrzeugen, und so startete man in Nürnberg einen neuerlichen Versuch, in der Motorradbranche Fuß zu fassen. 1920 wurde das Modell Knirps vorgestellt. Der 277-ccm-Zweitakter ähnelte wiederum einem entsprechenden Modell aus Coventry, der Junior, jedoch war das Maschinchen diesmal komplett in Nürnberg entstanden. Mit der Knirps sowie den folgenden Zweitaktmodellen bis 250 ccm war Triumph nun der gewünschte Erfolg beschieden; die Motorräder verkauften sich sehr gut, und die Marke konnte sich auf dem deutschen Markt etablieren. 1926 wurde auch wieder ein größeres Viertaktmodell ins Programm aufgenommen, es handelte sich um eine deutsche Version des Standardtyps aus Coventry, eine seitengesteuerte 550er mit dem englischen Original-Aggregat.

Das große Bosch-Horn neben dem Scheinwerfer läßt an ein Polizeimotorrad denken.

Die Motoren- und Motorradfabrik der Brüder Henry und Armand Dufaux in Acacias bei Genf, nach dem ersten erfolgreichen Modell »Motosacoche« genannt, hatte in den zwanziger Jahren mit ihren MAG-Einbaumotoren eine große Bedeutung auf dem Markt erlangt. Dem bisherigen Einbaumotoren-Lieferanten Nummer eins, John A. Prestwich in London-Tottenham (JAP), war vor allem auf dem Kontinent, aber auch schon in England selbst durch die Schweizer ein starker Konkurrent erwachsen. In der Hauptsache lieferte Motosacoche 350- und 500-ccm-Viertaktmotoren mit wechsel- und obengesteuerten Ventilen. Aber auch die V-Zweizylinder von 500 bis 1000 ccm erfreuten sich allgemeiner Beliebtheit. In Deutschland verwendeten unter anderem die Firmen Bücker, Ernst, Imperia, Hecker, Neander und Standard die Aggregate aus der Schweiz.

Als Triumph 1928 mit einer 350-ccm-Maschine das Programm abrundete, hatte man sich in Nürnberg für die Verwendung eines wechselgesteuerten MAG-Motors entschieden. Das Modell T3 ließ sich gut verkaufen, führte aber zu gewissen Problemen. Triumph Coventry sah es aus verständlichen Gründen nämlich nicht gerne, daß man nun in Deutschland Triumph-Motorräder mit Schweizer Einbaumotoren kaufen konnte; Triumph(D) sollte gefälligst Triumph-(GB)-Aggregate verwenden und diese aus England importieren. Die Nürnber-

ger fühlten sich jedoch ganz und gar nicht als deutsche Niederlassung der Engländer und ließen sich deshalb auch keine Vorschriften machen. Als Folge davon wurden bis zum Jahre 1929 alle bisherigen Verbindungen abgebrochen. Schwierig wurde es jetzt nur mit den Markenschutzrechten im Export; hier hatte Triumph England die Oberhand, und die Nürnberger mußten deshalb ihre Produkte im Ausland mit einem anderen Namen versehen. Zuerst nannte man die Triumph-Motorräder aus Nürnberg »Orial«, eine Marke, die vor allem in Österreich bekannt war. Als jedoch die offizielle Firmenbezeichnung in Coventry 1936 in Triumph Engineering Company (TEC) geändert wurde, verwendeten auch die Nürnberger ein Kürzel, nämlich TWN-Triumph Werke Nürnberg.

Nach dem Wegfall der seitengesteuerten 550-ccm-Maschine mit dem Einbaumotor aus England blieb die wechselgesteuerte 350-ccm-MAG-Triumph bis 1930 das hubraumstärkste Motorrad der Nürnberger Firma. 1929 hatte man für dieses Motorrad nach einigen Modifikationen die Typenbezeichnung T4 gewählt. Eine wesentliche Erweiterung und Umgestaltung erfuhr das Triumph-Modellprogramm für 1930. Die beiden Zweitakter bekamen nun das Fahrgestell der 350er, die 200-ccm-Ausführung hieß K9, die 300er K11. Der wechselgesteuerten T4 stellte man das ohv-Modell SSK 350 zur Seite, und mit einem stärkeren Chassis bot man nunmehr auch einen 500-ccm-Einzylinder (T 500) und einen 750-ccm-Zweizylinder (RR 750) an, beide mit wechselgesteuerten MAG-Motoren.

Unser Testmotorrad entstammt der 1931er Serie, denn es handelt sich um die in einigen Punkten geänderte SSK 350 Luxus. Die Fahrwerksänderungen erstreckten sich auch auf das einfachere Modell mit dem ioe-Motor, das nunmehr unter der Bezeichnung T 350 verkauft wurde. Mit der SST 500 gab es nun auch

Die 350er-Triumph aus Nürnberg erwies sich zwar als recht zuverlässig, doch als Sportmodell ließ sie die Fahrwerksqualitäten der englischen Vorbilder vermissen.

eine 500 ccm-Maschine mit hängenden Ventilen.

Die nächsten Änderungen waren erst wieder 1934 zu verzeichnen, doch dafür waren diese um so drastischer. Die Viertakter von Triumph ließen sich sehr gut verkaufen, die Nürnberger waren inzwischen einer der besten Kunden in Acacias bei Genf geworden. Dieser Umstand sowie die beginnenden Import-Restriktionen im Deutschen Reich gaben Anlaß zu einigen Überlegungen. Das Ergebnis war schließlich die Vergabe einer Lizenz von Motosacoche an Triumph, woraufhin MAG-Motoren ab 1934 in Nürnberg hergestellt wurden. Als Folge konnte Triumph eine völlig überarbeitete Modellpalette präsentieren. Die Triumph-MAG-Motoren unterschieden sich in manchen Details vom Originalprodukt. Das Hauptinteresse der Kunden galt nun der »Kongress«, einer neuen 350er mit seitengesteuerten Ventilen. Ein direkter Nachfolger zum Sportmodell SSK 350 fand sich erst 1936 in Gestalt der S 350, doch dabei handelte es sich um einen Zweitakter. Und das ist bereits eine andere Geschichte...

Die erste schwere Maschine von Ludwig Burger aus Dorfen wurde 1931 die Triumph SSK 350 Luxus. Er war im großen und ganzen sehr zufrieden mit diesem Motorrad; es erwies sich als absolut zuverlässig, was zu jener Zeit nicht gerade auf jedes Motorrad zutraf. Zudem war die Triumph mit 3,5 Liter Benzin auf 100 km auch sehr sparsam im Kraftstoffverbrauch. Doch bald entdeckte der sportlich ambitionierte junge Mann die Grenzen der deutschen Fahrwerksbauer-Kunst und bevorzugte für seine Rennaktivitäten die Dienste einer DKW-Rennmaschine.

Die Erinnerung an die Triumph wurde im Jahre 1970 wieder wachgerufen, als er von einer solchen Maschine erfuhr, die im Allgäu zum Verkauf stand. Burger hatte inzwischen Interesse an Veteranen-Motorrädern gefunden und war gerade der 350er Triumph persönlich verbunden. Was er erhielt, war ein Motorrad aus erster Hand, das von seinem Besitzer noch bis Ende der fünfziger Jahre im Straßenverkehr bewegt worden war. Mittlerweile war der Tank auf der Oberfläche angerostet, auch der Motor verlangte nach einer gründlichen Überholung. Es war jedoch kein Teil beschädigt, die Maschine erwies sich als völlig komplett und ohne irgendwelche Modernisierungsspuren. Die Arbeiten wurden mit viel Sorgfalt zum größtem Teil von Burger selbst ausgeführt. Im Sommer 1972 war es dann schließlich soweit: Nach einer erfolgreichen Probefahrt wurde die Triumph dem TÜV vorgeführt und für den Straßenverkehr zugelassen.

Die Druckfeder-Trapezgabel ist sehr hart abgestimmt.

Nach der Geschichte der TWN-Viertakter und der Vorgeschichte des Testmotorrads will ich genauer auf die SSK 350 eingehen. Die Idee der Nürnberger Triumph-Konstrukteure, in einem Baukastensystem ein Fahrgestell mit einer Auswahl verschiedener Motoren anzubieten, war an sich vernünftig und für diese Zeit auch recht fortschrittlich. Beim leistungsstärksten Modell dieser Reihe, der ohv-350er, erwies sich der Rahmen jedoch als zuwenig steif. Der verlötete Einrohrrahmen mit angeschraubtem Heckteil war unten offen. Der Motor war vorne am Brustrohr aufgehängt und wurde an der Hinterseite am sehr schräg verlaufenden Sattelrohr gehalten. Die Verbindung vom Rahmenheck, also von der Hinterradgabel, zu diesem Sattelrohr erfolgte ursprünglich nur über die Getriebebrücke. An nach unten gerichteten Streben waren auch die Fußrasten befestigt. In diesem Teil traten stets starke Verwindungen auf, weshalb man 1931 zusätzliche Unterzüge von der Mitte des Motors unter dem Getriebe hindurch zu der dahinter gelegenen Verbindungsstelle führte.

Ein weiterer wunder Punkt war die Vordergabel. Diese Rohr-Parallelogrammgabel weist eine zentrale Schraubenfeder auf, die nicht wie bei den meisten anderen Gabeln als Zugfeder wirksam wird; sie sitzt vielmehr auf einem Verbindungsstück zwischen den unteren Gelenkhebeln. Diese verlaufen auf der Innenseite der Gabelscheiden. Beim Einfedern drückt man die Gabel mit dem oberen Querjoch auf die stehende Feder, lediglich beim Ausfedern – positiver Federweg – spricht sie als Zugfeder an. Die Abfederung wird durch diese Konstruktion ziemlich hart.

Die geometrische Auslegung des Fahrwerks kann man ebenfalls nicht als ganz gelungen bezeichnen, die Gabel steht in einem relativ flachen Winkel, die Lenkung ist zum einen schwergängig und neigt auch zum Aufstellen. Eine andere Fahrwerkskomponente hingegen war überraschend gut durchdacht; nämlich das Bremssystem. Die heute von Moto Guzzi wiederentdeckte Kombibremse finden wir schon 1930/31 bei Triumph Nürnberg. Die kleinen Trommelbremsen am Vorder- und Hinterrad lassen sich, falls gewünscht, in herkömmlicher Art mit Hand- und Fußhebel bewegen, aber es geht auch anders. Der Hebelarm an der Bremsschlüsselwelle der Vorderradbremse trägt zwei Bowdenzüge, von denen einer auf den an der rechten Maschinenseite befindlichen Fußbremshebel führt, somit lassen sich also beide Bremsen gemeinsam betätigen. Der notwendige Bremsausgleich wird dabei auf sehr einfache Weise gewährleistet. Die Bowdenzüge an der vorderen Trommel sind am Hebelarm hintereinander angebracht, der weiter innen befestigte führt zur Fußbremse, und der kürzere Hebelarm gleicht die größere Fußkraft aus. Dadurch ist ein Überbremsen bei einer Vollbremsung weitgehend ausgeschlossen.

Der ohv-Motor stammt von Motosacoche aus der Schweiz.

Der Zylinderkopf ist über durchgehende Zuganker verschraubt, die Ventile hängen im Freien.

Bei dem 350-ccm-ohv-Aggregat handelt es sich um den Typ 1 C 14 H aus dem MAG-Lieferprogramm. Der stabil gebaute, zuverlässige Langhuber (72 x 85 mm) besitzt einen vollständig rollengelagerten Kurbeltrieb mit einer schwergewichtigen Welle. Der Zylinder wird zusammen mit dem Kopf durch vier lange Stehbolzen auf dem Kurbelgehäuse befestigt. Die schlanken und abgestuften Hüllrohre für die Stoßstangen sind oben am Leichtmetall-Kipphebelgehäuse verschraubt und werden unten durch einen verschraubten Bügel festgehalten. Die äußeren Arme der Kipphebel sowie die Ventile selbst stehen frei, nur die Wellenlagerung und die inneren Arme sind verkapselt und werden aus einer außenliegenden Steigleitung mit Schmieröl versorgt. Die zweifach regulierbare Pilgrim-Ölpumpe mit Schauglas sitzt außen am Kettenkasten des Magnetantriebs. Der Bosch-Zündmagnet ist mit einem Dynamo gekoppelt und versorgt die schräg und leicht nach hinten versetzt angebrachte Zündkerze auf der linken Zylinderkopfseite. Die Gemischaufbereitung übernimmt ein 24-mm-Graetzin-Vergaser, der mit einem kleinen Luftfilter versehen ist.

In dem in der Mitte horizontal geteilten Kettenkasten auf der linken Seite läuft die Primärkette zwar staubdicht, jedoch nicht zwangsgeschmiert, denn es ist an dieser Stelle kein Ölbad vorgesehen. Darum mußte sich der Fahrer beim Pflegedienst jeweils selbst kümmern. Ebenfalls nur staubdicht gekapselt ist die Mehrscheibenkupplung, die die Kraft auf das Dreigang-Hurth-Getriebe überträgt. Die Kupplung läßt sich außer mit dem Handhebel auch mit einem rechts herausragenden Hakenhebel betätigen. Am Lenker finden sich Innenzughebel für Kupplung und Bremse sowie ein Wickelgasgriff mit Außenzug. Auf dessen Wickelgehäuse wurde auch gleich der Lufthebel montiert, so daß die beiden Züge schon von hier aus parallel zum Vergaser verlaufen. Am Steuerkopf ist ein Reibscheiben-Lenkungsdämpfer mit Drehknopf angeordnet. Der Tankdeckel auf der linken Seite trägt eine Benzinuhr (»Luxus«), und auf der rechten Seite ist der Tachometer im Tank eingelassen.

Die nun betagte Triumph ist schon seit geraumer Zeit nicht mehr gelaufen, aber ein warmer Frühlingstag bot doch einen starken Anreiz, so daß der Besitzer es auf einen Versuch ankommen lassen wollte. Es wurde eine frisch aufgeladene Batterie eingebaut und nach Öffnen des Ölsperrhahnes erst ein paarmal mit dem Kickstarter durchgetreten, damit Öl an die Schmierstellen gelangte. Zündung auf »Spät«, Schwimmer geflutet, Luft zu – und los geht's. Doch mit dem Kickstarter wollte sie noch nicht anspringen, da half nur anschieben. Die Triumph ließ sich nicht lange bitten, jetzt kam sie sofort. Der Besitzer fuhr ein paar Meter zur Kontrolle und übergab mir dann die (nicht den) SSK. Aus den beiden Schalldämpfern tönte ein dumpfes Blubbern, die Maschine ist mechanisch sehr leise – ich habe am MAG-Motor eigentlich noch nie laute Geräusche vernommen. Der erste Gang eingelegt, und mit einem kleinen Schubs (zuwenig Kupplungsspiel) setzte sich das Fahrzeug in Bewegung. Überraschend leicht und absolut ruck- und geräuschfrei ließen sich die Gänge wechseln; daß zum Herunterschalten Zwischengas nötig ist, versteht sich von selbst.

Die Trommelbremsen an Vorder- und Hinterrad sind über den Fußbremshebel gekoppelt.

Beim kurzen Stopp vor der Einmündung zur Hauptstraße machen sich die feinfühligen Bremsen bemerkbar. Bei der Fahrt auf der freien Landstraße konnte ich dann bald die Meinung des Besitzers über das Triumph-Fahrwerk teilen. Es ist wirklich sehr hart und bockig, hohe Geschwindigkeiten verbieten sich nicht nur durch zunehmende Müdigkeit des 350er Motors, sondern auch durch das Fahrverhalten. Ich vermisse einfach die ruhige Kurvenlage einer Sunbeam, Norton, Scott oder Guzzi. Der Name SSK mag irreführend sein: Es handelt sich bei diesem Motorrad um ein Tourenmodell, mit dem man auf der Geraden mit höchstens 80 km/h dahintuckern – und in den Kurven etwas bedächtiger zu Werke gehen sollte. Zum gemütlichen Dahinfahren lädt auch das kultivierte MAG-Aggregat ein, das in dieser Ausführung überhaupt nicht auf Hochleistung getrimmmt ist. Ich glaube zum Beispiel, daß es sich bei den angegebenen 15 PS um die Höchstleistung handelte, die zuverlässigere Angabe scheint mir jene von 13 Pferdestärken zu sein, die sprichwörtliche Dauerleistung.

Triumph SSK 350 von 1931	
Motor	Viertakt, MAG
Zylinder	1
Bohrung/Hub	72 x 85 mm
Hubraum	343 ccm
Ventile	ohv
Schmierung	Verlustschmierung (Pilgrim-Pumpe)
Leistung	15 PS bei 4700/min
Kühlung	Fahrtwind
Vergaser	Graetzin 24 mm
Elektrische Anlage	Bosch-Zünd-Lichtmaschine
Kupplung	Mehrscheiben-Trocken
Getriebe	3-Gang Hurth
Antrieb	Kette
Rahmen	Einrohr, verlötet
Vordergabel	Parallelogramm mit Druckfeder
Reifen	26 x 3 (3,25 x 19)
Fußbremse	Trommelbremse 160 mm
Handbremse	dito
Länge	2070 mm
Breite	790 mm
Höhe	1000 mm
Sattelhöhe	740 mm
Bodenfreiheit	120 mm
Tankinhalt	12 l
Leergewicht	145 kg
Höchst-geschwind.	ca. 115 km/h
Verbrauch	ca. 4 l / 100 km
Originalpreis	RM 1435.– (1931)

Die SSK 350 sah man zu ihrer Zeit nicht gerade häufig, denn sie war mit 1435 Reichsmark ziemlich teuer, eine Zschopauerin konnte man für die Hälfte erstehen. Diese Maschinen waren allerdings damals der Triumph weit unterlegen, und so konnte man vor dem Hintergrund der einfachen Alltags-Motorräder 1931 schon von einem »Sportmodell« sprechen. Die von mir so lobend erwähnten »Berühmtheiten« kosten im übrigen noch einiges mehr, und aus diesem Grund konnte die Triumph SSK 350 Luxus ihren Platz im Motorradangebot 1931 für sich beanspruchen.

Familien-Renner

Sunbeam Lion Longstroke Modell 6 von 1931

Im Anschluß an den Test einer Sunbeam-Longstroke-Rennmaschine von 1922 wollte ich auch das Folgemodell einem Fahrtest unterziehen. Doch zuvor ein kurzer Rückblick auf Firmenhistorie und Modellentwicklung.

»Rolls-Royce of the single cylinder machines« wurde die Sunbeam ab 1921 in der englischen Fachpresse bezeichnet. Die erstklassige Fertigungsqualität und das weit über der Konkurrenz rangierende Finish der schwarzgoldenen Motorräder aus Wolverhampton mögen dieses Prädikat geprägt haben. Aber auch hinsichtlich der Produktionsmethoden gab es Parallelen zur bekannten Automobilfirma in Derby. Außer den üblichen Zulieferteilen wie Elektrik, Vergaser und Reifen wurden lediglich die Gußstücke für Motor und Getriebe in Rohform von Fremdbetrieben bezogen. Alle beweglichen Teile von Motor und Getriebe sowie Rahmen, Tanks, Schutzbleche, Räder und Bremsen wurden im eigenen Haus produziert. Der Qualitätsmaßstab bei der Fertigungskontrolle war sehr hoch angesetzt, und in der im ganzen Werk vorherrschenden kameradschaftlichen, familiären Atmosphäre achtete jeder Mitarbeiter selbst peinlichst genau auf Fertigungstoleranzen. Jeder einzelne in »Sunbeamland«, wie die Firma gemeinhin hieß, war auf den guten Ruf der Fahrzeuge bedacht. Neben der hohen Zuverlässigkeit der Sunbeam-Motoren wurde vor allem auch die von der Konkurrenz kaum je erreichte Lackqualität allseits gerühmt. Es heißt sogar, daß die

Im Grundaufbau hatte sich der 500er-sv-Motor bei Sunbeam seit 1913 nicht geändert. Umlaufschmierung und gekapselte Ventile kamen 1929 dazu.

Eingliederung der Sunbeam-Motorenfabrik 1928 in den ICI-Chemiekonzern hauptsächlich wegen der Übernahme der Emaillier-Abteilung und deren besonderen Techniken erfolgte.

Sunbeam war schon seit 1918/19 nicht mehr im Besitz der Familie Marston. Aufgrund der anfallenden Erbschaftssteuern nach dem Tode des Firmengründers John Marston hatte sich sein Sohn Charles, mittlerweile Direktor der Motorenfirma Villiers, zum Verkauf seines Aktienpaketes an die Firmengruppe Explosive Trades (Munitionsfabriken) entschlossen, die ihrerseits dann im Nobel-Konzern ICI aufging. Unter diesen Umständen schien der unmittelbar nach Kriegsende wieder neu erwachenden Sportbegeisterung bei Sunbeam keine große Zukunft beschieden, doch die Aktivitäten des Chefkonstrukteurs John Greenwood und seines engen Mitarbeiters George Dance fielen bei der Geschäftsleitung stets nur in angenehmer Weise auf, nämlich durch nie enden wollende Erfolge. Die Sportbegeisterung ging so weit, daß man vom Modell Longstroke eine Serie von Rennmaschinen auflegte und diese an die einzelnen europäischen Importeure sowie ambitionierte Privatfahrer verteilte.

The Gentleman's Motorcycle – ein Ehrentitel für die hervorragend verarbeiteten Motorräder aus Wolverhampton.

1923 mußte Sunbeam auf der Isle of Man eine bittere Niederlage hinnehmmen. Die Junior TT (350 ccm) hatte man erstmals mit den neuentwickelten ohv-Motoren bestreiten wollen, doch außer einem 22. Rang brachten die neuen Maschinen nur eine Vielzahl von Defekten. Im Senior-Rennen fielen sieben der zehn gestarteten Longstroke-Sunbeam aus: Sie waren im Gegensatz zu allen anderen Rennen des Jahres hier den Gegnern nicht mehr gewachsen. Doch trotz des ungünstigen Auftakts der ohv-Modelle gehörte ihnen die Zukunft; George Dance hatte mit seinen Eigenbau-Prototypen schon einige Erfolge erringen können, und der Rennabteilung blieb nun nichts anderes übrig, als ein umfangreiches Testprogramm auf sich zu nehmen. Zu diesem Zweck warb man von Norton den erfahrenen Rennleiter Graham Walker ab. Die Anstrengungen sollten sich bezahlt machen: Mit der 493 ccm (80 x 98 mm, ohv) Sunbeam »middleport« (das Rahmenrohr gabelte sich um das genau in der Mitte sitzende Auspuffrohr) konnten Graham Walker, Rupert Karner, Francisquet und Achille Varzi 1924 wieder an die Vorjahreserfolge anschließen.

Dies war der Anfang der langen Geschichte der Sunbeam-ohv-Rennmaschinen. Die seitengesteuerte Longstroke-Rennmaschine galt zwar als überholt, der standfeste 492-ccm-Motor wurde jedoch keineswegs aus dem Programm genommen, sondern neuen Aufgaben zugeführt.

Der Sunbeam-Katalog für die Saison 1924 zeigte eine völlig umgestaltete Modellpalette: Es wurden nicht weniger als elf Modelle angeboten. Anstelle der bisherigen Typenbezeichnungen nach Steuer-PS (3 1/2 PS oder 4 1/2 PS) hatte man nun Modellnummern eingeführt. Als Modelle 1 und 2 wurden die 347-ccm-Maschinen bezeichnet, wobei letztere keine Fußbretter und auch sonst eine etwas sportlichere Ausstattung aufwies. Modell 3 wurde die alte Standard-500er mit Kurzhubmotor genannt, im gleichen Fahrgestell gab es mit der Bezeichnung Modell 4 auch eine Variante mit 598 ccm. Die Light-Solo-500er gab es als Modell 5 in zwei Ausführungen, einmal mit dem 499-ccm-Motor in den Abmessungen 85 x 88 mm, dann als Longstroke-Version mit 492 ccm (79 x 105,5 mm). Modell 6 hieß die sportliche Straßenausführung der Longstroke und galt praktisch als

Nachfolger der seitengesteuerten Rennmaschine. Anstelle des bisherigen 8-HP-Zweizylinders wurde nun das Modell 7 als Seitenwagenmaschine angeboten, man hatte dazu den 598-ccm-Einzylinder (85 x 105,5 mm) mit einem klauengeschalteten Vierganggetriebe verbunden.

Die ohv-Maschinen waren jeweils in Standard- und Sprintausführungen erhältlich, wobei letztere nicht mit den Rennmaschinen zu verwechseln sind; sie waren eigens für die in England sehr beliebten Sprintrennen gedacht. Die Standardmodelle trugen die Bezeichnungen Modell 8 für die 350er und Modell 9 für die 500er, die Sprinter trugen dementsprechend die Nummern 10 und 11.

An dieser Stelle können wir nun den Faden der Entwicklungsgeschichte unseres Testmotorrads aufnehmen, denn dessen direktes Ausgangsmodell stellt die Maschine mit der Bezeichnung Modell 6 dar. Die erste Änderung wurde im Oktober 1924 durchgeführt, als man an den 1925er Modellen Trommelbremsen einführte und damit die Klotzbremsen an Vorder- und Hinterrad aufgab. 1926 wurden das Fahrgestell geändert und zugleich die Kurzhubausführung des seitengesteuerten Einzylinders eingestellt; Modell 5 war nun mit dem gleichen seitenwagentauglichen Rahmen wie Modell 6 versehen worden, als Unterscheidungsmerkmale blieben an der 5 nur noch ein weiter gestuftes Dreiganggetriebe und der geschlossene Kettenkasten zum Hinterrad erhalten. Ein Jahr später wurden die bisher verwendeten Wulstreifen bei allen Modellen durch Drahtreifen abgelöst, doch die Einführung des Satteltanks wurde noch verschoben, ein Umstand, der Sunbeam beim modebewußten Käufer Minuspunkte einbringen sollte. Neben AJS war Sunbeam im November auf der Ausstellung im Londoner Olympia die einzige Firma, die weiterhin auf den Stecktank setzen wollte. In der Tat blieb der Einschubtank bei Sunbeam auch am längsten erhalten; das 600er Modell 7 behielt diesen noch bis Anfang 1932. Die neue Tankform war dann endlich bei den 1929er Modellen erhältlich, doch dies war nicht die einzige Neuerung.

Rechts: Bis auf den Spiegel ist an dieser Sunbeam noch alles original erhalten und nichts restauriert.

Chrom und ein Löwe am Tank deuteten 1931 auch bei der seitengesteuerten Sunbeam den Anbruch moderner Zeiten an.

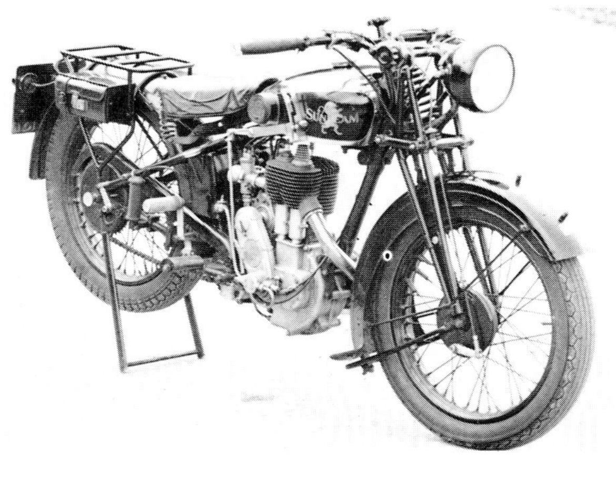

Ebenfalls neu war die Vordergabel, trotzdem warteten die Lion-Modelle mit Preissenkungen auf.

1928 hatte man erstmals das Verlust-Schmierungssystem verlassen und auch für die seitengesteuerten Motoren einen geschlossenen Druckölkreislauf konstruiert. Das Öl wurde dazu weiterhin in einem Abteil des Bezintanks mitgeführt, die mechanische Ölpumpe saß unter einer halbkugelförmigen Abdeckung außen auf dem Steuerdeckel. Das Besondere an diesem System war die luftdichte Verkapselung der Leitungen, des Schauglases und der Ölpumpe; man kann sich unschwer vorstellen, daß sich diese Konstruktion in der Praxis nicht sonderlich bewährte. Aus diesem Grund erhielten die 1929er Modelle ein herkömmliches Druckumlaufsystem. Die bisher freistehenden Ventile der sv-Motoren hatte man nun unter zwei einzelne Aludeckel verkapselt. Die Verwendung eines Satteltanks bedingte natürlich eine geänderte Rahmenkonstruktion, die sich jedoch bis auf die nunmehr geradlinige Verbindung zwischen Steuerkopf und Sattelrohr stark an das bisherige Layout anlehnte. Das Motoröl wurde in einem separaten Öltank, der zusammen mit der Batteriehalterung am Sattelrohr befestigt war, mitgeführt.

Die nun stärker verbreiteten ohv-Modelle im englischen Motorradangebot behinderten den Verkauf der Longstroke-Sunbeam in geringerem Ausmaß, als das vielleicht bei anderen seitengesteuerten Maschinen der Fall gewesen sein könnte. Die Sunbeam galt nach wie vor als beste und vor allem schnellste sv-Maschine auf dem Markt. Eine gute Standard-Longstroke lief gut und gerne 125 bis 130 km/h. Viele Kunden zogen außerdem den wesentlich laufruhigeren Seitenventiler den ewig »rasselnden« ohv-Modellen vor.

Die vielumjubelten Senior-TT-Siege von Charlie Dodson 1928 und Arthur Simcock 1929 konnten indessen nicht lange über die anstehenden Probleme in

Sunbeamland hinwegtäuschen. Die ICI-Konzernleitung war sich darüber im klaren, daß die Motorradfabrikation bei Sunbeam rationalisiert werden mußte, denn der hohe Standard ließ sich wirtschaftlich kaum mehr vertreten. Hinzu kamen die Auswirkungen der Weltwirtschaftskrise. Am 6. Juni 1930 wurde daher mit dem modifizierten Modell 6 die erste neue, sogenannte ICI-Sunbeam vorgestellt. Die Maschine trug den Namen »Lion« (Löwe), der bei ICI eine traditionelle Handelsmarke darstellte. Das Styling und die technische Spezifikation waren geändert worden, und als äußerlich auffallendstes Merkmal hatten die Maschinen neue Öl- und Kraftstofftanks, letztere waren sogar verchromt und wiesen lackierte Felder auf. Die Behälter stammten jetzt indessen nicht mehr aus der eigenen Fertigung.

Ab September wurden alle Modelle dieser Ausführung angeglichen; an die Stelle der bisherigen Druid-Vordergabel mit den seitlichen Zugfedern trat eine Webb-Gabel mit zentraler Feder. Gefertigt wurde diese Gabel weiterhin im eigenen Betrieb. Für 1931 wurde der Eigenanteil an den Einzelteilen der Maschinen weiter eingeschränkt, da man versuchen wollte, durch hinzugekaufte Teile den Preis der Maschine zu senken. Im Katalog für dieses Jahr gab es nur noch drei Modelle, die 350er-ohv-Maschine (Modell 10), die 500-ccm-ohv in der Standardausführung (9) und als Rennmaschine (90) sowie die Lion-Longstroke (ehedem Modell 6). Mit der Fahrgestellnummer B 9759 und der Motornummer J 5215 gehört die Testmaschine diesem Jahrgang an, sie wurde am 16. März 1931 durch den Importeuer J.A. Woodhouse in Köln ausgeliefert. In England konnte man zu dieser Zeit neben den neuen Modellen auch noch solche aus dem Vorjahr kaufen, sogar der Vorrat an 1929er Sunbeams war noch nicht zu Ende, gerade diese – von manchem Liebhaber als die letzten traditionellen Sunbeams angesehenen – Maschinen verkauften sich am besten.

Die nächsten großen Änderungen an der Lion Longstroke standen 1932 ins Haus. Es wurde ein Vierganggetriebe eingeführt. Der Zylinderkopf war nun abnehmbar gestaltet, und der Benzintank war wieder durchgehend schwarz lackiert und mit einem Instrumentenbrett (serienmäßig war nur eine Öldruckanzeige vorhanden, Tacho gab es auf Wunsch) versehen worden. Die 500er Longstroke hieß nun Modell 6A. 1934 wurde die Bezeichnung in 6B geändert, der abnehmbare Zylinderkopf war nun aus Leichtmetall gegossen. Zwei Jahre später hieß die Lion Longstroke Modell 19 und wies nun ein (billiger eingekauftes) Vierganggetriebe von Burman auf; die eigene Getriebeherstellung war somit aufgegeben worden. 1937 wurden die außenliegenden Schmierleitungen unter einem neugestalteten rechten Gehäusedeckel verlegt und die Modellbezeichnung auf 29 abgeändert.

Die Auspuffanlage auf der linken Fahrzeugseite sorgte bei den Touren-Sunbeam für ein etwas ungewöhnliches Aussehen.

Im September desselben Jahres wurde Sunbeam von Associated Motor Cycles (AMC, der AJS und Matchless umfassenden Firmenverbund der Gebrüder Collier) übernommen. Die gesamten Produktionseinrichtungen für Motorräder und auch Fahrräder transferierte man in die Londoner Plumstead Road. Die beiden Longstroke-Seitenventiler (492 ccm und 598 ccm) waren im Anschluß daran zwar weiterhin als Modelle B 29 bzw. B 30 im Programm zu finden, die Produktion endete jedoch 1937. Die bis Kriegsausbruch neu in den Handel gekommenen Motorräder wurden aus vorhandenen Komponenten der beendeten Produktion auf Bestellung montiert und mit aktuellen Codenummern an Fahrgestell und Motor versehen. Dieses Ende der Sunbeam Longstroke erinnert ein klein wenig an das englische Sprichwort: »Old soldiers never die, they just fade away«.

Für diesen Test brauchte ich mich nicht außer Haus zu begeben, um einen Motorradsammler aufzusuchen und die Suche nach kleinen, abseits gelegenen Wegen zu beginnen. Die Sunbeam kam zu mir.

Nach einem fast fünfzig Jahre dauernden Dornröschenschlaf (mit einer einzigen Unterbrechung) wurde dieses Motorrad nämlich im Oktober 1980 zum Straßenverkehr zugelassen und wird seitdem fast täglich bewegt, vorzugsweise natürlich bei trockener Witterung, aber wasserscheu sind Roß und Reiter keineswegs. Die Geschichte dieser Longstroke aus München klingt so unglaubhaft, daß sie bis ins Detail geschildert werden sollte.

Der Erstbesitzer der Sunbeam war ein gewisser Max Hirsch aus der Münchner Heimeranstraße. Er hatte die Maschine im März 1931 bei der Firma Heydenaber und Bussinger, ebenfalls München, gekauft. Leider gibt es keine Anhaltspunkte über den damaligen Preis; billig waren die Sunbeams jedenfalls noch nie. Bereits fünf Monate später, im August 1931, wurde die Maschine abgemeldet. Um die Gründe gibt es einige Gerüchte, die aber hier nichts zur Sache tun. Jedenfalls wurde die Sunbeam gut eingemottet und im Keller verwahrt. Erst im August 1945 wurde das Fahrzeug wieder angemeldet, aber auch diesmal nur für kurze Zeit, denn im September verstarb der Besitzer. Erneut wanderte die Sunbeam in den Keller, die Familie wußte anscheinend genau, wie man ein Motorrad richtig konserviert, denn als die Maschine 35 Jahre später wieder ans Tageslicht kam, war die Zeit in der Tat spurlos an ihr vorübergegangen. Vermutlich war das Motorrad während dieser Zeit so gut versteckt gewesen, daß man es fast vergessen hatte. Da es sich um ein Familienerbstück handelte, war es für den heutigen Besitzer nicht leicht, an die Sunbeam heranzukommen. Er hatte im Frühjahr 1980 von der Entdeckung dieser fast nagelneuen Sunbeam aus dem Jahre 1931 gehört, aber erst nachdem er der Familie versichern konnte, daß das Motorad bei ihm in guten Händen sein würde, verkaufte man es ihm.

Die Sunbeam hatte keinen Kilometerzähler, aber aufgrund des außerordentlich guten Erhaltungszustands dürfte sie wohl kaum mehr als 5000 km abgespult haben. Sogar der Sunbeam-Schriftzug auf den Fußrastengummis war kaum abgewetzt. Im Scheinwerferglas war noch der Lucas-Löwe zu sehen, die Luftpumpe klemmte am rechten hinteren Rahmenrohr, das Bordwerkzeug war säuberlich in einer Rolltasche im Werkzeugkästchen am Gepäckträger untergebracht, und in einem zweiten Kästchen fand sich sogar das nötige Spezialwerkzeug zur völligen Demontage der Maschine, also Abzieher und besondere Schraubenschlüssel. Laufen wollte das Motorrad indessen vorerst nicht. Doch die Ursache war bald entdeckt. Die Ankerwicklung des Zündmagneten war weich geworden, der isolierende Schelllack hatte zu zerfließen begonnen. So mußte der Anker neu gewickelt werden, um einen kräftigen Zündfunken produzieren zu können. Sicherheitshalber wurden schließlich auch die Reifen, die ja nun schon ein halbes Jahrhundert alt waren, ausgewechselt.

Nun stand einer ordnungsgemäßen Zulassung für den Straßenverkehr nichts mehr im Wege. Die Originalpapiere waren vorhanden, so daß ein lückenloser Besitznachweis geführt werden konnte. Mit dem neuen Blanko-Kfz-Brief ging es dann zum TÜV, wobei man vorher noch einen Spiegel und einen behelfsmäßigen Tacho montiert hatte. Nach Abschluß des Papierkriegs durfte die Sunbeam Lion Longstroke im Herbst 1980 sozusagen ihren zweiten Frühling erleben.

Nach einer kurzen Eingewöhnungszeit wurde sie bis zum Ende der schönen Tage im November fast täglich bewegt, um dann nach der Winterpause im Frühjahr 1981 zu ersten größeren Touren eingesetzt zu werden. Inzwischen hatte auch die Freundin des heutigen Besitzers Gefallen an dem eleganten Fahrzeug gefunden, und nach einigen Ausflügen in die Berge beherrschte sie die Longstroke meisterlich. Kurz vor Antritt einer ausgedehnten Motorradreise durch ganz Österreich wurde schließlich ihrem Drängen nachgegeben, und die Lion Longstroke stand nun unter weiblicher Obhut. Das ging sogar so weit, daß sie ihre Honda verkaufte, um fortan nur noch die Sunbeam zu benützen. Auf diese Weise kamen im ersten Jahr schon mehr als 9000 km zusammen, und »The Gentleman's Motorcycle« wurde zum Familien-Renner, denn sie ist immer einsatzbereit und wird oft als regelrechtes Alltagsmotorrad benützt.

Helga Petruschke ließ den 'Langhub-Löwen' beim Semmering-Bergrennen ganz schön brüllen, quasi in Erinnerung an frühere Sunbeam-Einsätze auf dieser Strecke.

Nach den begeisternden Schilderungen der beiden Eigentümer war ich gespannt auf eine Probefahrt mit dem »Langhub-Löwen«. Wir waren uns ja schon öfters auf Ausflügen begegnet, und ich bewunderte an diesem Vehikel immer wieder die offensichtliche Leichtigkeit der Fortbewegung. Sie lief stets flott dahin, und der Auspuff blubberte nur leicht, wie etwa bei einem amerikanischen V-Twin. Da ich die Sunbeam auf meinem Heimatterritorium bewegen konnte, suchte ich mir natürlich eine möglichst vielgestaltige Testroute aus.

Der Start ging recht einfach vonstatten. Vergaser fluten, Zündverstellung in Mittelposition und ein kräftiger Tritt auf den Kickstarter. Letzterer ist sehr günstig übersetzt, denn ich brauchte den Ventilausheber nicht zur Unterstützung heranzuziehen. Mit dem langen Schalthebel und dessen geradliniger Verbindung zum Schaltarm am Getriebe ließ sich der erste Gang mit etwas »Anlehnen« sehr gefühlvoll und damit geräuschlos einlegen. Beim Einrücken der Kupplung bot sich die erste große Überraschung: So weich war mir der Anfahrvorgang bisher nur von riemengetriebenen Maschinen her bekannt. Der Sprung zum zweiten Gang ist relativ kurz. Der Schalthebel muß dazu in der exakt ausgeschnittenen Kulisse in die nächste Kerbe nach unten geführt werden. Obwohl ich mich auf einer ausgefahrenen Asphaltstraße bewegte, fiel mir zuerst eigentlich gar nicht auf, daß ich auf einer fünfzig Jahre alten Maschine saß. Das Auspuffgeräusch war ein gesundes Knattern, und vom Motor selbst hörte man kaum etwas, der weiche Sattel ließ eine Hinterradfederung nicht vermissen, und die Vordergabel fing Fahrbahnstöße ungewöhnlich gut ab. Die Sunbeam weist ein erstklassiges Fahrwerk nach den englischen Regeln der Kunst auf; die Briten waren zu jener Zeit den Kontinental-Europäern bekanntlich weit voraus. Hinzu kommt bei der Test-Sunbeam der Umstand, daß es sich praktisch um ein neuwertiges Fahrzeug handelte, bei dem keine Buchsen ausgeschlagen oder die Reibplatten des Stoßdämpfers an der Gabel verschlissen waren.

Mit der Empfehlung der Besitzer fuhr ich auf einen übersichtlichen Nebenweg, um die Lion Longstroke einmal richtig herzunehmen. Normalerweise soll man ja einen Oldtimer eher schonend behandeln, aber mit freundlicher und sogar ermunternder Einwilligung durfte ich diesmal versuchen, das Motorrad auszufahren. Der dritte Gang ist recht lang abgestuft, und so braucht selbst dieses langhubige Aggregat einige Zeit, um wieder auf Drehzahl zu kommen.

Dann war die zweite Überraschung fällig, denn nach Erreichen eines bestimmten Punktes legte der vermeintliche »lahme« Seitenventiler plötzlich mächtig los. Selbstverständlich traten hierbei nun recht harte Vibrationen auf, weshalb ich auch bald das Gas wieder zurücknahm, aber der Motor schien keineswegs gequält oder überfordert, wie wohl jeder andere sv-Einzylinder bei solcher »Schinderei«. Von der Charakteristik her ist also der der Lion Longstroke noch immer derselbe Motor wie in der Rennmaschine von 1921/22, nur das Getriebe scheint ihn für die Verwendung in einem Tourenmotorrad etwas gezügelt zu haben.

Ich konnte nun sehr gut verstehen, warum die Sunbeam von ihren heutigen Besitzern so gerne und viel gefahren wird. An diesem Motorrad geht fast alles so butterweich wie an vielen modernen Maschinen, und als entscheidenden Vorteil gegenüber jenen besitzt die Sunbeam Lion Longstroke ihren eigenen, besonderen Charakter. Selbstverständlich erfordert die Maschine eine andere Fahrweise im heutigen Verkehr, allein die Bremsen zwingen zu vorausschauendem Denken und Handeln... Und schnelle Kurven verträgt die Vordergabel auch nur zum Teil, denn sie ist den auftretenden hohen Seitenkräften nicht gewachsen und fängt leicht zu flattern an. Ansonsten hat die Sunbeam bisher ihren Ruf als eines der zuverlässigsten Motorräder der damaligen Zeit voll unterstreichen können. Die zwei benötigten Auslaßventilführungen zeigten einen einzigen Schwachpunkt der Konstruktion auf, denn sie haben einen viel zu dünnen Schaft. Dies ließ sich aber auch erst durch die manchmal abverlangte hohe Leistung feststellen und ist nun durch eine Einlaßführung aus dem Audi 100 behoben. Angespornt durch die Erlebnisberichte der Sunbeam-Familie, wollte ich im nächsten Jahr einen Veteranen einmal »ganz normal« behandeln, nämlich als Verkehrsmittel...

Der Eindruck täuscht nicht, dieses 500 ccm-Motorrad wiegt nur 125 kg.

Unten: der Sunbeam-Langhubmotor.

Sunbeam Lion Longstroke Modell 6 von 1931	
Motor	Viertakt
Zylinder	1
Bohrung/Hub	77 x 105,5 mm
Hubraum	492 ccm
Ventile	sv
Schmierung	Druckumlauf
Leistung	12 PS bei 4000/min
Kühlung	Fahrtwind
Vergaser	Amal 76/011 25,4 mm
Elektrische Anlage	Lucas Magdyno
Kupplung	Mehrscheiben (Korklamellen) im Ölbad
Getriebe	3-Gang Sunbeam Typ BT
Antrieb	Kette
Rahmen	Einrohr, unten offen
Radaufhängungen	Sunbeam-Parallelogramm (Webb-Lizenz) vorn
Reifen	3,25 x 19 v, 3,50 x 19 h
Fußbremse	Halbnaben, Trommelbremse 160 mm
Handbremse	dito
Länge	2040 mm
Breite	800 mm
Höhe	980 mm
Sattelhöhe	720 mm
Bodenfreiheit	110 mm
Tankinhalt	10 l, Öltank 2,5 l
Leergewicht	125 kg
Höchstgeschwind.	ca. 115 km/h
Verbrauch	ca. 3,5–4 l / 100 km
Originalpreis	74 £ (1931)

Der zweite Anlauf

BMW R 2 von 1932

Wie nachträglich hingebaut sehen Lichtmaschine, Horn, Batterie und Werkzeugkasten an der BMW R 2 aus. Der geschlossene Zylinderkopf läßt ein Modell der zweiten Serie von 1932/33 erkennen.

Die Zweizylinder-Boxer von BMW nehmen seit ihrem Debüt im Jahre 1923 einen eigenen Platz im internationalen Motorradangebot ein, nur selten trafen sie auf direkte Konkurrenten. Mit ihren Einzylindern begaben sich die Bayerischen Motoren-Werke jedoch auf das hart umkämpfte Terrain der Gebrauchsfahrzeuge.

Genau ein Jahr nach dem Produktionsbeginn des ersten BMW-Motorrads, der R 32, warteten die Münchner auf der Berliner Automobilausstellung im Dezember 1924 mit einer weiteren großen Überraschung auf. Neben der bereits im Sporteinsatz gesehenen ohv-Maschine R 37 präsentierte man auch einen völlig neu entworfenen Einzylindermotor im verkürzten Doppelrohrfahrgestell. Das 250 ccm-Modell wies ebenfalls eine längslaufende Kurbelwelle, das direkt angeflanschte Getriebe und Kardanantrieb auf. Von der R 37 stammte der erste öldicht verkapselte Alu-Zylinderkopf, doch dieser saß auf einem Aluminium-Zylinder mit eingeschrumpfter Stahl-Laufbuchse, wobei die Zylinderrippen zusammen mit dem Kurbelge-

Preßstahlrahmen, Blattfedergabel und Kugelschaltung waren Anfang der dreißiger Jahre an allen BMW-Modellen zu finden.

häuse in einem Teil gegossen waren. Die angegebenen 6,5 PS bei 4000/min schienen untertrieben, denn das Motorrad lief 100 km/h. Aber diese R 39 stellte nicht die erhoffte »billigere« BMW dar, denn sie kostete 2150 Goldmark, lediglich 50 Mark weniger als die R 32, aber immerhin als erstes deutsches Motorrad mit serienmäßiger Lichtanlage. Die sportlichste Viertellitermaschine ihrer Zeit (Sepp Stelzer gewann 1925 die Deutsche Meisterschaft) war damit teurer als alle einheimischen 500er. Zusätzlich plagten sie die vorschnelle Abnützung der Zylinderlaufbahn und die großen Temperaturunterschiede zwischen dem freistehenden Oberteil und der eingeschrumpfen Partie der Laufbuchse. Nach 855 Exemplaren wurde die Produktion Ende 1926 vorzeitig eingestellt.

Auch ohne Einstiegsmodell konnte BMW die Verkaufszahlen von Jahr zu Jahr deutlich steigern, was jedoch den Blick auf künftige Entwicklungen im Motorradgeschäft keineswegs vernebelte. Seit April 1928 gab es im Deutschen Reich neue Zulassungsbestimmungen, denen zufolge nunmehr Motorräder (und Lasten-Dreiräder) bis zu einem Hubraum von 200 ccm führerschein- und steuerfrei waren. Bei DKW im sächsischen Zschopau hatte man frühzeitig von der bevorstehenden Gesetzesänderung Wind bekommen und konnte deshalb als einziger deutscher Hersteller zum Stichtag bereits liefern. Die 200er-Klasse vermochte die Industrie enorm anzukurbeln, 1929 belief sich die deutsche Motorradproduktion auf 195 086 Einheiten. Der Anteil von DKW – mittlerweile größter Motorradhersteller der Welt! – betrug mit 60 000 Maschinen fast ein Drittel, BMW kam auf 5680 Exemplare der 500- und 750 ccm-Boxer. Es warf indessen die mit dem New Yorker Börsensturz vom 24. Oktober 1929 ausgelöste Wirtschaftskrise dunkle Schatten über die Erfolgsbilanzen. Die Arbeitslosenzahlen stiegen, das Geld wurde knapper, und die Umsätze gingen in allen Wirtschaftszweigen drastisch zurück.

Dr. Ing. Franz Brenner, seit dem Weggang von Rudolf Schleicher im April 1927 mit der BMW-Motorradentwicklung betraut, arbeitete zu dieser Zeit an einer neuen Einzylinder-BMW. Neben Standard war man mittlerweile der einzige wichtige Motorradhersteller ohne ein 200er-Modell. An eine »Billig-BMW« war natürlich auch diesmal nicht zu denken, aber zugleich sollte sich das neue Modell auch nicht zu weit vom Durchschnitt der Klasse abheben, wollte man auf wirtschaftliche Stückzahlen kommen.

In den grundlegenden Konstruktionsmerkmalen hielt man sich wiederum an die großen Boxer-Modelle: Doppelschleifenrahmen mit Blattfedergabel, längs eingebaute Kurbelwelle, direkt angeflanschtes Getriebe und Kardanantrieb. Selbstverständlich kam hier nicht das Fahrwerk der 750er-BMW zum Einsatz, vielmehr eine etwas verkleinerte und leichtere Abwandlung der neuen Preßstahl-U-Profil-Bauart. Das Hinterachsgetriebe (Gehäuse für Kegel- und Tellerrad) ordnete man innerhalb der Rahmenschleife an und löste die Außenbackenbremse auf der Kardanwelle durch eine konventionelle Bremstrommel hinter dem Hinterradantrieb ab. Beim Konzept des 198 ccm-Viertakt-Einzylinders hatte man bewußt auf teure technische Novitäten verzichtet. Es handelte sich um ein zeitgemäßes ohv-Aggregat mit teilverkapselter Ventilsteuerung; die Ventile samt Ventilfedern und Betätigungshebeln bewegten sich ungeschützt auf dem tief verrippten Aluminium-Zylinderkopf, die Kipphebelachsen und die Gegenhebel waren in einem separaten Gehäuse untergebracht. Sie wurden dort von dem durch die Stoßstangen-Schutzrohre nach oben gelangten Ölnebel aus der Kurbelgehäuseentlüftung geschmiert. Das dritte Rohr in der Mitte diente zum Rücklauf in die Ölwanne. Wie bei den Zweizylindern war auch hier wieder der Hubzapfen in die beiden Kurbelwangen eingepreßt, das ungeteilte Pleuel saß jedoch auf einem Nadellager (35 Stahlrollen mit 3 mm Durchmesser). Die Kurbelwelle lief hinten in einem großdimensionierten Kugellager, vorne indessen in einem Gleitlager. Den Antrieb der Nockenwelle und der links unten am Gehäuse mit einem Spannband befestigten Lichtmaschine übernahm eine Rollenkette. Erstmals wurde an einer BMW eine Batterie-Spulenzündung verwendet, der zugehörige Zündunterbrecher saß außen auf dem Stirndeckel und wurde vom Nockenwellenantriebsrad betätigt. Eine einfachwirkende Zahnradölpumpe unten am Kurbelgehäuseboden wurde von einem Schneckenrad über eine Welle von der Nockenwelle aus angetrieben . Sie lieferte ihr Drucköl zuerst an das Kurbelwellengleitlager und von dort aus zum Pleuellager, ebenfalls mit Drucköl wurde die gleitgelagerte Nockenwelle vesorgt.

So winzig ist die R 2 auch wieder nicht, der Fahrer ist schlichtweg zu groß...

Nach dem Abschluß des Entwicklungs- und Erprobungsprogramms – unter anderem ab März 1930 mit 10 Vorserienmaschinen – wurde die BMW R 2 im Dezember erstmals in der *ADAC-Motorwelt* ausführlich vorgestellt. Die

Die R 2 war die erste BMW mit Hinterrad-Trommelbremse. Der Beifahrer hatte seine eigenen Fußbretter.

Auslieferung der 200er-BMW begann schließlich im Frühjahr 1931. Das Motorrad hätte nicht zu einem besseren Zeitpunkt auf den Markt kommen können, offensichtlich hatten sich viele 200er-Käufer vorgenommen: wenn schon ein Spar-Modell, dann aber immerhin eine BMW. Mit den Boxer-Modellen teilte BMW das Schicksal der gesamten Branche, man mußte drastische Rückgänge in den Verkaufszahlen verkraften, statt an die 6 000 Exemplare (die Preßstahl-Modelle waren neu und hielten den Abwärtstrend noch ein Jahr zurück) im Jahre 1930, produzierte man nun nur noch 2 521 Zweizylinder. Die R 2 sorgte da jedoch mit 4 160 Stück für einen sehr überraschenden Ausgleich.

Um den Erfolg auch weiterhin nicht zu gefährden, blieb die R 2 Gegenstand häufiger Modellpflegemaßnahmen. Diese Weiterentwicklung im Detail übernahm der wieder von Horch zurückgekehrte Entwicklungschef Rudolf Schleicher. So wurde 1932 als erstes der Zylinderkopf geändert und vollständig gekapselt. Im Jahr darauf wurde folgerichtig die Kipphebellagerung in das Druckschmierungssystem mit einbezogen. 1934 wich die bisherige Pleuellagerung einem käfiggeführten Rollenlager, das Zündkerzengewinde im Zylinderkopf wurde von 18 auf 14 mm verkleinert, eine andere Nockenwelle und der neue Fischer-Amal-Vergaser ermöglichten eine Leistungssteigerung von 6 PS bei 3500/min auf 8 PS bei 4500/min. Neben weiteren kleineren Modifikationen fielen noch die Lichtmaschinen-Abdeckung und der Reibungsstoßdämpfer an der Vordergabel auf. Mit einem neuen flacheren Benzintank und dem neuen Bosch-Scheinwerfer, bei dem der Lichtschalter nun oben saß, gab es 1935 die Serie IV der BMW R 2. Für die 5. Serie kamen ein neuer Kolben, eine geänderte Ölsteigleitung zum Zylinderkopf und ein neues Hinterradgetriebe hinzu. Letzteres wies ein geändertes Kegelradmodul und eine andere Übersetzung auf.

Nach 15 207 produzierten BWM R 2 erfolgte 1937 die Ablösung durch die modernere R 20 mit einem neuen Motor im Rohrrahmen. Seit 1932 gab es auch ein hubraumstärkeres Parallelmodell zur R 2, die R 4 besaß ein sehr ähnliches 398 ccm-Aggregat im gleichen Fahrgestell (mit verstärkter Vordergabel). Das preislich interessante Motorrad (1150 Reichsmark) galt als das Standard-Behördenkrad im Deutschen Reich.

Dieses Deutsche Reich befand sich am Beginn eines gewaltigen Umbruchs, als der Müller aus Berg am 7. März 1933 seine neue BMW R 2 bei der Firma Fichtl in Starnberg übernahm.

Die Motorradindustrie erlebte 1933 ihr schwärzestes Jahr, nur noch 36 272 Maschinen wurden gefertigt. Am geringsten war der Rückgang bei BMW, wo man auf immerhin 4 734 Einheiten kam, DKW produzierte nur ein Sechstel gegenüber 1929, und lediglich NSU (6 751) sowie Zündapp mit 7 304 Motorrädern lagen vor BMW. Die meisten kleinen Fabriken standen vor dem Ruin, nicht eimal in der 200 ccm-Klasse waren noch aussichtsreiche Umsätze zu erwarten, das Angebot umfaßte mehr als 50 verschiedene Modelle. Die BMW R 2 kostete zwar mit 975 Reichsmark exakt das Dreifache gegenüber dem DKW-»Volksrad« ES 200, aber dieses Primitiv-Motorrad ohne Getriebe und Kickstarter war auch kein direkter Konkurrent der BMW. Die vergleichbare DKW, das Modell »Block 200«, ebenfalls mit 6 PS und kompletter elektrischer Ausrüstung, kostete immerhin schon 850 Mark. Die BMW zählte zur zweiten Generation der deutschen 200 ccm-Motorräder und ihr sofortiger Erfolg veranlaßte die Konkurrenz, mit moderneren Modellen nachzuziehen. Triumph und Zündapp brachten sogar eigene Kardan-Modelle auf den Markt, beide jedoch mit Zweitaktmotoren, die Zündapp aber ebenfalls mit einem Preßstahlfahrwerk. Nach der Preissenkung vom August 1933 lag die BMW R 2 mit 850 Mark sogar 35 Mark unter dieser K 200.

Aber nachdem auch die einfacheren Gebrauchsmaschinen vom Schlage einer DKW SB 200 oder Zündapp Derby 200 in Technik (sie leisteten jetzt 7 PS) und Ausstattung einen Sprung nach vorne gemacht hatten, wäre BMW wieder in Zugzwang gekommen. Die wirtschaftliche Gesundung Deutschlands (um welchen Preis diese erfolgte, ahnten die Wenigsten) kurbelte jedoch die Nachfrage bei den größeren Modellen schnell wieder an, so daß man mit den steten Verkäufen der R 2 zufrieden war. Die Weiterentwicklung der Boxer war wichtiger, denn die warfen bessere Gewinne ab, außerdem wollte BMW angesichts der immer stärker in Fahrt kommenden Produktion von Automobilen und Flugmotoren nicht unbedingt zum Massenhersteller auf dem Motorradsektor werden.

Ein Hauch des Exklusiven dürfte die R 2 auch 1933 umgeben haben, als unser Müller sie voller Stolz nachhause fuhr. Zusätzlich zum Listenpreis von 920 Reichsmark hatte er noch 13,50 Mark für den Tachometer, 16,65 Mark für den Soziussattel, 10,80 Mark für die zugehörigen Alu-Fußrasten sowie 2,50 Mark für die Typenbescheinigung zu bezahlen. Für seine 963,35 Reichsmark bekam er aber auch ein attraktives Gefährt mit aufwendigen doppelten Zierlinien, königsblauer Tankoberseite und den inzwischen ja schon weltberühmten weißblauen Markenzeichen am Rahmenvorderteil.

Die R 2 wirkt auf Fotos groß und schwer wie alle anderen Preßstahl-Modelle von BMW, dieser Eindruck schwindet jedoch, wenn man vor dem Motorrad steht. Zündschlüssel (»Nagel«) in den Hauptschalter am Bosch-Scheinwerfer gesteckt, Benzinhahn auf, Schwimmerkammer fluten... Halt, es gibt keinen Tupfer, am SUM-Registervergaser mit seinen drei Düsen und drei Mischkammern, die nacheinander vom Regulierschieber freigegeben werden, ist er auch nicht nötig, ebensowenig ein Lufthebel. Mit ein, zwei Tritten auf den Quer-Kickstarter an der rechten Maschinenseite nimmt der kleinste BMW-Serienmotor seine Arbeit auf. Beim Platznehmen auf dem breiten Gummisattel stellt man fest, wie klein das ganze Motorrad ist, die Stiefel der Größe 45 finden gerade noch Platz auf den Fußbrettern und die Knie des 1,85 m-Fahrers kommen schon fast mit den Lenkerenden in Kontakt. Geräuschfreies Einlegen der Gänge ist natürlich bei einer BMW nicht möglich, zumindest nicht beim ersten Kennenlernen der Maschine, aber da die Kugelschaltung (vom Automobilbau übernommen, wie am Schaltstock zu erkennen) ohne äußere Schaltkulisse ein Erfühlen der Gänge nötig macht, dauert der Lernprozeß nicht lange. Bereits beim Anfahren im ersten Gang staunt man über das gute Drehmoment des kleinen Viertaktmotors, der charakteristische Drehgasgriff mit Winkeltrieb muß nicht »aufgerissen« werden. Zunächst aufgrund der »Zwangshaltung« des Fahrers noch eher wackelig unterwegs, überrascht doch bald eine sehr gute Straßenlage. Nach ihrem Verschwinden wurde den Preßstahlfahrwerken zumeist ein gewöhnungsbedürftiges Fahrverhalten angedichtet, was man jedoch bei dieser R 2 überhaupt nicht bestätigen kann. Die Blattfedergabel reagiert sehr gut auf die Unebenheiten der alten Landstraße, wobei das Eigendämpfungsverhalten des Blattfederpakets natürlich seinen Beitrag leistet. Mit ihrem geringen Leergewicht von 110 kg (Zündapp Derby und DKW SB 200 waren keineswegs leichter) erweist sich die BMW als enorm handlich. Die Tatsache, daß die Motor-Getriebe-Einheit gar nicht mittig im Rahmen sitzt, sondern wegen des geradlinig verlaufenden Antriebsstrangs nach rechts versetzt wurde, fällt dabei nicht auf. Die Lichtmaschine, Batterie, Horn und Werkzeugkasten auf der linken Seite dürften wohl kaum das vollständige Gleichgewicht bringen. Wendemanöver auf engstem Raum oder in der Wiese lassen sich auch bei vollem Lenkeinschlag ohne »Fußeln« bewerkstelligen, denn die R 2 ist problemlos in der Balance zu halten. Immerhin zählte ja die große Schwester R 4 unter Schorsch Meier und Co. zu den erfolgreichsten deutschen Geländemaschinen.

Im dritten Gang, der bei der R 2 direkt übersetzt ist und somit einen geradlinigen Kraftfluß von der Kurbelwelle zum Tellerrad am Hinterrad ermöglicht, fühlt sich die Maschine sehr ruhig und kraftvoll an. Allerdings ändert sich dieser Eindruck bei der nächsten Steigung, wenn man nämlich zu spät zurückschaltet, kann man auch im zweiten Gang nicht mehr allzu viel Drehmoment aufbauen und kriecht nurmehr dahin. Ebenso unerfreulich enden »Schnellfahrversuche«, denn der kleine Motor mag keine Drehzahlen, schon bei etwa 60 km/h wandelt sich das freie Geknatter aus dem Fischschwanz-Endrohr (ein kleiner Schalldämpfer befindet sich unter dem linken Fußbrett) in einen gepreßten rauhen Ton. Zumindest bei der 6 PS-Ausführung scheinen die angegebenen 95 Stundenkilometer als etwas hochgegriffen, die Serie V von 1936 mit 8 PS und längerer Endübersetzung dürfte da keine Probleme mehr gehabt haben. Dies kann jedoch kein ernster Kritikpunkt sein, denn der Erstbesitzer war in den dreißiger Jahren auf den ausgewaschenen Schotterwegen bestimmt auch mit 60 gut zufrieden. Und der Zweitbesitzer, der die R 2 1979 nach Starnberg zurückholte, ist nach der kompletten Restaurierung auch nicht schneller unterwegs. Insbesondere 1980 auf der Isle of Man hätte er dazu auch keine Gelegenheit gehabt, denn die kleine BMW entwickelte sich damals zum meistbestaunten Motorrad unter den Veteranenfreunden. Selbst beim Treffen des englischen BMW-Clubs kannte kaum einer der Anwesenden das »unbekannte« BMW-Modell. Gar nicht unbekannt ist die R 2 in der Starnberger Gegend, außer seiner zweiten Maschine für die Ehefrau kann der Besitzer noch mindestens fünf weitere R 2-Eigner im Umkreis aufzählen. Ansonsten ist die kleinste BMW aber eher selten anzutreffen, wie übrigens auch alle anderen Vertreter der 200 ccm-Klasse. Hoffentlich sind sie aber nicht alle verschwunden, denn ein Vergleichstest wäre gerade in der populärsten deutschen Motorradkategorie auch heute noch von besonderem Reiz...

BMW R2 von 1931	
Motor	Viertakt
Zylinder	1
Bohrung/Hub	63 x 64 mm
Hubraum	198 ccm
Ventile	ohv
Schmierung	Druckumlauf-schmierung
Leistung	6 PS bei 3500 / min
Kühlung	Fahrtwind
Vergaser	Sum 19 mm
Elektrische Anlage	Bosch-Zündlichtmaschine
Kupplung	Einscheiben, trocken
Getriebe	Dreigang, Handschaltung
Antrieb	Kardanwelle
Rahmen	Preßstahl-Schleifenrahmen
Radaufhängungen	Blattfederschwinge vorn, starr hinten
Reifen	25 x 3
Fußbremse	Trommelbremse 180 mm
Handbremse	dito
Länge	1950 mm
Breite	850 mm
Höhe	950 mm
Sattelhöhe	670 mm
Tankinhalt	11 l
Leergewicht	110 kg
Höchstgeschwind.	ca. 80 km/h
Verbrauch	ca. 3 l / 100 km
Originalpreis	975 Reichsmark (1931)

Bei MAG hielten sich die wechselgesteuerten Motoren am längsten im Programm.

Aus gutem Stall

Standard CT 500 von 1932

Die Standard aus Ludwigsburg wurde 1932 tatsächlich so farbenfroh ausgeliefert.

Die meist feuerwehrrot lackierten Motorräder aus Wilhelm Gutbrods Fabrikation machten ihrem Namen alle Ehre: Teure Bestandteile und gediegene Verarbeitung setzten den »Standard« für die Konkurrenz recht hoch. Das galt für die beliebten Sportmaschinen genauso wie für das einfachere Tourenmodell.

Als sich Wilhelm Gutbrod als gestandener Ingenieur im Alter von 36 Jahren selbständig machte, war der ganz große Motorradboom bereits wieder abgeflaut. Ebenso schnell wie zahllose kleine Unternehmen ihre Modelle auf den Markt brachten, verschwanden auch die meisten von ihnen nach kurzer Zeit wieder von der Bildfläche.

Halten konnte sich auf die Dauer nur ein durchdachtes Angebot mit vernünftigem technischen Konzept. Gutbrod zog 1926 in die umgebauten Pferdestallungen der Ludwigsburger Kaserne an der Hindenburgstraße ein, ihm hatten es die rassigen englischen Sporträder angetan. Er wollte ebenso wie Ernst Wewer in Wuppertal-Langenfeld (Tornax) oder Fritz Kleemann in Bad Homburg (Horex) solche Maschinen bauen. Gutbrods Vorbild war zweifellos Howard Raymond Davies, der zwei Jahre zuvor in England mit seinen HRD-Motorrädern für Aufsehen gesorgt hatte. Die elegante Linienführung mit den noch kaum noch gesehenen Satteltanks überzeugte ebenso wie die Wettbewerbstauglichkeit der Sportmodelle.

Die englischen JAP-Motoren und Burman-Getriebe waren in Deutschland bei verschiedenen Importeuren und Großhändlern erhältlich, die Tiger-Vordergabeln lieferten die Köln-Lindenthaler Metallwerke, und auch alle weiteren Zurüstteile gab es in großer Auswahl auf dem Markt. Lediglich Rahmen und Blechteile mußte man in Eigenregie herstellen.

Unter dem Markennamen »Standard« begann also Wilhelm Gutbrod 1926 mit dem Bau von sogenannten Konfektions-Motorrädern. Sowohl im Rahmenbau – geschlossener Rohrrahmen mit einfachem Frontrohr, das sich unter dem Kurbelhaus gabelt, dreifache Abstützung des Hecks – als auch in der Tankform hielt man sich genau ans HRD-Vorbild. Und auch das Finish wurde mit schwarzem Emaillack und goldfarbenen Zierlinien und Markenemblemen gleich gestaltet.

Die eleganten Maschinen mit dem an sich recht bescheiden klingenden Markennamen dürften sofort auf große Nachfrage gestoßen sein, denn die Produktionsplanung für 1927 mußte erheblich ausgeweitet werden. Größere Stückzahlen verschafften Gutbrod nun bei den Verhandlungen mit Zulieferern eine bessere Position, und es ergaben sich auch ganz neue Verbindungen. Die Getriebe lieferte künftig die Münchner Firma Hurth, und in der Motorenfrage eröffneten sich in der Schweiz Möglichkeiten. Die Firma Motosacoche an der Genfer Route Acacias galt seit langen Jahren als der große internationale Konkurrent zu JAP-London (Tottenham). Die Palette der MAG (Motosacoche-Acacias-Genf)-Einbaumotoren war zwar nicht ganz so umfangreich, die Preise jedoch bei vergleichbarer Qualität günstiger. Standard verwendete zunächst im vorhandenen Fahrgestell den gegengesteuerten (ioe) Halblitermotor für das Tourenmodell sowie ein Doppelport-ohv-Aggregat für die sportlichere Ausführung.

Motorsport wurde bei Standard zu dieser Zeit mit hohem Aufwand betrieben, neben dem Stammfahrer Eugen Gerlach (mit Gutbrod schon beim kleinen Stuttgarter Motorradfabrikanten Klotz tätig) trat auch Francesco Franconi vereinzelt mit einer Motosacoche-Werksmaschine in Standard-Farben auf. Die wertvollste Unterstützung kam jedoch in der Person des Ingenieurs Arthur Dom von Genf nach Ludwigsburg.

Dieser saß nicht nur selbst mit großem Erfolg im Rennsattel, er sorgte auch für die Weiterentwicklungen im Serienprogramm. Angestachelt durch die gute Erfolgsbilanz der Jahre 1927/28 ging man bei Standard 1929 aufs Ganze, man hatte Königswellen-Rennmotoren aus Genf bekommen und mit Karl Gall, Rudi Ecker, Paul Rüttchen sowie dem jungen Gespannpiloten Hermann Lang aus Cannstadt ein äußerst schlagkräftiges Team unter Vertrag.

Aber trotz der mittlerweile hervorragenden Geschäftssituation war Standard doch ein vergleichsweise kleines Unternehmen, und der enorme Sportaufwand ging schließlich über die finanziellen Möglichkeiten Gutbrods hinaus. Im Serienprogramm konnten die Schwaben 1928 mit einem verbesserten Fahrwerk aufwarten, der Rahmen wies nun durchgehend doppelt geführte Unterzugsrohre auf. Und die unter Lizenz von Brough Superior gefertigte Castle-Schwinggabel nach Harley-Davidson-Vorbild sorgte für großes Aufsehen bei der Konkurrenz.

Den 350 ccm-ohv-Motor und den ioe-500er bekam man jedoch auch weiterhin in der bisherigen Ausführung. Gänzlich neu war hingegen das 750 ccm-Modell mit dem gegengesteuerten MAG-V-Zweizylinder im neuen Fahrwerk (mit verlängertem Radstand). Im Erscheinungsbild der Standard-Motorräder wurde nunmehr eine eigene Linie angestrebt: der Kraftstofftank war jetzt vernickelt und mit roten Zierlinien versehen; Rahmen, Gabel, Öltank, Bremsen und Schutzbleche gab es wahlweise in Schwarz oder Rot, bei letzterer Ausführung wurden die Felgen maisgelb lakkiert.

Ein Jahr später erschienen im Katalog erstmals Typenbezeichnungen zur Unterscheidung der einzelnen Modelle. Das Fahrwerk mit einfachem Frontrohr bekam das Kürzel A zugeteilt, das Doppelrohrfahrgestell trug den Buchstaben B. Die gegengesteuerten Motoren identifi-

Trotz des großen Fischschwanz-Schalldämpfers gibt der 500 ccm-Einzylinder recht kräftige Töne von sich.

George Brough baute die Vordergabel unter dem Namen Castle nach, entwickelt hat sie jedoch Harley-Davidson. An der Standard fand sich ebenfalls wieder eine Kombibremse.

zierte ein T, die ohv-Versionen das S. Das Topmodell, sowohl in der Leistungsfähigkeit als auch bei den Verkaufszahlen, trug damit nun die offizielle Bezeichnung BS 500. Ein neues Fahrgestell führte dann 1930 abermals zu neuen Buchstabenkombinationen, Standard bot nun die Doppelrohrrahmenmodelle als Luxus-Modelle BS 500, BT 500 und BT 1000 (mit dem größeren MAG-V-Zweizylinder) an.

Die »Volks-Modelle« CT 350, CT 500 und CS 500 wiesen jetzt einen unten offenen Einrohrrahmen auf, bekamen aber auch die Castle-Gabel und eine, im Preis inbegriffene, Bosch-Lichtanlage. Standard fungierte hier mit dem Wegfall der bisherigen Aufpreisregelung als Schrittmacher in Deutschland.

Die inzwischen auch in Deutschland immer härter gewordene Wirtschaftskrise zeigte bei Standard vorerst keinerlei Auswirkungen – im Gegenteil: 1931 konnte die Produktion sogar ausgeweitet werden. In der Verkaufsliteratur kündigte Standard neue 600 ccm-Einzylinder an, da jedoch MAG keine solchen Aggregate im Programm hatte, dürfte es sich ebenso wie beim 200 ccm-Viertakter der neuen DS 200 um hauseigene Projekte gehandelt haben. Aus der Schweiz stammte hingegen der D 50-ohv-Rennmotor für den Kleinserienrenner DR 500.

In den folgenden Jahren konnte Standard verstärkt mit eigenen Motoren aufwarten, die Palette reichte 1934 vom 200er Zweitakter bis zum Halbliter-Königswellen-Einzylinder. Ausländische Motoren durften nicht mehr eingeführt werden, und die neuen Typenbezeichnungen paßten sich ebenfalls den Zeiten an: Kobold, Feuergeist, Kurier und Rex...

Im Laufe des Jahres 1932 endete die Produktion der Standard-Modelle mit MAG-Motoren, offiziell gab es in der darauffolgenden Verkaufssaison noch Auslaufmodelle. Die ohv-Maschinen dürften sich schnell verkauft haben, aber das gegengesteuerte Fossil CT 500 wollte kaum mehr jemand haben.

Der junge Assessor aus Krailing zwischen Starnberg und München brachte demgemäß 1938 einen extremen Ladenhüter auf die Straße, er hat wohl kaum den vollen Listenpreis (damals noch im Kfz-Brief vermerkt) von 1250 Reichsmark dafür hingelegt.

Doch das als zuverlässig bekannte Motorrad dürfte ihm gute Dienste geleistet haben, und das Finish in Rot, Chrom und Gelb war noch immer attraktiv. Ab 1952 fuhr dann der Kommandant der örtlichen Landpolizeistation mit der auffälligen Maschine. In den 70er Jahren befand sich die Standard immer noch in einem guten fahrbereiten Originalzustand, bis sie als Faschingszug-Teilnehmer herhalten mußte. Nach diesen Torturen kam der nächste Besitzer 1980 um eine Restaurierung nicht mehr herum.

Der deutlichste Unterschied der 1932er CT 500 zum ursprünglichen Modell ist der Wegfall der separaten Lichtmaschine, die quer in die vordere Motorhalterung eingeschoben und von der Kurbelwelle aus über eine zusätzliche Kette auf der Antriebsseite bewegt wurde. Stattdessen kam wieder der bewährte Zündlichtmagnet von Bosch zum Einsatz. Neu waren für dieses Jahr auch der Topfscheinwerfer statt der bisherigen Bosch-Trommel sowie das Tank-Dekor.

Im Tank selbst ist der, gegen Aufpreis (40 Reichsmark) erhältliche, Veigel-Tachometer eingelassen, dessen Antriebswelle am Hurth-Getriebe angeschlossen ist. Als weitere Sonderausstattungen wären noch die beiden Werkzeugkästchen am Gepäckträger (am Öltank ist links ebenfalls ein Werkzeugfach vorhanden) und der, damals als »hochsportlich« bezeichnete, Schalldämpfer der Firma Krämer zu nennen.

Etwas verloren wirkt im ansprechenden Design der Standard der wechselgesteuerte MAG-Motor. Seine Ventilsteuerung (auch gegengesteuert genannt) wird in der englischen Kurzbezeichnung ioe – Inlet over Exhaust – deutlich beschrieben, diese Bauart geht im Ursprung auf allererste Viertaktmotoren zurück. Deren Einlaßventil hing als Schnüffelventil (automatisch gegen den leichten Ventilfederdruck vom Ansaugunterdruck des abwärts gehenden Kolbens geöffnet) über dem nockengesteuerten stehenden Auslaßventil.

Der Schritt zum mechanisch geöffneten Ventil wurde dann mittels der Anordnung von Stoßstangen und Kipphebel vollzogen. Motosacoche hielt länger als alle anderen Motorradhersteller an dieser Bauweise fest, man zog sie den sonst gebräuchlichen Seitenventilern vor. Die Ventilsteuerung wurde voll verkapselt, und die an der Stirnseite eingeschraubte Zündkerze brachte gegenüber einen sv-Motor deutliche thermische Vorteile.

Mit ihren 16 Pferdestärken bei 4500/min war die Standard CT 500 nicht einmal schlecht motorisiert, die englische Konkurrenz lag bei durchschnittlich zwölf PS. Der nicht übermäßig langhubige (82 x 94 mm) Einzylinder mit niedriger Verdichtung (5:1) läßt sich relativ leicht antreten, ein Ventilausheber ist außerdem vorhanden. Das Auspuffgeräusch hört sich kräftig, aber gedämpft an, mechanisch ist der MAG-Motor leise.

Nach dem Platznehmen auf dem breiten und gut gepolsterten Wittkopp-Zugfedersattel fällt der ungewöhnlich breite Lenker auf, dessen Enden hier nicht wie auf allen Katalog-Abbildungen nach unten abgewinkelt sind. Es stimmt dadurch auch die Fahrerhaltung nicht recht, aber das kann man ja alles nach Geschmack einstellen.

Der Schalthebel mit dem Holzknauf will mit Nachdruck in der Kulisse an der rechten Tank-Vorderseite bewegt werden, die Gänge rasten jedoch dann präzise ein. Einmal in Fahrt, gibt sich die Standard äußerst handlich, der Motor ist fast spritzig zu nennen, aber halt nur in einem engen Bereich, denn er wird dann laut und rennt gegen die sprichwörtliche »Gummiwand«.

Die Maschine ist außerdem recht kurz übersetzt, dies im Verein mit dem breiten Lenker würde auf Gespannbetrieb hindeuten, es war bei der Restaurierung jedoch darüber nichts festzustellen. Eine Besonderheit gibt es von den Bremsen zu berichten, denn Standard verwendete ab 1930 (zunächst nur bei den Luxus-Modellen) eine Kombibremse. Die beiden Trommelbremsen werden dabei gemeinsam über den Fußhebel betätigt.

Standard CT 500 von 1932	
Motor	Viertakt, MAG
Zylinder	1
Bohrung/Hub	82 x 94 mm
Hubraum	496 ccm
Ventile	ioe
Schmierung	Verlustschmierung mit Kolbenpumpe
Leistung	16 PS bei 4500/min
Kühlung	Luft
Vergaser	Zweischieber-vergaser 22 mm
Elektrische Anlage	Bosch-Zündlichtmagnet
Kupplung	Mehrscheiben-kupplung
Getriebe	Hurth-Dreigang
Antrieb	abgedeckte Primärkette
Rahmen	Einfachrohrrahmen unten offen
Radaufhängungen	Castle-Vordergabel
Reifen	Drahtreifen 3,50 x 19
Fußbremse	Trommelbremse
Handbremse	Trommelbremse
Radstand	1380 mm
Breite	840 mm
Sattelhöhe	720 mm
Bodenfreiheit	160 mm
Tankinhalt	14 l Benzintank, 1,5 l Öltank
Leergewicht	160 kg
Höchst-geschwind.	ca. 105 km/h
Verbrauch	ca. 3,5 l / 100 km
Originalpreis	1250 Reichsmark (1932)

Die Vorderradbremse läßt sich auch separat mit dem Lenkerhebel bedienen. Glücklicherweise stimmte an dieser Maschine die Bremskraftverteilung, die am Fußhebel über einen Waagebalkenausgleich eingestellt wird – es könnte sonst vor allem auf Sandstraßen böse Überraschungen geben. Trotzdem ist das Ganze recht gewöhnungsbedürftig und auf die Dauer mit intensiver Pflege und Kontrolle verbunden.

Dasselbe gilt auch für die »Brough«-Gabel, damals zweifellos die stabilste Motorradvordergabel. Sie besteht aus einer starren Hauptgabel und einer federnden Hilfsgabel, die Schraubenfedern sind gut geschützt in den Rohren der Hilfsgabel untergebracht und stützen sich gegen das obere Querjoch ab. Die Radachse ist in den Schwinghebeln befestigt, die die Fahrbahnstöße an die Federgabel weitergeben. Zur Stoßdämpfung sind beidseitig Scherendämpfer mit einstellbaren Reibscheiben angeordnet. Zur guten Radführung dieser Gabel kommt das wesentlich feinere Ansprechen im Vergleich zu den Trapezgabeln und die bessere Dämpferwirkung, die sich auch an der gefahrenen Maschine sehr gut einstellen ließ.

Allzu viel kann man natürlich nach kurzer Bekanntschaft mit diesem betagten Motorrad nicht darüber aussagen, zumal diese CT 500 seit ihrer Restaurierung noch nicht viel eingesetzt war und einige Dinge noch korrigiert werden sollten (Lenker- und Fußrastenposition, Öl-Fördermenge, Vergasereinstellung etc.). Auf jeden Fall jedoch vermittelte die Maschine einen guten Eindruck von der hervorragenden Material- und Fertigungsqualität der Standard-Motorräder aus dem Ludwigsburger Pferdestall.

Wilhelm Gutbrod und seine Mitarbeiter fühlten sich ihrem Werbeslogan verpflichtet: »Hervorragende Leistung, absolute Zuverlässigkeit, unübertreffliche Fahreigenschaften und größte Sicherheit bei längster Lebensdauer und geringsten Unterhaltskosten.«

Trotz härtester Konkurrenz auf dem Gebiet der Halbliter-Tourenmaschinen von Firmen wie Ardie, D-Rad, Imperia, NSU, Schüttoff, Tornax, Triumph, UT und Victoria und stets etwas höherem Preisniveau konnte sich die CT 500 gut auf dem Markt behaupten. Sie erreichte zwar nicht die Stückzahlen der begehrten BS 500, aber die Käufer wußten, daß auch diese Standard zu den besten Motorrädern heimischer Produktion gezählt werden konnte.

Das Schlachtross

BSA G 34-14 mit Seitenwagen von 1934

Die 1000er-BSA war in den dreißiger Jahren eines der beliebtesten Gespannmotorräder in England.

Grün war die typische Tanklakkierung der Motorräder aus der Armoury Road in Birmingham Small Heath. Wobei der Straßenname auch gleich die ursprüngliche Branche der Firma aufzeigte: die Herstellung von Handfeuerwaffen. BSA ist die Abkürzung für Birmingham Small Arms.

49 Jahre nach der Firmengründung wurde 1910 auf der Motor Show im Londoner Olympia das erste BSA-Serienmotorrad – ein seitengesteuerter Einzylinder mit 500 ccm und Riemen-Direktantrieb – präsentiert. Durch die Übernahme der Firma Daimler in Coventry trat der BSA-Konzern zugleich auch in

den Kreis der Automobilhersteller ein. Die Verkaufserfolge ließen nicht lange auf sich warten, doch schon vier Jahre später änderte sich die Situation schlagartig mit dem Ausbruch des Ersten Weltkriegs; Repetier- und Maschinengewehre waren nun wieder wichtiger als Motorräder. Deren Entwicklung lief zwar weiter, aber im November 1916 kam ein striktes Verbot aus dem Rüstungsministerium. So vergingen noch einmal drei Jahre, bis BSA das bereits fertiggestellte Zweizylindermodell den Besuchern der Motor Show vorführen konnte.

Das neue Modell kam genau zur richtigen Zeit, denn wie erwartet hatte sich seit Kriegsende ein riesiger Nachholbedarf an Motorfahrzeugen ergeben, und der Markt wurde mit neuen Motorrädern fast überschwemmt. Für die großen Hersteller hieß es deshalb, sich mit einem vielfältigen Programm ein möglichst großes Feld abzustecken. Und gerade die Klasse der großen Seitenwagenmaschinen erfreute sich regen Zuspruchs, hatten doch die Motorräder dank ihrer zuverlässigen Einsätze im Krieg das Image eines Fahrzeugs nur für Abenteuerer und Sportler endgültig hinter sich lassen können. Eine zugkräftige Maschine mit einem geräumigen Seitenwagen bot sich als ideales Familienfahrzeug an, zumal es wesentlich preisgünstiger zu erstehen war als ein Automobil mit vergleichbarer Leistung und entsprechendem Platzangebot. Dies änderte sich auch im weiteren Verlauf der zwanziger und dreißiger Jahre nicht wesentlich, denn auch ein Austin Seven oder ein Morris Minor vermochte die großen Gespanne nicht zu verdrängen. Der Trend zu den großen V-Zweizylindern mit 750 oder 1000 ccm Hubraum hatte so um 1911 begonnen. Es standen den Herstellern Einbaumotoren von JAP und MAG zur Verfügung, und selbst von den größeren Firmen brachten nur AJS und Royal Enfield eigene Motoren hervor. Als schnelle Sportmotorräder hatten die V-Twin-Modelle schon länger einen guten – manchmal auch unheimlichen – Ruf. Doch für den schweren Seitenwagenbetrieb erwiesen sie sich als ideal.

Der BSA-Tourenseitenwagen Typ 6 C-6 wartet mit einer Tür und gefedertem Rad auf.

Die Zweizylinder-BSA, als Modell E bezeichnet, war im Jahre 1920 erstmals erhältlich. An Konstruktion und Ausstattung gab es keine ungewöhnlichen Neuheiten.

Die Antriebsmaschine war ein seitengesteuerter V-Zweizylinder-Motor, der zusammen mit einem Dreiganggetriebe in dem einfachen Einrohrrahmen hing. Sowohl die Primärkette als auch die Kette zum Hinterrad waren in Kettenkästen verkapselt, gebremst wurde mittels Holzklötzen auf Riemenscheiben an Vorder- und Hinterrad. Mit dem Bohrung-Hub-Verhältnis von 76 x 85 mm betrug der Gesamthubraum 770 ccm, womit die BSA als 6- bis 7-PS-Modell klassifiziert wurde.

Der Verkauf der Maschine, die auch als komplettes Gespann mit den im eigenen Werk hergestellten Seitenwagentypen angeboten wurde, lief sehr gut an, lag BSA doch im Preis günstiger als die Konkurrenz (BSA-Modell E ohne Seitenwagen: 130 Pfund, AJS 148 Pfund, Bat 139 Pfund, Bradbury 141 Pfund und Royal Enfield 160 Pfund).

Für das Jahr 1922 wurde das Angebot mit einer hubraumstärkeren Variante der Zweizylinder-BSA erweitert, das Modell F fiel in die 8-PS-Kategorie (englisches Steuersystem) und wies bei den Zylinderdimensionen 80 x 98 mm einen Hubraum von 986 ccm auf. Das komplette Gespann mit einem Touren-Seitenwagen kostete damals 185 Pfund Sterling. Mittlerweile war ein harter Konkurrenzkampf, nicht nur auf dem englischen Inlandsmarkt, entbrannt, BSA und Ariel als größte Herstellerfirmen des Landes duellierten sich um die Spitzenposition.

Ein Mittel, um die Gunst des Kunden für sich zu gewinnen, lag in der halsbrecherischen Preisgestaltung, die sich nur große Unternehmen leisten können. So bot man bei BSA einfachere Ausführungen der V-Twins als »Light 6« (770er Version) und »Light 8« (1000 ccm) an. Die bisherigen Modelle bekamen die Bezeichnung »De Luxe«, zusätzlich gab es die 1000er-Maschine auch in einer »Colonial«-Version, einer Export-Ausführung mit Fußkupplung, größerer Bodenfreiheit und rechts montiertem Seitenwagen. Diese wohl als Harley- und Indian-Alternative für das Exportgeschäft gedachte Variante war auch bei AJS/Matchless Bestandteil des Programms. Die Seitenwagen-Auswahl belief sich mittlerweile auf sieben Modelle, und eine Zeitlang konnte man die 1000er BSA – nun Modell G genannt – nur als komplettes Gespann kaufen, womit den anderen Seitenwagenherstellern wie Watsonian, Swallow oder Noxal das Geschäft mit den BSA-Kunden verdorben war.

Mittlerweile hatten Halbnaben-Trommelbremsen die Klotzbremsen abgelöst, die abgemagerte 1000-ccm-Version war gestrichen worden. Von September 1927 bis März 1928 gingen Bertram Cathrick und John Castley mit zwei 1000er-Gespannen auf Weltreise, die pannenfrei zurückgelegten 40 000 km gerieten zu einem eindrucksvollen Werbeargument für BSA. Und so wurde auch das 1929er Modell im Katalog als »World Tour«-Modell bezeichnet. Ein Jahr später bekam als letzte auch die V-Twin-BSA den allgemein eingeführten Satteltank; größere technische Änderungen gab es dann erst wieder 1932. Abnehmbare Zylinderköpfe, neue Brennräume und gekapselte Ventile stellten die ersten gravierenden Modifikationen an dem nun schon seit zehn Jahren unverändert gebauten Motor dar. Außerdem gab es nun ein Instrumentenbrett auf der Tankoberseite und eine neue Lenkerform – der nach hinten gezogene »Pull back«-Lenker machte einem breiten, geschwungenen »Semi American«-Lenker Platz. Diese Neuerungen betrafen aber nur das 1000-ccm-Modell, denn die 770-ccm-BSA lief 1931 aus. Zwei Jahre später gab es erneut zwei verschiedene 1000er-Versionen, denn man hatte den großen V-Twin erstmals auch als Solomodell vorgesehen, ausgerüstet mit einem Vierganggetriebe mit kombinierter Hand- und Fußschaltung. Daß dies aber nur als eine Übergangslösung anzusehen war, zeigte sich 1934 bei der Präsentation eines gänzlich neuen V-Zweizylinders mit 500-ccm-Hubraum und hängenden Ventilen. Dieser Typ J wurde 1936 auf 750 ccm erweitert.

Eine Fahrt ins weite Land ist auch heute mit einem alten V-Twin kein Problem.

Der Typ G als traditionelles 1000-ccm-sv-Modell behielt das Viergang-getriebe, jedoch wurde auf die Fußschaltung verzichtet. Eine letzte Überarbeitung für den Modelljahrgang 1936 galt dem Schmiersystem: Der Ölvorrat wurde nicht mehr in einem Tankabteil mitgeführt, sondern in einem separaten Behälter über dem Getriebe. Die einfache Tropfölpumpe hatte man durch eine doppelt wirkende zur Verbesserung der Ölversorgung ersetzt. In dieser Ausführung wurde die 1000er BSA noch bis Ende 1939 gebaut – die letzten Maschinen gingen vermutlich an die Militärbehörden der Niederlande.

Die großen Gespanne mit V-Zweizylinder-Motorrädern stellten in den dreißiger Jahren eigentlich schon einen Anachronismus dar. In den USA verwendete man die ungeschlacht wirkenden Motorräder von Indian und Harley-Davidson als Reise- und Sportmaschinen in Solo-Ausführung, den Transport der Familie überließ man dem Wagen. In Deutschland galten V-Twins schon in den zwanziger Jahren (von NSU und Wanderer bis etwa 1925 abgesehen) als teure Luxus-Motorräder, eine tüchtige Gespannmaschine, das mußte schon ein Boxer von BMW oder Zündapp sein. In England hingegen hatten sich diese Fahrzeuge trotz aller technischen Fortschritte im Motorradbau gut behaupten können. Das lag zum großen Teil in der sprichwörtlichen Zuverlässigkeit des V-Twin-Gespanns, gepaart mit seiner immer noch gut ausreichenden Leistungsfähigkeit, begründet. Wer sich so ein Gespann anschaffte, suchte zwar die kostengünstigere Alternative zum Automobil, wollte aber auch dessen Zuverlässigkeit haben.

Diese Argumente führten aber auch dazu, daß von den zahlreichen Gespannen aus jener Zeit gar nicht mehr so viele erhalten blieben. Wurden sie doch gefahren, bis es absolut nicht mehr ging, und dann auf den Schrottplatz gebracht. So lange stand unsere BSA allerdings nicht im Einsatz, denn als sie dem Österreichischen Zweiradmuseum in Eggenburg gestiftet wurde, befand sie sich in dem guten Originalzustand, wie wir sie für unsere Probefahrt vorfanden. Es handelt sich um eine BSA G 34-14, also den Typ G des Baujahrs 1934, in welchem er das 14. Modell im BSA-Angebot darstellte

Mit abnehmbaren Zylinderköpfen, abgedeckten Ventilen und einem Viergang-getriebe war die große BSA 1932/33 noch einmal modernisiert worden.

(ab 1936 wurden Typenbezeichnungen vereinheitlicht, und man sprach nur noch von der G 14). Der Seitenwagen stammt ebenfalls von BSA, und es ist der große Touren-Einsitzer Typ 6 C-6 mit gefedertem Rad.

Vom Museumschef Friedrich Ehn entsprechend instruiert, begaben wir uns mit der »Großen Grünen« auf Fahrt. Mit der ausgesuchten Teststrecke hatte es dabei eine besondere Bewandtnis, handelt es sich doch hier um einen breiten, asphaltierten Feldweg außerhalb des Städtchens Eggenburg in Niederösterreich, der als erste permanente Oldtimer-Teststrecke dienen soll.

Das Antreten des großvolumigen Zweizylinders ging dank der niedrigen Verdichtung und des weit ausschwingenden Kickstarters recht leicht vonstatten. Eine Besonderheit stellt dabei die Zündverstellung dar, die – wie auch bei amerikanischen V-Twins üblich – mittels eines Drehgriffs am linken Lenkerende betätigt wird. Natürlich wurde als erste Prozedur die Schwimmerkammer des Amal-Vergasers geflutet; dieser Vergaser stammt aus der Nachkriegszeit, sieht aber dem Original-Instrument zum Verwechseln ähnlich. Beim Platznehmen auf dem breiten Sattel (noch mit Original-Kunstleder-Überzug!) fällt sofort der extrem breite Lenker auf, mit dem sich auch die schwerste Fuhre noch leicht dirigieren lassen dürfte. Bei einem Tourengespann wurde nicht allzusehr auf eine schmale Spur geachtet, so daß ich meine langen Beine auch links zwischen Tank und Seitenwagen gut unterbrachte. Das Anfahren im relativ kurz untersetzten ersten Gang – Schalthebel in der Kulisse an der rechten Tankseite ganz nach hinten – machte keine Schwierigkeiten, und nach kurzer Eingewöhnung in die »Schwung-Verhältnisse« des niedertourigen V-Twins funktionierten das Rauf- und Runterschalten einwandfrei und ohne Geräusch. Aber Schalten ist auf freier Strecke ohnehin nur selten nötig; zusätzliche Variationsmöglichkeiten bietet die manuelle Zündverstellung, die auch im untertourigen Bereich noch weichen Motorlauf ermöglicht. Sturz und Vorspur sind an dieser BSA gut eingestellt, das Vorderrad läuft absolut geradeaus, und es gibt auch bei lockerem Lenkungsdämpfer kein Flattern. Mit dem Bremsen hat es die Fuhre natürlich nicht so ganz, es gibt am Seitenwagen zwar auch einen »Verzögerer«, doch die Dosendeckel-Bremsen vertrauen sehr stark auf die Bremskraft eines langhubigen V-Motors.

Im Bereich zwischen 60 und 80 km/h tönt der BSA-Motor am entspanntesten – man kann sich gut vorstellen, weite Strecken mit diesem Gespann zurückzulegen, zumal es im Gegensatz zu seinem plumpen Äußeren auch ganz schön wendig ist (Fahrkönnen vorausgesetzt) und das Vierganggetriebe auch am Berg gute Fahrleistungen möglich macht. Regelmäßige Versorgung mit frischem Öl (der separate Öltank und die doppeltwirkende Pumpe der späteren Modelle wurden montiert, als die Trennwand im Kraftstofftank gerissen war) und eine sachgemäße Behandlung sollten dieser alten Familienkutsche aus Birmingham weitere 50 Jahre ermöglichen. Im Museum verstauben wird diese BSA jedenfalls nicht.

BSA G 34-14 mit Seitenwagen von 1934	
Motor	Viertakt
Zylinder	2 im 45° V-Winkel
Bohrung/Hub	80 x 98 mm
Hubraum	986 ccm
Ventile	sv
Schmierung	Druckschmierung mit Kolbenpumpe
Leistung	24 PS bei 4000 / min
Kühlung	Fahrtwind
Vergaser	Amal 25 mm
Elektrische Anlage	Lucas Magdyno
Kupplung	Mehrscheiben, trocken
Getriebe	Viergang, Handschaltung
Antrieb	Kette
Rahmen	Einfachrohrrahmen mit angeschraubten Unterzügen
Radaufhängungen	Trapezgabel vorn, starr hinten
Reifen	4,00 x 18
Fußbremse	Trommelbremse 178 mm
Handbremse	dito
Sattelhöhe	711 mm
Tankinhalt	17 l
Leergewicht	ca. 260 kg
Höchstgeschwind.	ca. 80 km/h
Verbrauch	ca. 8 l / 100 km
Originalpreis	100 £ (1934), ca. 2200 Reichsmark
Seitenwagen	BSA Typ 6C6 mit gefedertem Rad

Wie einst der Schorsch

BMW-Kompressor-Rennmaschine von 1938

Vollste Konzentration, aber die Kompressor-BMW fährt sich erstaunlich einfach.

Auf einer der legendärsten Maschinen ein paar schnelle Runden zu absolvieren, wie sie bisher eigentlich nur einem Schorsch Meier, einem Wiggerl Kraus oder Walter Zeller zustanden – das ist sicher ein einmaliges Erlebnis für den Liebhaber historischer Rennmotorräder. Ich hatte diese Chance und obendrein unter günstigeren Verhältnissen als etwa Schorsch Meier, als er zur großen Überraschung zahlreicher Oldtimerfreunde an einem kalten und verregneten Mai-Wochenende des Jahres 1974 mit der Kompressor-BMW auftauchte, sich aber mit einem vereisten Vergaser plagen mußte.

Die Kompressor-BMW, 1950 aus dem aktiven Sportgeschehen genommen, war von einem kleinen Kreis enthusiastischer Freunde um Michael Krauser instandgesetzt worden. Und genau vierzig Jahre nach dem vielumjubelten Sieg eines Schorsch Meier in der Senior-TT auf der Isle of Man reiste man zu einer Jubiläumsparade auf die Insel in der Irischen See. Trotz der Vielzahl einheimischer Star-Fahrer aus allen Epochen wurde Meier auf der Kompressor-BMW schnell zum Mittelpunkt der Veranstaltung. Und drei Monate später riß er auch auf dem Salzburgring das Publikum zu Beifallsstürmen hin, als er die betagte BMW mit frischem Schwung um den Kurs jagte.

Leider verschwand die prächtig laufende Maschine nach diesen beiden Auftritten wieder im BMW-Museum. Doch

hatte BMW mit Walter Zeller, Vizeweltmeister von 1956, auf seiner damaligen Werks-BMW noch eine weitere Zugnummer bei Veteranen-Veranstaltungen: Der allseits beliebte Hammerauer demonstriert auch heute noch, also fast 33 Jahre nach dem Abschluß seiner Rennkarriere, nach wie vor einen perfekten Fahrstil auf seiner Renn-BMW. Und er war es dann auch, der die Idee hatte, neben seiner Werks-RS Typ 256 ein weiteres berühmtes Motorrad aus dem Programm der Bayerischen Motoren Werke zum Einsatz zu bringen. Gemeinsam mit dem ehemaligen Rennmechaniker Gustl Lachermair gelang es ihm sogar, eine weitere Kompressor-BMW startbereit zu machen.

Walter Zeller hat sich Anfang der achtziger Jahre eine der legendären Kompressor-Rennmaschinen für Veteranenrenen aufgebaut, sie entspricht der Ausführung 1948/50.

Mit seinem ersten Einsatz in der Saison 1981 holte er übrigens etwas nach, was ihm in seiner Zeit als Werksfahrer bei BMW versagt geblieben war. Denn als er 1950 zur BMW-Mannschaft stieß, mußte er mit Schorsch Meiers Bruder Hans auf den in Entwicklung befindlichen Saugmotor-Maschinen fahren, während die Kompressor-Renner den Fahrern Schorsch Meier und Wiggerl Kraus vorbehalten blieben.

Die Geschichte der Kompressor-Motorräder hatte bei BMW ihren Ausgangspunkt in den zwanziger Jahren, als Rudolf Schleicher die einzige Möglichkeit, international konkurrenzfähig zu bleiben, in der Aufladung sah. Über diese Frage ergaben sich bald Differenzen mit dem Chefkonstrukteur Max Friz und Direktor Franz Josef Popp, so daß Schleicher der Firma BMW den Rücken kehrte. Sepp Hopf, sein engster Mitarbeiter, durfte auf Anregung des jungen Rennfahrers Ernst Henne jedoch bald an einem Kompressormotor für den Angriff auf den Motorrad-Geschwindigkeits-Weltrekord weiterarbeiten. Nach dem Gelingen dieses Vorhabens hatte BMW auch gegen eine Verwendung des Laders im Rennsport nichts mehr einzuwenden.

Mit der nunmehr auf gut 38 PS angestiegenen Motorleistung lag man nun sogar weit vor der Halbliter-Konkurrenz, aber die nur in Kleinigkeiten verbesserten ohv-Motoren aus dem Serienprogramm, das handgeschaltete Dreiganggetriebe und das überforderte Serien-Fahrwerk mit der Blattfeder-Vordergabel stellten sich bald als unüberwindliche Probleme dar. Als dann auch die Leistungsausbeute für weitere Rekordfahren Hennes nicht mehr ausreichte, bemühte man sich, Schleicher wieder als Konstrukteur nach München zurückzuholen.

Als Schleicher im April 1931 an seinen alten Arbeitsplatz zurückgekehrt war, blieb ihm für die Entwicklung einer neuen Rennmaschine neben einem umfangreichen Entwicklungsprogramm für Serien-Motorräder und Automobile nur wenig Zeit. So mußten sich sowohl Ernst

Schorsch Meier 1979 auf der Maschine aus dem BMW Museum

Oben: Walter Zeller 1984.

Comeback nach 24 Jahren: Schorsch Meier 1974 mit Mike Krausers Kompressor-BMW und »Manager« Hans Fleischmann.

Henne als auch die Werksfahrer Karl Gall und Sepp Stelzer zunächst mit schrittweisen Verbesserungen an vorhandenen Fahrzeugen zufriedengeben. Außerdem war die wirtschaftliche Situation der Firma nicht dazu angetan, mit größtem Einsatz ein Rennprogramm durchzuziehen. Daß man in München jedoch nicht untätig gewesen war, sollte sich am 26. Mai 1935 beim Avusrennen in Berlin zeigen. Im Fahrerlager gab es ein sensationelles, von Grund auf neu konstruiertes BMW-Rennmotorrad zu bestaunen, und insbesondere die englische Fachpresse zeigte sich in ihren nachfolgenden Berichten tief beeindruckt. Von den bisherigen Modellen hatte man eigentlich nur noch das technische Grundprinzip eines quer im Rohrrahmen eingebauten Zweizylinder-Boxermotors mit Kardan-Hinterradantrieb übernommen, alles andere war neu. Der Doppelschleifenrahmen bestand aus konisch gezogenen Stahlrohren von elliptischem Querschnitt, die per Schutzgasschweißung zusammengefügt waren. Das Vorderrad lief in der ersten hydraulisch gedämpften Teleskopgabel im Motorradbau, gebremst wurde mittels Vollnaben-Trommelbremsen vorne und hinten. Die Motorleistung wurde von einem Viergang-Getriebe mit Fußschaltung und einer Kardanwelle auf das Hinterrad-Getriebe (Teller- und Kegelrad) übertragen. Der Zweizylinder-Boxermotor war in seiner Dimensionierung (66 x 72 mm) als langhubiges Halbliter-Aggregat ausgelegt worden. Die Ventilsteuerung übernahmen jeweils zwei obenliegende Nockenwellen pro Zylinder; sie wurden von Königswellen angetrieben, die wiederum über Kegelrad-Umlenkungen von der Steuerkette vorne auf dem Kurbelgehäuse bewegt wurden. Eine weitere Kette trieb den Bosch-Zündmagnet, der oben auf dem Gehäuse eingelassen war. Die Königswellen trieben im linken Zylinderkopf die Einlaßnockenwelle und rechts die Auslaßnockenwelle an, den Kraftschluß zur jeweils anderen Nockenwelle stellten geradverzahnte Zwischenräder her. Die Ventile wurden nicht direkt, sondern über gesonderte Kipphebel betätigt. Mit dieser Auslegung konnte man den Aufbau der Zylinderköpfe recht kompakt halten.

Die Aufladung per Kompressor stellte bei der Entwicklung der neuen Rennmaschine einen wesentlichen konstruktiven Bestandteil dar, und so hatte man den Lader organisch in den Aufbau des Motors mit einbezogen. Sein Gehäuse war vorn auf den Stirndeckel montiert, angetrieben wurde der Rotor über eine Keilverzahnung auf dem verlängerten vorderen Kurbelwellenstumpf. Schleicher und Hopf waren beim Bau ihres eigenen Kompressors zwar vom Vielzellenverdichter der Bauart Zoller ausgegangen, verwendeten jedoch acht sehr dünne Verdichterflügel, die durch die Gehäusewandung geführt wurden, im Rotor jedoch eine Hubbegrenzung aufwiesen. Diese Bauweise erforderte absolute Fertigungsgenauigkeit, konnte aber auch mit hohem Ladedruck schon bei geringen Drehzahlen aufwarten. Über den exakten Aufbau des Laders war lange Zeit nichts Genaues zu erfahren, man verwies bei BMW immer auf die Zollersche Bauart. Sepp Hopf meinte später dazu: »Mir ham uns g'fürcht, daß uns den wer nachbaut.«

Ein Fischer-Amal-Rennvergaser mit 27 mm Durchlaß lieferte das Kraftstoff-Luft-Gemisch an den Lader, der es dann, auf 1,2 bis 1,5 bar vorverdichtet, über die genau abgestimmten Druckleitungen an den jeweiligen Zylinder abgab. Bei einem rechnerischen Verdichtungsverhältnis von 5:1 leistete der aufgeladene 500 ccm-BMW-Motor etwa 55 PS bei 7000/min. Galt es bei den ersten Fahrten noch einige Kinderkrankheiten auszumerzen, so erregte BMW noch im selben Jahr beträchtliches Aufsehen mit dem Einsatz der neuen Kompressor-Motoren bei der Internationalen Sechstagefahrt in Oberstdorf. Im Gelände mußten Stelzer und Henne ihr ganzes Können aufbieten, um mit den leistungsstarken Motorrädern durchzukommen. Wiggerl Kraus fuhr sogar ein Geländegespann mit Kompressormotor.

Beim Großen Preis von Schweden am 30. August 1935 in Anderstorp war es dann soweit: Otto Ley und Karl Gall schlugen erstmals die sieggewohnte Grand-Prix-Elite aus England und Italien. Eine Geradweg-Hinterradfederung verbesserte ab 1937 die Straßenlage der Kompressor-BMW, und das Werksteam fuhr von Sieg zu Sieg. Ein Jahr später stieß der bisherige Geländemeister Schorsch Meier zum Straßenrennsport und gewann auf Anhieb vier Grand Prix hintereinander, womit er sich auch gleich den Titel eines Europameisters sichern konnte.

Seinen größten Erfolg sollte Meier indessen im Juni 1939 erringen. Als erster Ausländer auf einer ausländischen Maschine konnte er die Senior-TT auf der Isle of Man gewinnen. Die Briten waren geschockt. Es war von einer Motorleistung zwischen 70 und 90 PS die Rede, doch dies waren Angaben, die nur für die wesentlich höher verdichteten und mit höherem Ladedruck arbeitenden Rekordmotoren von Ernst Henne zutrafen.

Der gehörige Respekt vor den Kompressor-Motorrädern führte im Herbst 1946 schließlich zu einem Verbot dieser Bauart im internationalen Motorrad-Rennsport. Deutschland war jedoch nach dem Krieg von der FIM ausgeschlossen worden und konnte bis zur Wiederzulassung die bisherigen Entwicklungen für nationale Einsätze weiterführen.

Enthüllt: der Ventiltrieb der Kompressor-BMW mit Kegelrädern, zwei Nockenwellen, Schlepphebeln und Haarnadelfedern.

In den Jahren 1946/47 fuhren Schorsch Meier und Wiggerl Kraus daher die unveränderten 1939er Maschinen, für 1948 hatte man indessen einige Verbesserungen vorgenommen. Die Klemmfäuste für die Vorderachse waren auf die Vorderseite der Gabel-Tauchrohre versetzt worden, womit sich ein längerer Radstand und auch eine Verlängerung des Federweges ergaben. Die blechernen Staubschutzhülsen an Telegabel und Hinterradfederung waren Gummi-Faltenbälgen gewichen, und hinten gab es zusätzlich Scheren-Reibungsstoßdämpfer. Das Rahmenheck hatte man mit zusätzlichen Rohrstreben versteift. Durch die Verwendung eines Kraftstoffgemisches von 70% Alkoholanteil ließ sich das Verdichtungsverhältnis steigern; im Verein mit dem größeren Lader aus dem Rekordmotor kam man dadurch auf über 70 PS.

Drei Jahre lang blieben die Kompressor-Maschinen noch im Einsatz. Das letzte Rennen für die aufgeladenen BMW fand auf dem Noris-Ring in Nürnberg statt. 1951 paßte sich BMW dann dem internationalen Reglement an und verwendete nur noch Saugmotoren; die Lader vorne auf dem Kurbelhaus wurden demontiert und statt dessen an jeden Zylinderkopf ein Vergaser angeflanscht. Doch dies stellte nur eine Übergangslösung dar, eine eigenständige Neuentwicklung befand sich bereits in Vorbereitung...

Walter Zeller hatte die Kompressor-BMW bereits warmgefahren, als er sie mir mit den Worten aushändigte: »Nicht in den höheren Drehzahlen jubeln lassen, sie ist auch so kräftig genug.« Und genau das bemerkte ich schon auf den ersten paar Metern beim Anfahren im ersten Gang...

Das aufgeladene 500-ccm-Aggregat scheint kein abgegrenztes Leistungsband zu besitzen. Es gibt Dampf in allen Lebenslagen ab, die enorme Schubkraft steht in allen Drehzahlen annähernd gleichbleibend zur Verfügung. Ich schaltete das angenehm leichtgängige Getriebe durch bis in den vierten Gang und glaubte, eher einen amerikanischen V8 unter mir zu haben als einen Motorrad-Rennmotor. Die Sache läßt sich leicht erklären, denn Zellers Motor ist mit dem großen Lader ausgestattet, wird aber mit handelsüblichem Benzin und damit sehr niedriger Verdichtung betrieben. Einen Motor mit derart sanftem Charakter – dennoch mit ausreichend hoher Leistung – hätte man in den großen Tagen der Kompressor-BMW wohl kaum einem Rennfahrer schmackhaft machen können, denn damals verhielten sich sogar die angeblich so drehmomentstarken englischen Einzylinder wie nervöse Rennpferde. Ein spitzes Leistungsband gehörte einfach zu den typischen Charaktereigenschaften eines Rennaggregats. Die Fahrposition wirkte auf mich im ersten Moment etwas ungewöhnlich für ein Motorrad aus den Jahren 1938/39, doch Walter Zeller hatte es vorgezogen, Stummellenker wie 1950/51 zu verwenden. Mit den sehr weit zurückversetzten Fußrasten ergibt sich daher eine sehr »sportliche« Fahrerhaltung. Anfänglich

Dies ist eine der ersten BMW-Werksmaschinen mit Kompressor: Ernst Hennes Rekordmotorrad von 1928 mit dem 750 ccm-ohv-Motor.

zog ich es aus Gründen des Eingewöhnens vor, auf dem »Rennbrötchen«, dem hinteren Sitzkissen, nicht zu weit nach hinten zu rutschen. Das wiederum geschah ganz von selbst beim Versuch, mal richtig Gas zu geben, denn dabei wurden die Arme immer länger...

Die Geradwegfederung am Hinterrad machte sich mit ihrem eng begrenzten Federungsvermögen natürlich gleich bemerkbar, durchaus mit heutigen Produkten vergleichbar zeigte sich indessen die Teleskop-Vordergabel. Ein ausreichender Federweg und vor allem eine wirkungsvolle Dämpfung dürften entscheidend zur vielbestaunten Straßenlage der Kompressor-BMW beigetragen haben. Hinzu kamen natürlich noch das unglaublich niedrige Trockengewicht von nur 138 kg und die allgemein unterschätzte Kurvenwilligkeit, der Boxermotor ist nämlich keineswegs so ausladend wie er auf den ersten Blick wirkt. Beim extremen Hineindrücken in die Salzburgring-Schikane bekam zuerst die rechte Fußspitze Bodenkontakt – gut, Walter Zeller schafft es schon, daß die Ventildeckel auf der Fahrbahn scheuern, aber eben auch nur in einer Extremsituation. Umlegen läßt sich diese BMW wie jedes andere Rennmotorrad auch! Die Kompressor-BMW stellt also keineswegs jenes Monster dar, wie es in den Legenden manchmal beschrieben wurde. Sie ist viel leichter als sie aussieht und damit auch viel handlicher. Die Motorleistung könnte man im Vergleich zu anderen Maschinen aus dieser Epoche zwar schon als »brutal« beschreiben, aber sie setzt in der von Walter Zeller und Gustl Lachermair gewählten Abstimmung nicht urplötzlich ein, sondern steht mit sanfterem Charakter von 1000 bis 7000 Touren zur Verfügung.

Abschließend sei noch ein Wort zur Restaurierung von Zellers Kompressor-BMW erlaubt. Es wurde von verschiedener Seite kritisiert, daß die Maschine bei Oldtimer-Rennen in der Vorkriegsklasse laufe, obwohl es sich um die modifizierte 1948/50er Ausführung handelt. Dazu ist zu sagen, daß die Kompressor-Maschinen ja allesamt 1938/39 gebaut wurden und die kleinen Verbesserungen 1948 durchweg der Verlängerung des aktiven Lebens der zehn Jahre alten Motorräder dienten. Man sollte Walter Zeller für die Wiederbelebung dieses legendären Motorrads dankbar sein.

BMW-Kompressor-Rennmaschine von 1938	
Motor	Viertakt Boxer
Zylinder	2
Bohrung/Hub	66 x 72 mm
Hubraum	494 ccm
Ventile	dohc
Schmierung	Druckumlauf, Naßsumpf
Leistung	55 PS bei 7000/min
Kühlung	Fahrtwind
Vergaser	1 Fischer-Amal-Vergaser 27 mm + 1 BMW-Vielzellen-verdichter
Elektrische Anlage	Bosch-Zündmagnet
Kupplung	Einscheiben, trocken
Getriebe	4-Gang, Fußschaltung
Antrieb	Kardan, 1 Gelenk + 1 Hardyscheibe
Rahmen	Doppelrohr, geschweißt
Radaufhängungen	Teleskopgabel, öldruckgedämpft vorn; Geradwegfederung, Reibscheibendämpfer hinten
Reifen	3,25 x 21 vorn, 3,50 x 19 hinten
Bremsen	Trommelbremsen 200 mm, Duplex vorn, Simplex hinten
Länge	2095 mm
Breite	700 mm
Sattelhöhe	760 mm
Bodenfreiheit	170 mm
Tankinhalt	24 l
Leergewicht	138 kg
Höchstgeschwind.	200 km/h
Verbrauch	10 l / 100 km
Originalpreis	unverkäufliches Werksrennmotorrad

Johannes Vogler erzählt dem Autor von seinen Erlebnissen mit der Nimbus 750 Sport von 1939.

Haushaltsware

Nimbus 750 von 1934 bis 1960

Peter Anders Fisker, ein gelernter Volksschullehrer, begann seine Fabrikantenkarriere 1905 mit der Fertigung von Elektromotoren, fünf Jahre später kamen dann die ersten Staubsauger hinzu. Stets an allen technischen Errungenschaften interessiert soll Fisker beim Betrachten der ersten Motorräder auf Kopenhagens Straßen ausgerufen haben: »So etwas baue ich auch, aber viel besser!«

Und er hielt Wort, denn als er im Jahre 1919 mit seiner »Nimbus« in der Öffentlichkeit auftauchte, löste er überall gehöriges Staunen aus. Das Motorrad wies einen längs im Rahmen eingebauten Reihen-Vierzylindermotor auf, was zu dieser Zeit zwar bei einigen amerikanischen Marken zu finden war, aber in Europa immer noch als Sensation galt. Ungewöhnlich war auch das Fahrgestell der Maschine ausgeführt: ein dickes Rohr stellte das Rahmenrückgrat dar und nahm zugleich den Kraftstoff- und Ölvorrat auf. Das Antriebsaggregat hing in angeschweißten Unterzügen aus Flachstahlprofilen, die mit dem Tankrohr einen geschlossenen Verbund bildeten. Das Vorderrad lief in einer grazilen Kurzschwinghebelgabel mit einer zentralen vor dem Lenkkopf verkapselt montierten Schraubenfeder. Der aufmerksame Fachmann konnte Fiskers Vorbilder für diese Konstruktionen identifizieren: Der Reihenvierzylinder mit Kardanantrieb wurde 1905 von FN in Belgien vorgestellt, einen Tankrohrrahmen gab es von 1909 an bei der amerikanischen Pierce-Vierzylinder und die Gabel sah man an der Vierzylinder-Henderson, ebenfalls aus den USA.

Aber gänzlich neu war die Hinterradschwinge der Nimbus, bei der die Kardanwelle im linken Schwingenholm untergebracht wurde, und je eine Schraubenfeder links und rechts die Verbindung zum Rahmen herstellte.

Die »Ofenrohr-Nimbus«, wie sie bald überall wegen ihres großdimensionierten Tankrohrs hieß, brachte es auf nur 1300 Exemplare. Die aufwendige Bauart bedingte einen hohen Verkaufspreis und in den Zeiten einfachster Alltags-Motorräder gab es nicht allzuviele Kunden für so ein Luxusfahrzeug. Über die erfolgreiche Staubsaugerproduktion finanzierte Fisker »seine« Motorräder mit, aber als sich 1928 erhebliche Kapazitätsprobleme im Kopenhagener Werk ergaben, stellte der Fabrikant die Herstellung ein.

Die Freude an den Motorrädern konnte Fisker jedoch mittlerweile mit seinem Sohn Anders Fisker teilen, der sich ab 1932 mit eigenen Entwürfen für ein neues Nimbus-Modell beschäftigte. Vater und Sohn arbeiteten bald eng zusammen, fertigten Konstruktionszeichnungen und Holzmodelle an und entschlossen sich schließlich im Jahre 1934 zu einer neuerlichen Produktionsaufnahme. Eine neue Motorrad-Werkshalle sollte die Kapazitätsprobleme lösen.

Im April 1934 war die erste Nimbus II zu sehen, sie hatte wieder einen längseingebauten Reihen-Vierzylindermotor und Flachstahl als Rahmen-Baumaterial vorzuweisen, doch damit endeten die Gemeinsamkeiten mit dem Vorgängermodell. Die vier Zylinder wurden nicht mehr einzeln auf dem Kurbelgehäuse montiert, sie stellten vielmehr ein gemeinsam mit dem Gehäuseoberteil gefertigtes Graugußteil dar – eine gießtechnische Meisterleistung für die damalige Zeit.

Im einteiligen Grauguß-Zylinderkopf hingen je zwei Ventile pro Zylinder und wurden durch eine obenliegende Nockenwelle und Kipphebel betätigt. Vorne auf dem Kurbelgehäuseunterteil aus Aluminium, das zugleich als Ölwanne diente, saß senkrecht die Lichtmaschine, angetrieben über Kegelräder vom vorderen Kurbelwellenende. Deren Antriebswelle ragte weiter nach oben und steuerte über ein weiteres Kegelradpaar die Nockenwelle, an deren vorderem Ende wiederum der Zündverteiler saß.

Ein direkt angeflanschtes Dreigang-Getriebe und die Kardanwelle zum Hinterrad vervollständigten das Antriebsaggregat. Nachdem sowohl Tankrohr als auch Hinterradschwinge weggelassen worden waren, bestand der Flachstahlrahmen nun aus zwei durchgehenden Schleifen. Oben war das Lenkkopfrohr eingeschweißt und Verstärkungen aufgenietet. Das Hinterrad lief in zwei ebenfalls aufgenieteten Halteblechen. Vorne hatte eine Teleskopgabel die mehrmals geänderten Schwingenausführungen an der »Ofenrohr«-Nimbus abgelöst. Diese Konstruktion entstand in Kopenhagen zur gleichen Zeit wie die BMW-Telegabel in München, wobei jedoch die Nimbus-Telegabel zunächst noch ohne hydraulische Dämpfung auskommen mußte.

Der Vierzylinder-Nimbus-Motor weist eine obenliegende Nockenwelle auf. Die Kurbelhausentlüftung erfolgt über das schräggestellte Rohr direkt zum Vergaser.

Die ersten Motoren leisteten 1934 bei einem Verdichtungsverhältnis von 5,0:1 18 PS bei 4000/min, das änderte sich ab 1937 mit dem zusätzlichen Modell »Sport«, dessen höherverdichteter Motor 22 PS abgab und das auch erstmals eine Fußschaltung aufwies. Die Nimbus II wurde nicht auf einem Fließband hergestellt, man montierte stattdessen immer nur eine Serie von 25 Stück, was auch die zahlreichen Detailunterschiede im Lauf der einzelnen Baujahre verständlich werden läßt.

Die Jahresproduktion belief sich zunächst auf 800 Exemplare, doch ab 1956 gingen die Stückzahlen immer mehr zurück – Nimbus lieferte fast nur noch an Post und Militär. Nach 12 715 Nimbus II wurde im Jahre 1960 die Fertigung endgültig eingestellt. Es gab jedoch auch weiterhin genügend Ersatzteile, um den sicheren Betrieb der Motorräder für die Zukunft zu gewährleisten.

Auch heute, nachdem im September 1976 die Post in Dänemark ihr letztes Nimbus-Gespann außer Dienst gesetzt hat und beim Militär die Depots geräumt wurden, ist die Teileversorgung für die Nimbus-Besitzer noch immer weitgehend problemlos.

Eine Gruppe stummer Bewunderer studiert die Details der neuwertigen (nicht restaurierten!) 1955er-Nimbus.

Der Nimbus-Rahmen ist aus simplen Flachstahlprofilen vernietet und verschraubt.

Waren es bis in die sechziger Jahre hinein neben der Post vor allem die kleinen Handwerksbetriebe und Händler, die auf ihre Nimbus schwörten, so finden heute viele Oldtimerfreunde, denen der Fahrspaß wichtiger ist als das Basteln, in den Vierzylindern aus Dänemark das ideale Motorrad für ausgedehnte Touren – zumal ein längsliegender Vierzylinder mit Kardan heutzutage ja wieder topaktuell ist.

Ebensowenig läßt sich das Fahrwerk aus der Ruhe bringen: Einer forschen sportlichen Kurvenfahrerei steht gar nichts im Wege. Ein schneller und möglichst lautloser Gangwechsel will geübt sein und, wie bei jedem zeitgenössischen Motorrad, sollte man sich auf die längeren Bremswege einstellen.

Wenn ein Motorrad schon beim ersten Proberitt einen so vertrauenerweckenden Eindruck macht, wie dies die Nimbus tat, so scheint es nicht verwunderlich, daß sie sich in ihrem Heimatland – ein Export fand nur in geringen Stückzahlen statt – so großer Beliebtheit erfreute. Bei einem gewissen Pflegeaufwand und nicht zu übertriebenem Einsatz gab es weder an der nur zweifach gelagerten Kurbelwelle, noch an den offenen Ventilen oder dem ungefederten Rahmenheck etwas auszusetzen.

Eine schnelle Sportmaschine konnte die 22pferdige 750er nicht sein, aber als anspruchsloses Arbeitstier verrichtete sie beste Dienste, insbesondere die Liefergespanne mit ihrem Kastenseitenwagen erreichten problemlos über Jahre hinweg allerhöchste Laufzeiten. Mit der kürzeren Seitenwagenübersetzung waren sie darüberhinaus im Kopenhagener Stadtverkehr überaus flink und wendig.

Für die Fotoaufnahmen stand mir ein praktisch fabrikneues Exemplar aus dem Jahre 1955 zur Verfügung, es befand sich lange Jahre im Besitz eines dänischen Händlers, der es nie benutzt hat. Neben vielen Details wie Lampenhalterung, Auspuffanlage oder Gummifederung an den Sätteln fällt vor allem die modernisierte Gabel, die sogenannte hohe Telegabel auf, die seit dem Jahre 1948 eingebaut wurde. Die weinrote Farbgebung ist ebenso wie das Elfenbein des 1939er Modells original, daneben gab es je nach Modell und Jahrgang die Farben Schwarz, Grau, Blau und Grün, natürlich auch Post-Gelb und Nato-Oliv.

Die Nimbus-Sport aus dem Jahre 1939 konnte zur Probefahrt gefahren werden. »Sport«, die Zusatzbezeichnung, ist etwas irreführend, doch hat sie zumindest der Besitzer wörtlich genommen, denn die auffällige Maschine war schon öfters bei Veteranenrennen in Deutschland, Österreich und Italien zu bestaunen. Rennmäßig tönt es auch aus dem offenen Auspuffrohr – die hochgelegte Anlage war bei der Sport serienmäßig, der Besitzer verzichtet jedoch auf das Fischschwanz-Endstück, so daß das Geräusch an einen heißen Sportwagen aus den dreißiger Jahren erinnert. Tatsächlich besaßen ja die kleinen MG-Typen einen Motor gleicher Bauart.

Die frei im Fahrtwind postierten Ventile lassen kaum Geklapper vernehmen, auch der Königswellentrieb macht sich nicht lautstark bemerkbar. Wie bei Kardanmaschinen gewohnt, rastet der erste Gang mit deutlichem Klacken ein, schon mit wenig Gas zieht die 750 ccm-Maschine recht ordentlich los. Man schaltet gleich in den zweiten Gang und bald in den dritten, denn der vibrationsfrei laufende Vierzylinder wartet mit enormem Drehmoment auf. Trotz Bodenwellen und teilweisem Kopfsteinpflaster erlauben die Telegabel und der breite, gut gefederte Sattel eine ungestörte Fahrt.

Nimbus 750 Sport von 1939	
Motor	Reihenmotor längs im Rahmen
Zylinder	4
Bohrung/Hub	60 x 66 mm
Hubraum	746 ccm
Ventile	ohc
Schmierung	Druckschmierung
Leistung	22 PS bei 4500/min
Kühlung	luftgekühlt
Vergaser	Nimbus-Kolbenschiebervergaser
Elektrische Anlage	Batteriezündung
Kupplung	Einscheiben-Trockenkupplung
Getriebe	3-Gang mit Fußschaltung
Antrieb	Kardanwelle zum Hinterrad
Rahmen	Doppelschleifenrahmen aus verschweißten und vernieteten Flachstahlprofilen
Radaufhängungen	Nimbus-Teleskopgabel vorne
Reifen	Drahtspeichenräder 3,50 x 19 bereift
Fußbremse	Trommelbremsen 180 mm
Handbremse	dito
Länge	2160 mm
Breite	780 mm
Sattelhöhe	730 mm
Bodenfreiheit	130 mm
Tankinhalt	12,5 l
Leergewicht	185 kg
Höchstgeschwind.	125 km/h
Verbrauch	ca 5 l / 100 km

Schwere Kavallerie

Zündapp KS 750 und BMW R 75 von 1942

Kein Museumsstück: Geländefahrt mit der Zündapp KS 750.

Eine spezielle Gruppe von Motorradfreunden befaßt sich mit dem Sammeln, Restaurieren und Bewegen von Militärmaschinen. Sie sind über die ganze Welt verstreut, und viele träumen davon, einmal eines der berühmten, großen Wehrmachtsgespanne zu besitzen.

Motorräder mit Seitenwagen hatten beim Militär Tradition, die Engländer benutzten sie im 1. Weltkrieg beispielsweise als Rettungsfahrzeuge. In den dreißiger Jahren wurde bei der deutschen Wehrmacht eine neue Truppenabteilung aufgebaut, die mit ihren Gespannen statt Transport- und Verbindungsaufgaben zu übernehmen, nun als eigenständige motorisierte Gefechtseinheiten auftreten sollten. Die zur Verfügung stehenden Motorräder BMW R 12 und Zündapp K 500, K 800 sowei KS 600 waren jedoch nur in beschränktem Umfang hierfür geeignet. Es fehlte ihnen die Geländetauglichkeit. Die beiden renomierten Hersteller befaßten sich deshalb mit Neuentwicklungen nach den Vorstellungen der Militärs.

Während bei Zündapp um die 750 ccm-Version des bisherigen ohv-Boxermotors ein neues Preßstahl- und Gußprofil-Fahrwerk herumgebaut wurde, blieb es bei BMW beim seitengesteuerten Motor, der jedoch nun in einem Rohrrahmen saß. Zündapp hatte auch beim Antriebssystem die Nase vorn, weshalb den Nürnbergern der Auftrag zufallen sollte. BMW gab nicht auf und stellte daraufhin ein überarbeitetes Modell mit dem 750 ccm-ohv-Aggregat vor. Schließlich mußte man sich aber doch dem Kompromiß beugen und Differential mit Kraftverteilung und Sperre sowie die hydraulischen Bremsen von Zündapp zu übernehmen.

Nach langwierigen Erprobungsprogrammen seitens der Heeres-Dienststellen lief die Porduktion der BMW R 75 im Sommer und der Zündapp KS 750 gegen Ende des Jahres 1941 an. Jeweils über 18 000 Exemplare der beiden Fahrzeuge gelangten bis 1945 in den Einsatz.

Natürlich begegnen Militärfahrzeugbesitzer immer wieder manchem Vorurteil. Es sind aber – in den meisten Fällen – die Begeisterung für die besondere Technik und das besondere Fahrerlebnis, die eine so große Anziehung ausüben. Und wer einen Veteranen restauriert, um ihn anschließend nicht in einem Museum abzustellen, geht letztlich auch zum TÜV und holt sich eine ordnungsgemäße Straßenzulassung. Dieter Lehner und Hermann Schimkat taten dies schon vor Jahren, seitdem sind sie mit ihren Zündapp KS 750 und BMW R 75 mehrere tausend Kilometer pro Jahr auf Achse.

Daß die Maschinen oft und flott bewegt werden, zeigte sich schon auf der Anfahrt zu unserem Testgelände. Die offizielle Höchstgeschwindigkeit von 95 km/h hielten die Maschinen locker, und als es auf kurvenreiche Landstraßen ging, fiel das Tempo kaum ab. Auch ich habe ein bißchen Gespannpraxis – doch wie die über 400 Kilo schweren, mehr als vierzig Jahre alten Dreiräder um die Ekken kurvten, konnte ich kaum mit den Augen verfolgen. Ich mußte mächtig in meinem VW-Käfer kurbeln, um mithalten zu können. Hier trat das Ausgleichsgetriebe mit der raddruckabhängigen Drehmomentverteilung auf Hinter- und Seitenwagenrad in Aktion. Bei starren Antriebsverbindungen sähe eine solche Fahrt anders aus. Peppi Stelzer hatte deshalb schon 1933 bei seinem Geländegespann stets die Gelenkwelle zum Seitenwagen bei Straßenfahrt entfernt.

Dann ging's ins Gelände. Nach einer kleinen Fotosession nahm ich mir zunächst die BMW R 75 vor. Der Motor war bereits schön warm, die Luftklappe am Filter durfte offen bleiben. Einen Hebel zur Zündverstellung gibt es nicht, da bei diesen Maschinen erstmals eine Fliehkraftverstellung des Zündzeitpunkts eingeführt wurde. So genügt ein Tritt auf den Kickstarter, der dank einer Umlenkung längs zur Fahrtrichtung bewegt wird. Seine günstige Übersetzung und die niedrige Verdichtung von 5,6:1 bringen den Boxermotor ohne großen Kraftaufwand zum Laufen. Und schon ertönt das BMW-typische Rasseln des Ventiltriebs. Aus der Schalldämpferbirne über dem Differentialgehäuse klingt es auch nicht gerade sehr gedämpft. Ich ertappe mich, wie ich den ersten Gang per Handhebel an der rechten Tankseite einlegen will, aber es gibt ja auch einen Fußschalthebel, der quer zur Fahrtrichtung links unten aus dem Getriebe ragt. Der innere Handschalthebel dient vorzugsweise als Ganganzeiger, und unter Eindrücken des Sperrknopfes läßt sich damit auch der Rückwärtsgang einlegen. Der äußere Hebel dient zum Umschalten von der Straßenübersetzung auf die Geländeabstufung, die mittels Vorgelege alle

Gänge – auch den Rückwärtsgang untersetzt.

Ich habe den Geländefahrbereich eingeschaltet, deshalb bewegt sich das Gespann im ersten Gang auch sehr langsam. Das ist für die ersten Fahrübungen auch gut so, ich ziehe fleißig am Lenker und bin erstaunt über die leichte Manövrierbarkeit und die damit verbundene Wendigkeit der R 75. Den Seitenwagenantrieb spürt man nur im positiven Sinn, das heißt, das Fahrzeug gehorcht exakt den Lenkerbewegungen. Der Schaltvorgang erfordert Konzentration (es handelt sich ja schließlich um eine BMW), geht aber sehr sauber vonstatten. Mit dem Gasdrehgriff muß man vorsichtig umgehen, das enorme Drehmoment des nie-

Ganz oben: Ein BMW-Prototyp aus dem Jahr 1940 mit seitengesteuertem Motor.

Oben: Die beiden Wehrmachtsgespanne sind bis ins kleinste Detail originalgetreu restauriert.

Links: Die Zündapp KS 750 ist schon ohne Seitenwagen ein wuchtiges Motorrad.

Unten: Marschbereit wiegen die Gespanne über 400 kg, BMW R 75 links und Zündapp KS 750 rechts.

dertourigen 750-ccm-Boxers steht jederzeit voll zur Verfügung. Ob Schlamm oder lockerer Kies, die beiden angetriebenen Räder kleben förmlich am Boden. Vergleichbar ist dies mit einer modernen Trial-Maschine, die allerdings nur ein Fünftel des Gewichts einer R 75 auf die Waage bringt. Erst recht beeindruckend wird es, wenn das Seitenwagenrad einmal kurz durchdreht: Kurz Gas weg, dann wieder vorsichtig auf – schon geht's weiter. Anfangs stand ich bei solchen Manövern lieber in den Rasten, die beiden Könner jedoch saßen in allen Lebenslagen bequem im Sattel; bei einem solch schweren Gerät gibt es ja auch kaum etwas auszubalancieren.

Natürlich mußte ich auch den Rückwärtsgang ausprobieren. Da ist man dann für die ungewohnten Verhältnisse recht schnell, und ich kann mir schon vorstellen, daß bei entsprechender Beherrschung des Gespanns die Wendigkeit damit annähernd konkurrenzlos wird.

Auf den ersten Blick mögen die beiden »überschweren Beiwagen-Kräder« recht ungeschlacht wirken, und sie vertragen ja auch einiges, doch erst bei einfühlsamer Behandlung entfalten sie ihr ganzes Können. Das sollte sich bei der Zündapp KS 750 in besonderem Maße zeigen. Mit ihrem großdimensionierten Profilrahmen und dem versenkt eingebauten Tank sowie dem glattflächigen, gewaltigen Motorblock wirkt die Zündapp wesentlich massiver und schwergewichtiger als die BMW.

Der Anlaßvorgang spielt sich wie bei der BMW ab, doch kaum ist die Kupplung im ersten Gang ganz ausgerückt, macht sich ein erstaunlicher Unterschied bemerkbar. Obwohl nach den gleichen Konstruktions-Grundlagen entworfen, verhält sich die Kraftentfaltung des Zündapp-Antriebs etwas kultivierter. Da ist vor allem das sanfte Drehmoment des Langhubers (Bohrung/Hub 75 x 85 mm, BMW: 78 x 78 mm) anzuführen. Der Auspuffton aus dem flachen Schalldämpfertopf links vor dem Hinterrad ist dumpfer als jener der BMW, dafür ist aber die Geräuschkulisse der Zündapp wesentlich höher. Die Abdeckhaube oben auf dem Motorblock, unter der sich Zündung, Vergaser und Luftfilter verbergen, wirkt dabei auch als Resonanzkörper. Hervorstechend im Fahrbetrieb ist das Singen der geradverzahnten Getrieberäder. Diese bedingen ein zweimaliges Kuppeln beim Schaltvorgang.

Zurück zur Motorcharakteristik. Mir war bei den Vorführungen der Besitzer schon aufgefallen, daß die Zündapp scheinbar müheloser zu Werke geht als die BMW. Und genau das konnte ich unter der Anleitung von Dieter Lehner selbst ausprobieren, als ich im zweiten Gang (Gelände-Übersetzung) in einem Acker quer zu den Furchen anfuhr. Ohne Probleme setzte sich die schwere Fuhre mit wenigen hundert Kurbelwellen-Umdrehungen in Bewegung. Beim Auf und Ab im Acker zeigte sich auch die hervorragende Qualität der Zündapp-Parallelogrammgabel; sie schlug wegen des kurzen Federwegs zwar mehrmals an, doch die hydraulische Dämpfung machte dies beherrschbar. Zu bewegen ist die Zündapp an sich leichter als die BMW, vermutlich ist die Fahrwerksgeometrie um ein Quentchen besser geglückt. Das Resümee aus den kurzen Fahreindrücken mit beiden Gespannen läßt sich einfach darstellen: eine Klasse für sich.

Wie stets bei zwei unterschiedlichen Lösungen zum selben Thema, sind die Meinungen dazu kontrovers, und wenn es sich um die beiden Wehrmachtsgespanne handelt, die vor fast 50 Jahren gebaut wurden, dann sind da natürlich auch noch eine Menge Legenden hinzugewachsen.

Die Frage nach dem »besseren« der beiden Fahrzeuge läßt sich nicht beantworten, denn Vor- und Nachteile sind sehr gleichmäßig verteilt. Zunächst der Motor. Der Zündapp-Block ist glattflächig, die Aggregate sind verkapselt, die Verwendung eines Solex-Vergasers aus dem Automobilbau kommt der Wartungsfreundlichkeit entgegen. Bei BMW hat man einen zerklüfteten Block und sogar zwei Vergaser außen an den Zylinderköpfen, man hat sich hier kaum von der Bauweise für den zivilen Motorradmarkt entfernt. Wie durch ein Prospektblatt aus dem Jahr 1941 belegbar ist, hatte BMW durchaus auch eine »Friedensproduktion« im Sinn. Gewichtige Vor- oder Nachteile an beiden Konstruktionen sind nicht bekannt geworden. Vielleicht hätte BMW bei einer Weiterentwicklung auf einen seitengesteuerten Motor (geringere Baubreite) und einen zentralen Vergaser zurückkommen sollen, doch die R 75 bewährte sich auch so. Die Getriebe unterscheiden sich in der Beiordnung von Rückwärtsgang und Geländeuntersetzung, bei Zündapp wird mit dem Rückwärtsgang die Drehrichtung des gesamten Viergang-Radsatzes geändert. Bei BMW hat man den Rückwärtsgang in das Vierganggetriebe integriert und auch durch das Gelände-Vorgelege untersetzt. Bei der R 75 stehen somit 10 Gänge zur Verfügung, bei der KS 750 deren 9, da im Rückwärtsgang die Stufen 2 bis 4 gesperrt werden. Der Unterschied wirkt sich in der Praxis wiederum kaum aus. Dasselbe gilt auch für die unterschiedlichen Vordergabeln, wobei an der Zündapp die bessere Funktion durch einen wesentlich höheren Wartungs- und Fertigungsaufwand ausgeglichen wurde. Am Rahmen ergeben sich ebenfalls kaum Praxis-Unterschiede, Rahmenbrüche am Zündapp-Profilrahmen lassen sich durch Verstärkungen abstellen. Die im Fahrvergleich empfundene leichte Überlegenheit der Zündapp wurde durch den dazu nötigen höheren Aufwand wieder ausgeglichen.

Dies gilt ganz besonders auch für die Seitenwagen. Man hatte Anschlüsse und Antrieb zwar vereinheitlicht, doch Zündapp verwendete den in eigener Regie entstandenen Rahmen mit Drehstabfederung für Rad und Boot. Bei BMW hingegen blieb es bei der Blattfeder-Kon-

Die Beiwagenboote sind gleich, die Unterschiede liegen bei der Aufhängung.

Die BMW weist einen verschraubten Rohrrahmen mit Zentralprofil unter dem Tank auf.

Oben: Bei der Zündapp befindet sich der Werkzeugbehälter auf dem Tank (links), bei der BMW ist es der Luftfilter.

Darunter: Das Zündapp-Aggregat (links) im Blechprofilrahmen ist nicht so zerklüftet wie das der BMW (rechts).

Links außen: Die Zündapp-Parallelogrammgabel mit gekapselten Druckfedern (in den Holmen) und hydraulischer Dämpfung.

Links: Die BMW-Teleskopgabel, die es bereits seit 1934 mit hydraulischer Dämpfung gab.

	BMW R 75	**Zündapp KS 750**
Motor	Viertakt	
Zylinder	2	
Bohrung/Hub	78 x 78 mm	75 x 85 mm
Hubraum	745 ccm	751 ccm
Ventile	ohv, Stoßstangen und Kipphebel	
Schmierung	Druckumlauf, Naßsumpf	
Leistung	25 PS bei 4400/min	26 PS bei 4000/min
Kühlung	Fahrtwind	
Vergaser	2 Graetzin Sa 24	1 DVG-Solex 30 BFRH
Elektr. Anlage	Noris-Magnetzünder, Noris-Lichtmaschine 6 V 50 W	
Kupplung	Einscheiben trocken	Zweischeiben trocken
Getriebe	4-Gang-Zahnradgetriebe mit zusätzlicher Geländeübersetzung und Rückwärtsgang	
Antrieb	Kardanwelle zum Hinterrad, Ausgleichsgetriebe mit Sperre und Antriebswelle zum Beiwagen	
Rahmen	verschraubter Rohrrahmen	verschw. Blech-Profilrahmen
Radaufhängungen	Teleskopgabel vorn, hinten starr	Parallelogrammgabel vorn, hinten starr
Reifen	4,50 x 16 Gelände	
Bremsen	Trommelbremsen, Vorderrad Seilzug, Hinterrad und Beiwagen hydraulisch betätigt	
Länge	2400 mm	2385 mm
Breite	1730 mm	1650 mm
Sattelhöhe	780 mm	785 mm
Bodenfreiheit	150 mm	150 mm
Tankinhalt	24 Liter	23 Liter
Leergewicht	420 kg	400 kg
Höchstgeschwindigkeit	92 km/h	95 km/h
Verbrauch	ca. 8 l / 100 km (Straße)	
Seitenwagen	BW 43, Boot an Blattfedern	BW 40, Boot an Federstab

struktion für das Boot und einer Rohrfeder für das Seitenwagenrad. Der Komfort im Zündapp-Boot ist natürlich wesentlich besser als im BMW-Boot, doch schließlich mußte man bei Zündapp auf den aufwendigeren Beiwagen 40 zugunsten des Standard-Typs BW 43 verzichten. Das Seitenwagenboot (in seiner letzten, verstärkten Ausführung W Krad B 2 genannt) wurde übrigens gemeinsam bei Steib in Nürnberg, Stoye in Leipzig, Royal in München und bei Tabel in Creußen produziert, wobei Steib auf einer 750-t-Presse die Bodengruppe herstellte und an die beteiligten Firmen lieferte.

Heute spielen natürlich die jeweiligen Vergleiche keine Rolle mehr, im Vordergrund steht der Fahrspaß und auch die Geschichte der beiden Gespann-Konstruktionen. Die mir zur Verfügung gestandenen Exemplare kamen Anfang der 70er Jahre in den Besitz von Hermann Schimkat und Dieter Lehner, und die beiden brauchten einige Zeit, bis die Motorräder wieder im originalgetreuen Zustand dastanden. Dazwischen lagen Jahre der Erfahrungssammlung mit den Fahrzeugen an sich, denn wie es bereits angeklungen sein dürfte, setzt die gekonnte Umgangsweise eine gute Beherrschung der KS 750 und der R 75 voraus. Aber der Aufwand lohnt sich, wie mir nach diesem erlebnisreichen Nachmittag klar wurde, denn wenn man sich mit Begeisterung an diese Vehikel macht, dann geben gerade die Wehrmachtsgespanne eine ganze Menge Spaß ab. Und zuverlässig sind sie auch heute wieder; Auslandsreisen mit zahlreich eingestreuten Gelände-Etappen sind nichts Besonderes für die BMW R 75 und die Zündapp KS 750.

Treu Britisch

Norton 16 H mit Seitenwagen von 1946

Auf verschneiten Straßen reichen auch 14 PS zum Gespann-Spaß.

Auf meiner Suche nach einem englischen Beiwagen war ich in einer Zeitung auf eine verheißungsvolle Annonce gestoßen. Unweit Birminghams stand ein komplettes Norton-Gespann zum Verkauf. Ich schrieb nach England und erbat genauere Informationen. Das Fahrzeug entpuppte sich schließlich als ein Modell 16H mit dem Original-Norton-Tourenseitenwagen.

Im Jahre 1911 war der Firmenchef, James Lansdowne Norton, auf der 3 1/2-PS-Norton erstmals bei der TT gestartet. Seine Maschine wies die Abmessungen 79 x 100 mm für Bohrung und Hub auf und hatte einen Hubraum von 490 ccm. Unter der Bezeichnung »Model 9« wurde die Maschine ab Herbst jenen Jahres auch im Verkaufsprogramm geführt; sie hatte kein Getriebe und wurde mit einem Riemenangetrieben. 1914 führte Norton das Dreiganggetriebe von Sturmey-Archer ein und damit auch den Kettenantrieb zum Hinterrad. Die damit ausgestattete 490-ccm-Maschine erhielt nun die Bezeichnung »Model 16« Als nach dem Ersten Weltkrieg im Jahre 1920 die TT auf der Isle of Man erstmals wieder abgehalten wurde, startete bei der Senior-TT (500er-Klasse) ein Großteil der Teilnehmer auf dieser Norton Model 16. Douggie Brown wurde mit einem Rückstand von 3,5 Sekunden auf Tommy de la Hay (Sunbeam) bei diesem Rennen Zweiter. Im darauffolgenden Jahr wurde ein fünfköpfiges Werksteam zur TT entsandt, aber auch diesmal konnte mit der seitengesteuerten Norton kein großer Erfolg errungen werden, das gelang erst 1923 mit dem ohv-Modell. 1921 erhielt die Norton 16 auch ihre Zusatzbezeichnung »H«. Im November stellte Norton auf der Olympia Show in London sein »Colonial Model« vor, dieses Motorrad hatte ebenfalls den 490-ccm-sv-Motor, aber einen anderen Rahmen mit mehr Bodenfreiheit. Die Bezeichnung lautete 17C, wobei das »C« für Colonial stand; entsprechend wurde das bisherige Modell 16H genannt, da es nicht für die Kolonien, sondern für den »Homemarket« gedacht war.

1923 erschien erstmals eine 490-ccm-ohv-Norton im Katalog, die 16H wurde nach wie vor als Sportmodell aufgeführt. Ins dritte Glied rutschte sie erst 1928 zurück, da als Topmodell die Königswellenmaschine in das Programm aufgenommen worden war. Die nunmehr mit einem Satteltank an Stelle des Stecktanks (»Flattank«-Norton) ausgestattete 16H wurde kaum mehr als sportliches Solomotorrad verkauft, sondern als einfache Gebrauchsmaschine eingestuft. Die nächste wichtige Neuerung ergab sich 1931 mit der Einführung abnehmbarer Zylinderköpfe. Bisher hatten die seitengesteuerten Modelle mit den einfachen – und beim sv-Motor nicht besonders hinderlichen – Sackzylindern vorliebnehmen müssen. Außerdem saß nun der Zündmagnet nicht mehr vor dem Motor, sondern hinter dem Zylinder am Kurbelgehäuse. Die Schmierung wurde von der ursprünglichen Tropfölung (Verlustschmierung) auf eine Druckumlaufschmierung mit Zahnradölpumpe umgestellt. Die bisher offen am Zylinder stehenden Ventile und Federn wurde nunmehr abgedeckt.

1933 gab es in Gestalt austauschbarer Räder und der Norton-Girder-Gabel, die die »uralte« Druid-Gabel ablöste, wichtige Fahrwerksänderungen. Ein weiteres Jahr später wurde das bisher bei den Seitenventilern nur auf Wunsch erhältliche Vierganggetriebe serienmäßig eingebaut und die bekannten Zusatzfedern an der Parallelogrammgabel eingeführt.

Das Modell 1937 der Norton 16H sollte in den folgenden Jahren weltweite Berühmtheit erlangen: Es wurde zusammen mit der 633-ccm-Variante »Big Four« zum Militärdienst eingezogen. Bis 1945 stellte die Firma in Birminghams Bracebridge Street (Stadtteil Aston) mehr als 100 000 Maschinen für die britischen Streitkräfte her. Von dieser riesigen Stückzahl waren nach dem Krieg große Mengen an nicht eingesetzten Maschinen übriggeblieben; noch bis etwa 1957 waren sie als »Military Surplus« bei verschiedenen Motorradhändlern zu absoluten Schlagerpreisen zu bekommen. Gerade in den Kriegsjahren und danach als Billigstmotorrad – auch vom Unterhalt her – konnte sich die 16H erneut den Ruf der schieren Unzerstörbarkeit erwerben.

Meine Maschine stammt aus der ersten Nachkriegsserie, deren Produktion bereits im August 1945 aufgenommen wurde. Für den Modelljahrgang 1948 bekam die Norton 16H neue separate Ventilgehäuse und einen Zylinderkopf aus Aluminium. Eine Teleskopvordergabel wurde ebenfalls eingeführt. Bis auf die Verwendung des langliegenden Getriebedeckels ab 1950 wurde bis zum endgültigen Auslaufen der letzten seitengesteuerten Norton im Jahre 1954 nichts mehr geändert.

tile. Diese sind seitlich stehend in einem am Zylinder angegossenen Gehäuse untergebracht und werden von je einer Ventilfeder in Position gehalten. Das Ventilspiel wird an der Kontaktfläche zwischen Stößel und Ventilkappe eingestellt. Die beiden 40 mm großen Ventile laufen in langen Stahlführungen, welche durch Spritzöl aus einer ins Ventilgehäuse ragenden Düse geschmiert werden. Der flache Brennraum über den Ventiltellern

in den Vorratstank zurückgepumpt. Auf das Nockenrad für den Einlaß ist auch das Antriebsritzel der Zündanlage angeschraubt. Mittels einer kurzen Rollenkette wird der Zündmagnet angetrieben, der seinerseits auch die Lichtmaschine, den Dynamo, antreibt.

Eine einfache Rollenkette übernimmt den Primärantrieb vom Kurbelwellenritzel zur Kupplung, die aus fünf Stahlscheiben und fünf Reibscheiben mit ein-

Links: Die Norton-Trapezgabel mit den charakteristischen seitlichen Federn als Dämpfungsausgleich wurde 1946 zum letztenmal verwendet.

Oben: Natürlich hat auch der Norton-Seitenwagen eine Tür.

Bis auf wenige, zum Teil schon erwähnte Modifikationen blieb der Motor der Norton 16H über die 43 Jahre seiner Existenz hinweg gleich. Das Zentrum stellt dabei die massive Kurbelwelle dar, es handelt sich hier um eine zusammengesetzte Ausführung mit schweren gußeisernen, als Schwungräder ausgeführten Kurbelwangen. Die Wellenstümpfe sind jeweils eingepreßt, und die Kurbelwelle wird durch den eingesetzten und verschraubten Hubzapfen montiert. Als Hauptlager finden zwei Rollenlager Verwendung, wobei auf der Antriebsseite noch ein zusätzliches Kugellager angeordnet ist. Auf den steuerseitigen Kurbelwellenstumpf wird das Antriebszahnrad für die Nocken aufgesteckt, mit einem Keil gesichert und durch das Schneckenrad des Ölpumpenantriebs verschraubt.

Die Nocken befinden sich auf großen Steuerzahnrädern und bewegen über Schlepphebel und kurze Stößel die Ven-

und dem Kolben ist in den Zylinderkopfdeckel eingelassen, der auf die Unterlage einer dicken Kupferdichtung mit neun Muttern verschraubt wird. Die 18-mm-Zündkerze sitzt genau über dem Einlaßventil. Das Pleuel läuft auf dem Kurbelzapfen in einem doppelreihigen Rollenlager, der Kolbenbolzen in einem Gleitlager aus Phosphor-Bronze. Sowohl das Pleuelauge als auch das Lager sind mit mehreren Ölbohrungen versehen. Der Alukolben trägt zwei Kompressionsringe und einen Ölabstreifer und ist am Hemd mit mehreren Ölfördernuten versehen.

Die Zahnradölpumpe, unten im Steuergehäuse untergebracht, pumpt den Schmierstoff aus dem am Sattelrohr befestigten Öltank zu den Hauptlagern und allen anderen Schmierstellen, die jedoch meist über Schleuderschmierung versorgt werden. Aus dem Sumpf in einer Vertiefung am Boden des Kurbelhauses wird das Öl wieder abgesaugt und

gesetzen Belägen besteht. Im Zentrum der Kupplung befindet sich das Antriebsrad zum Getriebe, das mit drei Gummipuffern zur Antriebsstoßdämpfung versehen ist. Das Viergang-Norton-Getriebe basiert noch auf dem vor 1934 ausschließlich verwendeten Sturmey-Archer-Produkt, das von Norton seither in eigener Regie hergestellt wurde. Am Modell 1946 wurde der äußere Deckel geändert, der nun den ganzen Schaltmechanismus abdeckt.

Der Rahmen der Nachkriegsmaschine wurde modifiziert. Wie auch die Modifikaton am Getriebe, wäre dies schon für 1940 vorgesehen gewesen, damals sollten auch die Motordimensionen geändert werden. Doch das Bohrung-Hub-Verhältis von 82 x 94 mm hat man später nicht mehr aufgenommen. Der Einrohrrahmen war nunmehr mit einem gegabelten Unterzug vom Frontrohr zum Sattelrohr versehen, der Motor wurde nicht mehr in einen unten offenen Rahmen

Der seitengesteuerte Motor war bei Norton von 1911 bis 1954 im Programm, stets blieb man bei den Dimensionen 79 x 100 mm für Bohrung und Hub.

Der Seitenwagen weist als Besonderheit serienmäßig ein Klappverdeck auf.

eingehängt. Ein Mittelständer fand nun ebenfalls Verwendung, ohne daß man jedoch die Klappständer am Vorder- und Hinterrad aufgab; somit hat die 16H drei Ständer.

Das Hinterrad blieb starr aufgehängt. Eine Geradwegfederung war zwar ab 1948 im Programm, jedoch nicht für die Seitenventiler. Die Vordergabel beim Modell 1946 wurde unverändert von den Vorgängern vor dem Krieg übernommen, es handelte sich dabei um die Rohr-Parallelogrammgabel aus Norton-eigener Fertigung.

Der Seitenwagen wurde bei Swallow in Coventry gebaut und im Programm dieser Firma als Modell 8 geführt. Norton bezog die Beiwagen zwar von Swallow, führte sie jedoch im Katalog als eigene Modelle auf. Der größte und schwerste, aber eben auch am besten ausgestattete Norton-Swallow-Seitenwagen war ab 1946 der Typ G, nachdem der größere Typ M mit ausklappbarem Kindersitz nach 1939 nicht mehr ins Programm genommen wurde. Den Hauptrahmen bildet ein Rohrtrapez, das Rad ist an einem senkrecht nach oben führenden Ausleger angebracht. Der Seitenwagen ist am Motorrad an vier Punkten befestigt, unmittelbar unter dem Tank und am hinteren Rahmenende mittels massiver Schraubenanschlüsse und an der vorderen Motorhalterung sowie unter dem Sattel durch Gelenkverschraubungen. Die Stahlblechkarosserie ist mit einem Holzrahmen verstärkt und hat auch einen Sperrholzboden. Der Einsitzer weist eine kleine Seitentür auf und ein Klappverdeck aus Segeltuch sowie ein verriegelbares Gepäckfach.

Anfang 1946 wurde ein gewisser Sergeant Harvey aus der Armee entlassen und kaufte sich vom ausbezahlten Handgeld am 15. Juli das beschriebene Norton-Gespann. Inklusive Purchase-Tax bezahlte er für die 16H 153 Pfund, 3 Shilling, 3 Pence. Der Seitenwagen wurde getrennt nach Chassis und Aufbau mit £ 16/0/0 beziehungsweise £ 24/9/0 berechnet, so daß das gesamte Fahrzeug auf 193 Pfund, 12 Shilling, 3 Pence kam. Als das Gespann 34 Jahre später seinen Besitzer wechselte, kostete es einige Pfund Sterling mehr...

Den ersten Test absolvierte das nach wie vor zugelassene und anstandslos durch dem M.O.T.-Test (englischer TÜV) gebrachte Fahrzeug auf einer Fahrt von Birmingham nach Irland. Dabei ging es völlig problemlos quer durch Worcestershire, Wales und nach dem Fährtransport durch Südirland. Die engen Straßen hinter Cork machten dem Fahrer dann wesentlich mehr zu schaffen als dem Gespann. Der Teerbelag paßt sich dort nämlich sämtlichen – auch den winzigsten – Bodenunebenheiten an, und da ich in dem entnervenden Regen schnell vorankommen wollte, mußte ich eine gehörige Schüttelei in Kauf nehmen. Nach diesem Ausflug wurde das Gespann nach Deutschland verfrachtet und dient hier nun als Winterfahrzeug. Das Motorrad mit »Ausleger« wird jedoch nur auf Schneestraßen ohne Salzvergiftung gefahren, denn es soll ja nicht mutwillig zerstört werden...

Kurz nach Weihnachten hatte es wieder richtig geschneit, und ein sonniger Morgen lud zur Winterreise per Norton-Gespann. Zur Vorsicht wurde ins Seitenwagenboot der schwere Werkzeugkasten als Ballast hineingestellt, denn es fand sich kein »wetterfester« und kältegeprüfter Beifahrer. Im geschlossenen Beiwagen kann man sich schon ein klein wenig beengt vorkommen, denn das weit heruntergezogene Verdeck läßt an der Celon-Scheibe nur noch ein kleines Sichtfeld frei. Zum Aussteigen muß man das Gestänge zurückklappen, den Schnappverschluß vor der Tür öffnen, damit das Scheibenteil zur Seite klappen und schließlich noch die Tür öffnen. Das Starten des Motors geht da schon wesentlich einfacher vor sich. Auch bei klirrender Kälte springt der langhubige Norton-Seitenventiler sofort an: Volle Frühzündung, Schwimmerkammer fluten und ein kräftiger Tritt auf den Kickstarter, nachdem der Kolben den oberen Totpunkt knapp überschritten hat. Der Motor läuft gleich richtig rund, und man könnte sofort losfahren, aber es empfiehlt sich in dieser Kälte, dem Öl noch etwas Zeit zur vollständigen Zirkulation

Mit dem links montierten Seitenwagen gibt es beim Kickstart keine Platzprobleme, lediglich der Passagier muß bei Gegenverkehr gute Nerven haben...

zu gewähren. Die Kupplung klebte im Ruhezustand, bei laufendem Motor trennt sie aber sofort, und der erste Gang läßt sich durch Hochziehen des Schalthebels geräuschfrei einlegen. Die Fuhre zieht munter los, und man schaltet bald bis in den Dritten. Im Schnee sind wie bei allen Gespannen erstaunliche Fahrmanöver möglich, da das Fahrzeug ausgezeichnet die Spur hält und sich deshalb flott bewegen läßt. Sollte das angetriebene Rad einmal wegrutschen, so läßt sich das Gespann durch einige Gasstöße sofort wieder geradestellen. Andererseits kann man mit kontrolliertem Drift fast auf der Stelle umdrehen. Das Anzugsvermögen im Schnee ließ sich leider nicht gut ausprobieren, da am Hinterrad mit dem Avon-Speedmaster ein reiner Straßenreifen montiert war, der zuwenig Traktion brachte.

Beeindruckend ist der ruhige und gleichmäßige Lauf der Maschine. Sturz und Vorspur am Seitenwagen waren sehr gut eingestellt, womit auch das Fahrverhalten makellos wurde. An Steigungen dagegen geht der 16H verhältnismäßig schnell die Puste aus, immerhin wird ihre Leistung auch nur auf 14 PS beziffert. Es wird daraus klar ersichtlich, daß die 633-ccm-Version für den Gespannbetrieb wesentlich besser geeignet ist – aber diese gab es 1946 nicht zu kaufen. Bei einem derartigen Drosselmotor, wie ihn das 490-ccm-sv-Aggregat darstellt, will der Umgang mit dem Gasdrehgriff einigermaßen gelernt sein. Mit seinen großen Schwungmassen reagiert der Motor nicht immer gleich, so darf man beispielsweise an einer Steigung das Gas nicht zu weit stehen lassen, da sich der Motor hier leicht verschluckt. Und allzu schaltfaul sollte man auch nicht sein, denn wenn kein Schwung mehr vorhanden ist, muß man sich im nächstniederen Gang sehr quälen. Das relativ schwere Gespann läßt sich jedoch auf ebenen und leicht abschüssigen Strecken sehr zügig bewegen, und so kann es geschehen, daß die normale Reisegeschwindigkeit von etwa 60 km/h auch einmal für längere Zeit auf 75 bis 80 Stundenkilometer ansteigt. Der ansonsten für die Solo-16H sehr günstige Bezinverbrauch verschlechtert sich natürlich bei mitgeführtem Seitenwagen, aber auch 4,5 Liter auf 100 Kilometer sind nicht übermäßig viel. Bei gleicher Geschwindigkeit und vergleichbarem Fahrstil beansprucht somit der angebaute Seitenwagen einen zusätzlichen Liter Kraftstoff gegenüber dem Solobetrieb.

Sehr gut bewährt sich die Girder-Vordergabel, deren außen angebrachte Hilfsfedern auf Zug beansprucht werden und so eine gewisse Dämpfungswirkung erbringen. Die Gabel verrichtet sogar unter der schweren Seitenwagenbeanspruchung fast eine bessere Arbeit als die nachfolgenden ungedämpften Norton-Teleskop-Gabeln. Wertvolle Dienste leistet auch der Lenkungsdämpfer, der den Lenker in allen Kurven ruhig hält. Die Bremsen würde man vielleicht noch mit »zufriedenstellend« bezeichnen, sie sind durch den schweren Seitenwagen fast schon zu stark beansprucht. Eine Bremse am Seitenwagenrad wäre hier wünschenswert.

Das 16H-Gespann sieht zwar nicht mehr wie neu aus, aber dafür ist es bis ins letzte Detail im Originalzustand geblieben. Für ein Fahrzeug, das über 30 Jahre lang gefahren wurde, hat es sich erstaunlich gut gehalten. Wie ich die seitengesteuerten Norton kenne, wird es das auch noch lange tun. Ich werde es jedenfalls nicht restaurieren, sondern fahren – und natürlich neue Tankabziehbilder anbringen: Norton Registered Trade Mark.

Norton 16H mit Seitenwagen von 1946	
Motor	Viertakt
Zylinder	1
Bohrung/Hub	79 x 100 mm
Hubraum	490 ccm
Ventile	sv
Schmierung	Druckumlauf
Leistung	14 PS bei 4500/min
Kühlung	Fahrtwind
Vergaser	Amal 76/011 (25,4 mm)
Elektrische Anlage	Lucas Magdyno
Kupplung	Mehrscheiben im Ölnebel
Getriebe	4-Gang
Antrieb	Kette
Rahmen	Einrohr, geschlossen
Radaufhängungen	Norton Trapezgabel vorn, starr hinten
Reifen	3,25 x 19
Fußbremse	Halbnaben Trommelbremse 177 mm
Handbremse	dito
Länge	2160 mm
Breite	760 mm / 1320 mm mit Seitenwagen
Höhe	113 mm
Sattelhöhe	720 mm
Bodenfreiheit	110 mm
Tankinhalt	11 l Kraftstoff; 2,2 l Öl
Leergewicht	168 kg / 240 kg mit Seitenwagen
Höchstgeschwind.	110 km/h solo, 80 km/h mit Seitenwagen
Verbrauch	ca 5 l / 100 km
Originalpreis	193 £ 12 Shilling 3 Pence (1946)
Seitenwagen	Norton Modell G

Das Biest

Vincent 1000 von 1950

Die mir zu Testzwecken zur Verfügung gestellte Vincent Rapide stammt aus dem Jahre 1950. Mit dieser Maschine ging der seinerzeitige Besitzer auf Hochzeitsreise – er nahm sie, ebenso wie seine junge Frau, aus England mit nach Deutschland. Mit der Ehe ging es besser als mit dem Hochzeitsgefährt: es streikte. Und bei einer in Britannien durchgeführten Motorreparatur rüstete man Aggregat und Bremsen auf Black-Shadow-Spezifikation um.

Die zerlegte Maschine wechselte dann aber den Besitzer und erlebte nach und nach erst ihre Vervollkommnung. Nur ein Problem warf die Maschine auf: Bei Veteranenrallies kann man mit ihr meist nicht langsam genug fahren...

Ich darf das bestätigen: Das »Biest«, wie dieses Modell von vielen Engländern liebevoll genannt wird, hatte eine lange Standzeit hinter sich, als ich es in Betrieb nahm. »Mit dem Kickstarter ist da nicht viel zu machen«, sagte der Besitzer und riet zum Anschieben. Die Zweizylinder kam in Bewegung, und nach dem dritten Versuch stellte sich auch der erwünschte Rundlauf ein. Es konnte losgehen.

Wenn man die Vincent nur von Bildern her kennt, meint man, sie sei monströs. Sie ist aber eher schmal und niedrig; dieser Eindruck bestätigt sich erst recht beim Aufsitzen. Unter dem Tank ragt nichts hervor, die Sitzposition ist im Verein mit dem berühmten schmalen Vincent-Lenker so richtig »versammelt« zu nennen. Die hoch angebrachten Fußrasten und die hohe Sitzbank zwingen zu sportlicher Haltung. Alle Bedienungshebel liegen gut zur Hand.

Aus dem Burgess-Schalldämpfer der gemeinsamen Auspuffanlage der beiden 499-ccm-Zylinder entwicht der typische V-Zweizylinder-Klang, ein tiefes Gebrabbel. Laut, aber das gehört sich so.

Ein Trum Motorrad ist die Vincent mit ihrem riesigen 1000 ccm-ohv-Zweizylinder. Die Vergaser sind übrigens jüngeren Datums.

Zum Einlegen des ersten Ganges wird der rechts montierte Fußschalthebel kurz nach oben gezogen. Die Kupplung muß zum Anfahren lange schleifen, da wir es hier mit dem ersten Gang der Black Shadow zu tun haben, der bis etwa 90 km/h reicht. Doch kaum ist ganz eingekuppelt, kann man auch schon kurz nacheinander die einzelnen Gänge bis zum vierten durchschalten, der Einliter-Zweizylinder entwickelt einen satten Durchzug in allen Drehzahlen, und man kann im vierten schön dahinrollen. Kupplung und Schaltung sind wunderbar leicht und geräuschlos zu betätigen. Noch eindrucksvoller wird das Ganze mit Zwischengas, was zwar nicht absolut nötig wäre, aber sich um so besser anhört.

Das Fahrverhalten ist wirklich hervorragend, zumal wenn man sich das Baujahr der Vincent vor Augen hält. Die Vordergabeln italienischer Sportmaschinen sind auch heute nicht straffer, und die Vincent kann immerhin mit 75 mm Federweg vorne und 100 mm hinten glänzen, was ein Mehrfaches des damals Üblichen darstellt. Ausgezeichnet verhalten sich auch die Bremsen; im Gegensatz zu den meisten englischen Konstruktionen der fünfziger Jahre kommt hier wirklich auf Befehl eine sichere Verzögerungsleistung.

Beim Warten an einer Vorfahrtsstraße blieb indessen plötzlich der Motor stehen.

Ich dachte gar nicht an die Erzählungen aus Vincent-Kreisen, denn mein Einzylinder-geübtes rechtes Bein würde mich bestimmt nicht im Stich lassen. Also nur die Schwimmerkammer des hinteren Vergasers fluten, die – bei Vincent nicht übliche – manuelle Zündverstellung ganz vorstellen, mit dem Ventilausheber den oberen Totpunkt suchen und den Kolben noch ein klein wenig weiterbewegen – das alles läßt sich erstaunlich präzise bewerkstelligen.

Und dann mit Schwung auf den eindrucksvollen Kickstarter, schon läuft der große V-Twin wieder. Beim Anfahren habe ich aber vergessen, die Zündung wieder zurückzustellen. Als ich dies nachhole, macht der Motor erst richtig Dampf.

Auf der freien Landstraße habe ich dann in den einzelnen Gängen den möglichen Abzug durchprobiert, mit dem Ergebnis, daß die große Tachonadel stets mit Windeseile aus legalen Geschwindigkeitsbereichen entschwand. Die Vincent ist in der Tat ein überaus handliches Sportmotorrad, das sich mit spielerischer Leichtigkeit bewegen läßt. Allerdings kann ich mir vorstellen, daß das Fahrwerk sorgfältig gewartet sein will.

Die Geräuschentwicklung auf der Strecke ist natürlich nicht gering. Man hört das Singen der Steuerräder, und die Leichtmetallzylinder verstärken die Geräusche der Ventilsteuerung, noch deutlicher hört man unter dem Tank die Ansauggeräusche der Vergaser. Insgesamt sind die Geräusche jedoch nicht störend, zumal ja auch die Drehzahlen niedrig bleiben. Vibrationen sind so gut wie überhaupt nicht zu spüren, und zusammen mit der guten Sitzposition erscheint es absolut glaubhaft, daß sich der großvolumige V-Twin hervorragend als Reisemaschine eignet. Die Vincent braucht einen Vergleich mit den neuesten Erzeugnissen aus Tokio, Berlin oder Mandello nicht zu scheuen, womit begreifbar wird, warum dieses Motorrad zur Legende wurde.

Von ihrer Begehrtheit hat die Vincent nichts eingebüßt. Schon die seltenen Vorkriegs-Einzylinder Meteor und Comet waren stets gesuchte Maschinen, und was man dann im Oktober 1936 als Vincent-HRD Rapide bewundern durfte, war immerhin ein 175-km/h-Geschoß. Es handelte sich – zusammenfassend ausgedrückt – bei diesem Modell um einen aus zwei Meteor-Einzylindern zusammengesetzten V-Twin. Das »Biest« stellte sich als etwas nervenaufreibend dar – die Motorleistung überforderte Kupplung und Getriebe, meist auch den Fahrer. Bis Ausbruch des Krieges hatten 78 Rapide das Werk in Stevenage verlassen.

Noch vor Kriegsende befaßte sich Philip Vincent mit dem Gedanken an ein neues Motorrad. Die Belegschaft der ehedem so kleinen Firma war inzwischen auf 600 Leute angewachsen, da man mit Rüstungsaufträgen gut versorgt war. Doch was würde man nach dem Kriege machen? Zusammen mit Phil Irving, der inzwischen über die Zwischenstationen Velocette und AJS/Matchless wieder nach Stevenage zurückgekehrt war, wurden Überlegungen zur Weiterentwicklung der 1000er Vincent-HRD angestellt.

Das Resultat stand bereits im April 1946 für die Presse zur Verfügung: die Vincent-HRD Series B Rapide. Die Neuauflage der Rapide hatte mit dem Vorgänger aus der Vorkriegszeit indessen kaum noch etwas gemeinsam. Motor und Getriebe waren nun in einem Block vereint, eine außergewöhnliche Doppelkupplungskonstruktion ersetzte die überforderte Mehrscheibeneinheit, und die wohl spektakulärste Neuerung war der fast völlige Verzicht auf einen herkömmlichen Rahmen.

Die Vincent Rapide war mit einer Spitzengeschwindigkeit von 180 km/h wiederum vielbewunderter Spitzenreiter im Angebot, doch Phil Irving wollte sich damit noch nicht zufriedengeben und stellte eine getunte Rennversion auf die Beine. Dieses »Gunga Din« genannte Gerät regte Phil Vincent zu einer leistungsgesteigerten Ausgabe der Rapide als Ergänzung des Verkaufsprogramms an, und so wurde 1948 die Black Shadow mit einer Leistung von 55 PS und einer Höchstgeschwindigkeit von 200 km/h vorgestellt. Jetzt war natürlich der Ehrgeiz des Chef-Konstrukteurs Phil Irving geweckt. Er verhalf dieser Black Shadow zu noch mehr Leistung für neuerliche Rekordversuche. Der Amerikaner Rollie Free erzielte mit dem 70 PS starken Motorrad auf den Bonneville-Salzseen schließlich 243,5 km/h. Auch diese Version der 1000er Vincent wurde als spezielles Rennmodell unter dem Namen Black Lightning ins Programm aufgenommen.

Bei einer ersten Betrachtung der Series B Rapide mag es ungewöhnlich erscheinen, daß bei einem 1946 auf den Markt gekommenen Motorrad soviel Aluminium verwendet wurde. Es war jedoch gerade die Materialknappheit dieser Zeit, die zu dieser Entscheidung führte: Aluminium war besser zu bekommen als hochwertige Stähle. Der vertikal geteilte Motorblock beherbergt neben dem Kurbeltrieb auch das Getriebe, das abgeschottet ist und einen separaten Ölvorrat beinhaltet. Die Kurbelwelle besteht aus zwei großen Hubscheiben, die mit zahlreichen Auswucht- und Erleichterungsbohrungen versehen sind; der eingeschraubte Hubzapfen trägt die beiden nebeneinander laufenden ungeteilten Pleuelfüße. Die Kurbelzapfen sind insgesamt viermal gelagert. Auf der (rechten) Steuerseite befindet sich am Lagersitz innen am Gehäuse ein kräftiges Rollenlager, dann folgen das Schneckenrad für den Antrieb der Pilgrim-Kolbenölpumpe und ein weiteres, kleineres Rollenlager. Dahinter sitzt das Zahnrad für den Nockenwellentrieb.

In die relativ niedrigen Aluzylinder sind Gußlaufbuchsen eingeschrumpft, in denen die Alukolben (mit drei Kolbenringen) laufen. Der Kolbenbolzen ist mit einer Bronzebuchse im Pleuelauge gelagert, der Pleuelfuß läuft auf einem dreireihigen Rollenlager. Durch die nebeneinanderstehenden Pleuel des V-Motors ergibt sich ein deutlicher Versatz der Zylinder-Mittenachsen, so daß der hintere Zylinder um 32 mm nach rechts versetzt angeordnet ist. Die Alu-Zylinderköpfe weisen eingeschrumpfte Ventilsitzringe auf, aus Alubronze beim Auslaßventil und aus Grauguß beim Einlaßventil. Bedingt durch den besonderen Ventilsteuerungsmechanismus, sind die Ventilführungen zweigeteilt. Die gegabelte Kipphebelspitze greift in der Mitte des Ventilschafts ein, um es gegen den Federdruck zu öffnen, darüber ist die zweite Ventilführung angeordnet. Diese ist zugleich als unterer Ventilfederteller ausgebildet und hält die drei Federn pro Ventil. Die Kipphebel sind in einer separat eingesetzten Buchse mit einer Querachse gelagert, an dieser Stelle wird über externe Schmierleitungen Öl herangeführt. Sowohl die Ventile als auch die Einstellschrauben am Kipphebel sind über ein-

Mit dem langen Kickstarthebel läßt sich auch eine Vincent gut antreten.

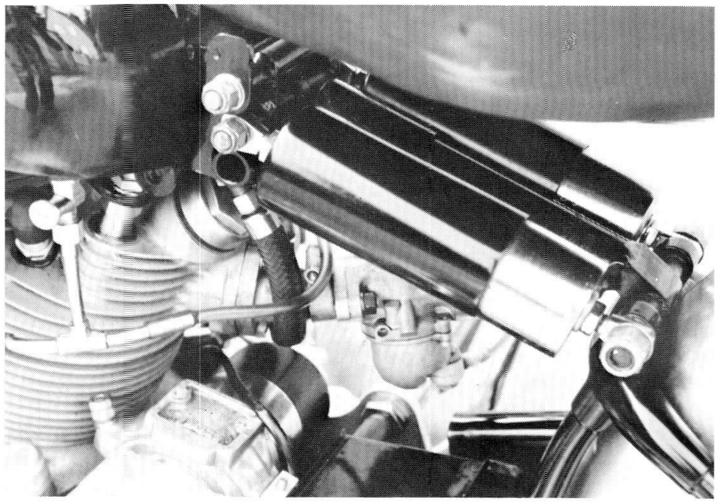

Die Hinterradschwinge ist über zwei verkapselte Federn und den dazwischenliegenden Stoßdämpfer mit dem Zentralprofil und dem Motor verbunden.

zeln aufgesetzte Schraubdeckel zugänglich. Die Kipphebel werden über kurze Stoßstangen von den auf den hoch unter dem Steuerdeckel angeordneten Nocken laufenden Schlepphebeln bewegt. Die weit auseinanderführenden Hüllrohre regten schon manchen Betrachter zu der Vermutung an, es handle sich um einen Königswellenmotor. Die beiden Nocken (jeweils eine für den vorderen wie für den hinteren Zylinder) werden unter Einschaltung eines großen Zwischenrades von der Kurbelwelle angetrieben.

Auf der linken Motorseite befindet sich der Primärantrieb. Auf dem Kurbelzapfen sitzt nach dem Dreifachzahnrad für die Triplexkette noch ein Antriebsstoßdämpfer. Die Primärkette wird über einen von außen verstellbaren Spannschuh eingestellt. Das große Antriebsrad vor dem Getriebe treibt zugleich auch die hinter dem zweiten Zylinder untergebrachte Miller-Lichtmaschine an; zu diesem Zweck ist die mittlere Zahnreihe abgeflacht, so daß ein zusätzliches Zahnrad von oben in den Kettenlauf eingreifen kann. Das Vincent-eigene Viergang-getriebe befindet sich hinter einem Lagerschild, und der komplette Radsatz läßt sich bei abgenommenem Primärtrieb ausbauen.

Einige Anmerkungen noch zum Fahrgestell der Vincent. Einen Rahmen im ursprünglichen Sinn gibt es hier nicht. Ein Kastenprofil unter dem Tank, welches zugleich als Ölbehälter dient, ist mit den beiden Zylinderköpfen verschraubt. Die Dreiecks-Hinterradschwinge wird mit der in kräftigen Schrägrollenlagern laufenden Schwingenachse zwischen zwei am Motorblock verschraubten Aluplatten gehalten. Über zwei verkapselte Schraubenfedern und einen zentralen Öldruckstoßdämpfer ist die Schwinge oben am Zentralprofil befestigt, ebenfalls mittels angeschraubter Halteplatten. Die nötige Verwindungssteifheit wird durch eine Verschraubung mit langen Bolzen erreicht; so ist das Zentralprofil an den Zylinderköpfen direkt mit den oberen Enden der durchgehenden Zylinder-Stehbolzen befestigt.

Eine weitere Besonderheit stellt die ab 1948/49 verwendete Girdraulic-Vordergabel dar. Die Annahme, daß die Teleskopgabeln nicht genügend Stabilität bieten könnten, führte zur eingehenden Überarbeitung der Parallelogrammgabel- (in England Girder-Gabel-) Konstruktion. Die Gabelscheiden wurden dabei aus geschmiedetem Leichtmetall gefertigt, die Federn in langen Teleskophülsen zwischen unterem Gabeljoch und Achsaufnahme eingebaut und ein zweifach wirkender hydraulischer Stoßdämpfer zentral vor dem Steuerkopf angebracht. Die seit 1928 an allen Vincent-Motorädern verwendete Dreiecksschwinge für das Hinterrad wurde verstärkt und ebenfalls mit einem hydraulischen Dämpfer versehen.

Bereits seit 1933/34 waren alle Vincent-Modelle mit einer effektiven Bremsanlage ausgestattet. Es handelte sich dabei um jeweils zwei Halbnabenbremsen in Vorder- und Hinterrad. Vorne sorgt ein Waagebalken quer vor der Girdraulic-Gabel für den Ausgleich zur gleichmäßigen Betätigung der beiden Bremsen. Am Hinterrad werden beide Bremsen von herkömmlichen Gestängen betätigt, deren vordere Hebel jedoch an einer gemeinsamen Querachse befestigt sind.

Weitere erwähnenswerte Details wären die zweifachen Seitenständer vorne unter dem Motor, die sowohl ein Abstellen auf beiden Seiten erlauben als auch – gemeinsam nach vorne geklappt – einen Montageständer beim Zerlegen der Maschine ergeben. Die Steckachsen an den Rädern haben Knebel an den Verschraubungen, und es lassen sich beide Räder ohne Werkzeug ausbauen. Hinten sind dazu die Bremsanker mit Clips eingesteckt und die Kettenspanner mit federbelasteten Rändelmuttern versehen. Durch den Hinterradständer und das aufklappbare Schutzblech wird der Ausbau weiter erleichtert.

Die Vincent hat mich beeindruckt. Wirklich: Der Begriff »Traummotorrad« ist nicht weit hergeholt. Und wenn mancher Konstrukteur glaubte, eine neue Vincent geschaffen zu haben, so zeigt sich das Original dann doch immer wieder überlegen. Solange es gute Exemplare der Vincent zu kaufen gibt, wird es die Konkurrenz schwer haben. Sicher, dieses »alte Motorrad« ist nicht jedermanns Sache; wer aber bereit ist, die Herausforderung anzunehmen, der wird auch im Zeitalter der Doppelnocken-Vierventil-Vierzylinder mit hundert PS noch eine Menge Spaß mit der Konstruktion der Herren Phil Vincent und Phil Irving haben.

Vincent 1000 von 1950	
Motor	Viertakt
Zylinder	2 im 50° -V-Winkel
Bohrung/Hub	84 x 90 mm
Hubraum	998 ccm
Ventile	ohv, Stoßstangen, Kipphebel
Schmierung	Druckumlauf, Trockensumpf
Leistung	45 PS bei 5300/min Rapide 55 PS bei 5700/min Black Shadow
Kühlung	Fahrtwind
Vergaser	2 Amal 276 27 mm (28 mm)
Elektrische Anlage	Lucas-Zündmagnet, Miller-Lichtmaschine
Kupplung	Doppelkupplung mit Scheiben und Backen
Getriebe	4-Gang im Block
Antrieb	Triplex-Primärkette, Einfachkette zum Hinterrad
Rahmen	Steuerkopf und Heck am Motorblock verschraubt
Radaufhängungen	Girdraulic-Gabel vorne, Cantilever-Schwinge hinten
Reifen	3,50 x 19 v, 4,00 x 18 h
Fußbremse	2 Trommeln 178 mm
Handbremse	dito
Länge	2170 mm
Breite	650 mm
Sattelhöhe	810 mm
Bodenfreiheit	150 mm
Tankinhalt	16 Liter Benzin, 3,5 Liter Öl
Leergewicht	206 kg (208 kg)
Höchstgeschwind.	180 km/h (200 km/h)
Verbrauch	ca. 5–6 l / 100 km
Originalpreis	324 £ Rapide 376 £ Black Shadow (1950)

Berühmte Verwandtschaft

Norton 500 International von 1951

Wer das Kickstart-Ritual nicht sicher beherrscht, sollte von einer Norton »Inter« die Finger lassen.

Bis zur endgültigen Einstellung der Produktion im Herbst 1977 galt die englische Firma Norton als älteste noch existierende Motorradfabrik der Welt. Ihr berühmter Name beruht zu einem großen Teil auf den langjährigen Sporterfolgen. Und hier ist vor allem die 42-jährige Renngeschichte der Königswellen-ohc-Einzylinder als einmalig im Motorsport zu bezeichnen; sie reicht vom TT-Sieg der CS-1 im Jahre 1927 bis zur Vizeweltmeisterschaft 1969 von Godfrey Nash auf der Manx 500.

Die Marke Norton, 1898 von James »Pa« Norton in Birmingham gegründet, machte erstmals 1907 von sich reden, als Rem Fowler das allererste TT-Rennen auf der Isle of Man siegreich beendete. Nach einigen Jahren wechselhafter Erfolge brachte Chef-Konstrukteur Walter Moore 1927 den ersten ohc-Motor zur TT, und Alec Bennett gewann auf Anhieb das Rennen der 500-ccm-Klasse (im Team gab es noch zwei weitere, kurze Zeit später sehr berühmte Fahrer: Joe Craig und Stanley Woods). Drei Jahre später ging Moore nach Neckarsulm, um für NSU eine sehr ähnliche Rennmaschine zu entwerfen. Sein Nachfolger in der Entwicklungsabteilung wurde Joe Craig, und der junge Arthur Carroll machte sich daran, den CS-1-(Camshaft-One-) Motor zu überarbeiten. Die Königswelle wurde modifiziert, und den Antrieb des Magnetzünders verlegte Carroll auf die Steuerseite. Dieser schräg angebaute Kettenkasten gab dem Motor sein charakteristisches Aussehen. Das neue Motorrad wurde im Katalog weiterhin als CS-1 geführt.

Im Jahre 1932 erschien erstmals die Typenbezeichnung »International« im Norton-Verkaufsprospekt, es handelte sich bei den damit bezeichneten Maschinen um Rennversionen (350 und 500 ccm) der bisher nur als etwas sportlich angehaucht geltenden ohc-Motorräder. Die mit den Modellnummern 30 (500 ccm) und 40 (350 ccm) versehenen Maschinen waren einsatzbereite Rennmotorräder für den Privatfahrer; sie besaßen ein Leichtmetall-Kurbelgehäuse, ein enggestuftes Viergang-Getriebe mit Fußschaltung, große verchromte Benzin- und Öltanks und zahlreiche andere für den speziellen Verwendungszweck gedachte Zubehörteile wie Lenker, Armaturen, Schutzbleche etc. Den Weiterentwicklungen an den Werksmaschinen folgend, gab es Jahr für Jahr Änderungen an den International-Ausführungen. Ein gänzlich neues Modell kam durch umfangreiche Verbesserungen 1936 zustande: die Racing International 30 M (Manx-Type) mit Aluminium-Zylinder und -Kopf, Haarnadel-Ventilfedern und vielen weiteren Details. Diese Maschinen wurden einzeln im »Racing-Department« zusammengebaut. Da alle anderen ohc-Typen im Programm blieben, waren es ab jetzt insgesamt sechs Modelle dieser Bauart.

Das neue Motorrad nahm nun den Platz der 30 als Production Racer ein; das Vorgängermodell wurde zum sogenannten Super-Sport-Fahrzeug mit Straßenzulassung »degradiert«. 1938 versah man die Maschine mit einer Geradweg-Hinterradfederung und einem weiter überarbeiteten Motor, dessen Kurbelhaus nun aus einer Elektron-Legierung war. Im folgenden Jahr tauschte man die Hinterradfederung gegen eine verbesserte Variante aus und nahm auch am Rahmen einige Änderungen vor. Für das Jahr 1940 waren abermals wichtige Modifikationen vorgesehen gewesen, so eine Teleskopvordergabel und eine um 0,7 mm vergrößerte Zylinderbohrung der Werksrenner, die somit 499 ccm Hubraum ergeben hätte. Nach dem zweiten Weltkrieg lief die Entwicklung dieser Rennmaschine weiter, sie mußte der bereits 1937 entstandenen dohc »Double-Knocker« Manx weichen, die nun ihren Siegeszug begann und als Rennmaschine bis 1962 ab Werk erhältlich war.

Ab 1947 war die International wieder erhältlich. Aus dem heißen Renner war eine sehr sportliche Straßenmaschine mit hervorragendem Ruf geworden. Hohe Stückzahlen wurden nicht erreicht, einmal wohl aus Preisgründen, zum anderen wandte sich das Publikumsinteresse nun vermehrt den neu entstandenen Parallel-

Obwohl den neuen Paralleltwins unterlegen, stellte die Königswellen-Norton 1951 immer noch ein begehrenswertes Motorrad dar.

Zweizylindern zu. Ende 1953 bekam die Inter den Doppelschleifen-Rohrrahmen, das sogenannte »Federbett«-Fahrgestell der Rennmaschinen, aber von diesem Zeitpunkt an war sie aus dem offiziellen Verkaufsprogramm von Norton eigentlich schon verschwunden, sie wurde nur auf Bestellung gebaut. Dies bedeutete auch, daß der Kunde freie Wahl in den Ausstattungsdetails innerhalb des gesamten Produktionsprogramms hatte; es war sogar eine »Manx Specification«-Ausführung erhältlich. Die letzten International verließen 1958 das Werk in der Bracebridge Street.

Meine Testmaschine des Baujahres 1951 stellt im Grunde genommen eine Straßenversion der Rennmaschine von 1938 dar. Das Fahrwerk besteht aus einem Einrohr-Wiegenrahmen, an den das Heckteil mit der Geradweg-Federung angeschweißt ist; bei dieser handelt es sich um die modifizierte Ausführung, die ab 1939 in der Serie zu finden war. Das Vorderrad läuft in einer »Roadholder«-Teleskopgabel, die aber bereits eine Weiterentwicklung des Vorkriegstyps darstellt, denn diese war noch ohne Dämpfung. Vorn und hinten sind Halbnaben-Trommelbremsen angeordnet, beide haben 178 mm Durchmesser. Der Einzylinder-Viertaktmotor hat 490 ccm Hubraum, die Zylinderbohrung beträgt 79 mm und der Hub 100 mm, also ein richtiger Langhuber: Kurbelgehäuse, Zylinder und Zylinderkopf bestehen aus Aluminium (eine Ausführung mit Zylinder und Kopf aus Gußeisen wurde ebenfalls angeboten – gleiche Leistung, aber günstiger im Preis). Die gewaltig dimensionierte Kurbelwelle läuft beidseitig in einem Kugellager und ist auf der Antriebsseite zusätzlich mit einem Rollenlager bestückt. Die obenliegende Nockenwelle wird von einer Königswelle angetrieben, die Ventile, über Kipphebel betätigt, sind mit Haarnadelfedern versehen. Die Schmierung erfolgt mittels einer Zahnradpumpe, die das Öl vom Öltank in den Schmierkreislauf befördert. Die Gemischaufbereitung übernimmt ein 1 5/32-inch-(ca.-30-mm-)TT-Vergaser der Firma Amal. Ein Luftfilter ist nicht vorhanden, dafür aber ein kleiner Ansaugtrichter. Eine Lucas-Zünd-Lichtanlage, Magnetzündung und Dynamo sorgen für die elektrische Versorgung. Eine im Ölbad laufende Primärkette stellt die Verbindung zwischen Motor und Viergang-Getriebe her, der Hinterradantrieb erfolgt über eine relativ schmale Kette (5/8 x 1/4). Der Kraftstofftank unserer Testmaschine ist ein Sonderzubehör, denn es handelt sich bei dieser Maschine um den sogenannten »Bolt-through«-Typ der Rennmaschinen, der ganz in Gummi gelagert ist. Er faßt etwa 15 Liter. Der Öltank in dieser Form stammt ebenfalls aus dem Rennsport, er nimmt 3,4 Liter Einbereichs-Öl auf. Die Maschine ist mit dem Terry-Sattel eigentlich nur für Einmann-Betrieb vorgesehen, ein Passagier muß sich mit dem Sitzkissen (»Rennbrötchen«) auf dem Hinterrad-Schutzblech begnügen.

Die Norton ist kein Museumsstück, was man aufgrund des exzellenten Zustands vielleicht annehmen könnte – sie wurde nach der Restaurierung den ganzen Sommer gefahren. Günter Kranz aus Linden im bayerischen Oberland ist schon seit zwanzig Jahren auf Norton eingeschworen, in dieser Zeit hat er nacheinander die ganze Typenreihe der Zweizylinder besessen. Im Herbst 1976 erfuhr er von der Existenz einer Königswellen-Einzylinder in einem Nachbarort, wurde mit dem Besitzer handelseins und erhielt die Maschine im Tausch gegen eine BMW. Die International war in fahrbereitem Zustand, hatte aber einige Umbauten über sich ergehen lassen müssen. Nachdem alle wichtigen Unterlagen und viele der fehlenden Originalteile beschafft waren, ging der Besitzer ans Werk. Das Fahrgestell war schnell bearbeitet, zur Lackierung wurde hochwertiger schwarzer Einbrennlack verwendet. Eine durchaus originaltreue Modifikation stellen die neu eingespeichten Alufelgen dar: sie waren im Zubehörangebot

Dieser Motor beherrschte in den dreißiger Jahren die Rennstrecken der Welt, er wurde von 1931 bis 1958 gebaut.

der damaligen Zeit enthalten. Der Motor lief zwar, aber ein Motorenfachmann wie Günter Kranz wollte das Triebwerk auch in einem neuwertigen Zustand einbauen. Da aber dann doch mehr Ersatzteile als zuerst angenommen vonnöten waren, hielt er es für besser, das Aggregat einem Bekannten in England zu übergeben, bei dem die Arbeit zügiger vorangehen würde.

Die roten Zierlinien an den Tanks, ein sehr wichtiges Detail bei den silberschwarzen Nortons, wurden beim letzten Finish vom Besitzer selbst gezogen, nachdem die Maße vom Original abgenommen waren. Beim TÜV gab es bis auf den Auspuff (er glich mehr einem Feuerdämpfer als einem Schalldämpfer) keine Probleme: die Prüfer waren sichtlich beeindruckt von der blitzsauber restaurierten Maschine. Nach den ersten Ausfahrten stellte sich bald heraus, daß die International keineswegs überaus sorgsam gehegt und gepflegt zu werden braucht – sie entpuppte sich als taugliche Sportmaschine, die man als Wochenend-Hobbyfahrzeug oder zu kleinen Spritztouren genauso einsetzen kann wie zu längeren Ausflügen in den Alpen.

Die International sieht zwar im Vergleich zu den »modernen« monströsen Vier- oder gar Sechszylinder-Boliden ziemlich schmalbrüstig aus, doch die berühmte Ahnenreihe ihrer Vorgänger läßt eine gewisse Leistungsfähigkeit vermuten. Schon beim ersten Draufsitzen fällt einem die günstige Plazierung der Bedienungselemente auf; eine entspannte, aber doch sportliche Sitzposition wird nicht zuletzt auch durch verstellbare Fußrasten erreicht – ein heute vergessenes Detail. Eine kurze Probefahrt läßt bereits Begeisterung anklingen, man versteht den Enthusiasmus, den Günter Kranz nach einer Saison für diese Maschine empfindet.

Vor dem ersten Startversuch war ich doch etwas skeptisch in Anbetracht der vorhandenen Schwungmassen bei einem Hub von 100 mm, doch bei richtiger Behandlung des Kickstarters und vor allem des Zündverstellhebels kann nichts passieren. Der Besitzer stellte zur Demonstration die Zündung weiter vor: ein heftiges Zurückschlagen des Motors war die logische Folge. Beim Fluten der Schwimmerkammer ist Vorsicht geboten, denn der Vergaser steht auf Schrägstrom geneigt, und so gelangt leicht zuviel Kraftstoff in den Brennraum. Den relativ kurz übersetzten 1. Gang des enggestuften Renngetriebes wechselte der Besitzer gegen den »Daytona«-Gang aus, eine längere Übersetzung, mit der die Werksrenner 1949 in Daytona ausgerüstet wurden. Damit erreichte er einen weicheren Anschluß zum 2. Gang. Die Kupplung ist dem nun notwendigen vermehrten Schleifen durchaus gewachsen. Die heute selten vorhandene Durchzugskraft aus untersten Drehzahlen und das hervorragende Getriebe erlauben zusammen mit dem geringen Gewicht und der bekannt guten Norton-Straßenlage eine flotte Art der Fortbewegung. Daß die primitive Hinterradfederung besser ist als ihr Ruf, davon konnte ich mich bei einer Fahrt als Sozius überzeugen. Ein dunkles Kapitel sind jedoch die Bremsen: ohne die tatkräftige Unterstützung der Motorbremswirkung sind die »Dosendeckel« bei Geschwindigkeiten über 80 Stundenkilometern nahezu machtlos.

Das mechanische Geräusch des Motors ist konstruktionsbedingt nicht gerade dezent (die Kraftübertragung der Königswelle wird durch zwei Kegelradsätze vollzogen), doch mit steigender Motortemperatur läßt es nach. Die Temperatur ist bei der Leichtmetallausführung des International-Motors kein Problem, selbst längere Autobahn-Hetzjagden (eigentlich nicht der Geschmack von Fahrer und Maschine) lassen den Motor nicht überhitzen, im Gegenteil: durch die niedrige Verdichtung und dickflüssiges 50er Öl ist das Triebwerk fast als »overcooled« zu bezeichnen. Es dauert recht lange, bis die günstigste Betriebstemperatur erreicht ist. Bei kühlem Motor sind höhere Drehzahlen kaum zu erreichen, es stimmen ja auch die Steuerzeiten nicht genau; auf der anderen Seite ist aber auch kein Überdrehen möglich. Die starken Haarnadelventilfedern verhindern ein Ventilflattern, und der Motor dreht auch einfach nicht über einen gewissen Bereich hinaus, der vermutlich (da noch nicht nachgemessen) bei 6500/min liegen dürfte.

Mit Telegabel und Geradeweg-Hinterradfederung gab es die International zwischen 1947 und 1952 als Tourenmaschine. Die charakteristische Tankform stammte von der berühmten Rennversion.

Nach der erwähnten Getriebeänderung und einigen Experimenten mit verschiedenen Nocken läuft der Motor nun zur endgültigen Zufriedenheit des Besitzers. Die ursprünglich gedachten Moto-Cross-Nocken, wie sie Les Archer in seiner Rennmaschine einbaute, brachten zwar eine höhere Spitzenleistung, schränkten aber den Drehzahlbereich ein; nachdem indessen von den vermutlich idealen Nocken nichts anderes als genausogut mit 70 im vierten Gang dahin.

Der kernige Klang der Norton International ist für den, der zünftige Motorräder liebt, ein Erlebnis für sich. Das Röhren beim Herunterschalten in höhere Drehzahlbereiche läßt Erinnerungen an längst vergangene Tage im Rennsport erwachen. Nach anfänglichem Zögern, eine wertvolle Maschine zu beanspruchen, wurde ich vom Besitzer ermuntert,

Trotz Alu-Zylinder und -Kopf blieben Kipphebel und Ventilfedern ohne Abdekkung.

Zeichnungen übriggeblieben waren, biß Günter Kranz in den sauren (teuren) Apfel und ließ sich eine Kleinstserie anfertigen, wobei ihn das erzielte Ergebnis die hohen Kosten sehr schnell vergessen ließ.

Die angegebenen 29 PS haben mit dem 169 kg schweren Motorrad leichtes Spiel. Man vermutet eine weit höhere Zahl an Pferdestärken, wenn man die Art der Leistungsabgabe verspürt. Die für einen Einzylinder-Langhuber charakteristische geballte, im ganzen Drehzahlbereich vorhandene und mit dem Öffnen des Gasschiebers vehement ansteigende Kraft wird im Englischen treffend mit dem Boxerausdruck »Punch« bezeichnet. Die Besonderheit der International ist nun die eigentlich zusätzlich vorhandene Drehfreudigkeit: Die ohv 500 dreht normalerweise nicht sehr hoch, sie ist schwerfälliger als die »Cammy« Norton. Im 2. Gang sind etwa 125 km/h zu erreichen, im dritten 140, und die Höchstgeschwindigkeit liegt bei knapp 160 Stundenkilometern. Die Stärke des Motorrades liegt aber keineswegs nur in hohen Geschwindigkeiten; bei etwas zurückgenommener Zündung tuckert sie sie doch einmal so richtig zu jagen. Nachdem ich wieder von der Autobahn und einigen schnellen Alpenstraßen zurückkam, teilte ich seine Zweifel, ob die modernen Motorräder wirklich einen begrüßenswerten Fortschritt darstellen...

Nach einer Saison mit etwa 5500 gefahrenen Kilometern erwies sich die Norton als äußerst zuverlässig. Daß es keinerlei Mängel oder Reparaturen gab, war selbst für den Besitzer überraschend, dafür ist er aber um so zufriedener. Zur Anspruchslosigkeit kommt ein sehr geringer Benzinverbrauch hinzu: es liefen nie mehr als 4 Liter pro 100 Kilometer durch den Vergaser, heutige Maschinen dieser Klasse brauchen schon einiges mehr. Allerdings muß zugegeben werden, daß Anspruchslosigkeit hier als relativer Begriff zu verstehen ist, denn mit einem unkomplizierten Gebrauchsmotorrad läßt sich die Norton International nicht vergleichen. Schon beim Zusammenbau und erst recht beim Schrauben am Motor sind peinliche Sorgfalt und einige Erfahrung vonnöten wie auch bei den regelmäßigen Einstellarbeiten an Ventilen, Zündung und Vergaser. Die Abstammung von einer Rennmaschine macht sich bei dieser Norton bemerkbar: Wenn alles stimmt, gibt es im Betrieb keine Klagen. Nicht nur eine Voraussetzung für Rennsiege!

Norton 500 International von 1951

Motor	Viertakt, stehend
Zylinder	1
Bohrung/Hub	79 x 100 mm
Hubraum	490 ccm
Ventile	im Kopf hängend, Haarnadelventilfedern
Ventilbetätigung	ohc mit Königswelle, Kipphebel
Schmierung	Druckumlauf m. Zahnradpumpe, Trockensumpf
Leistung	29 PS bei 6000/min
Kühlung	Fahrtwind
Vergaser	Amal TT ca. 30 mm (1 5/32 inch)
Elektrische Anlage	Lucas Magdyno
Kupplung	Fünfscheiben im Ölbad
Getriebe	4-Gang, Fußschaltung
Antrieb	Kette
Rahmen	Einrohrrahmen
Radaufhängungen	Teleskopgabel vorn, Geradwegfederung hinten
Reifen	3,25 x 21 vorne, 3,50 x 20 hinten
Bremsen	Halbnaben-Trommelbremsen
Länge	2159 mm
Breite	690 mm
Gesamthöhe	1020 mm
Sattelhöhe	720 mm
Bodenfreiheit	127 mm
Tankinhalt	Benzin 15 l, Öl 3,4 l
Leergewicht	169 kg
Höchstgeschwind.	ca. 155 km/h
Verbrauch	ca. 4,5 l / 100 km
Originalpreis	280 £ (1951)

Klassischer Motorradbau

DKW RT 250 H von 1952

Anfang 1952 kam endlich wieder die sehnlichst erwartete 250er DKW auf den Markt; Das Modell RT 250 H hatte erstmals eine Geradweg-Hinterradfederung, die es dann später auch für die anderen Modelle gab (RT 125 H, RT 200 H).

1953 wurde die RT 250/2 vorgestellt, sie leistete nunmehr 14,1 PS bei 4700/min und hatte eine neue, ölgedämpfte Telegabel, mehr Federweg hinten und eine Vergaserabdeckung bekommen. Zwei Jahre später kam die RT 250 S mit Hinterradschwinge; 1956 bis 1957 gab es dann noch eine RT 250 VS mit Vorder- und Hinterradschwinge und einer Leistung von 15 PS.

Die RT 250 H von 1952 war nach den 125-und 200-ccm-Modellen ein weiterer Entwicklungsschritt, der von der Vorkriegs-RT 125 ausging. Bei der ersten Weiterentwicklung hatte man zunächst einmal das Fahrgestell in seinen Dimensionen vergrößert und eine luftgedämpfte Teleskopgabel für die Vorderradführung beigesteuert. Aus dem 191 ccm-Aggregat der RT 200 (62 x 64 mm) entstand dann die 244 ccm-Version mit 70 mm Zylinderbohrung.

Die DKW-Kurbelwelle besteht aus zwei schweren Hubscheiben, an denen jeweils sehr lange Kurbelzapfen sitzen, die links in zwei und rechts in einem Kugellager laufen. Verbunden sind beide Teile durch den eingepreßten Hubzapfen, auf dem in einem Rollenlager das ungeteilte Pleuel läuft. Der Kolbenbolzen ist im Pleuelauge auf einer Gleitla-

Die 250er-DKW galt stets als ein braves Alltagsfahrzeug, heute ist sie schon selten geworden.

gerbuchse gelagert. Der Leichtmetall-Vollschaftkolben weist einen nahezu flachen Boden auf und ist mit drei Kolbenringen versehen; er bewegt sich in einem Graugußzylinder.

Der Leichtmetall-Zylinderkopf umschließt einen halbkugelförmigen Brennraum, in den die Zündkerze zentral hineinragt. Am rechten Kurbelwellenstumpf sitzen Lichtmaschine und Zündanlage, das große Polrad der Lichtmaschine ergibt ein vollkommenes Gegengewicht zum linksseitigen Primärantrieb. Dieser erfolgt mittels einer einfachen Rollenkette auf das am Kupplungskorb befestigte Kettenrad.

Die Mehrscheibenkupplung überträgt die Kraft auf das klauengeschaltete Dreiganggetriebe (vier Gänge gab es erst Ende 1953 bei der RT 250/2). Der Schaltautomat zur Getriebebetätigung ist zusammen mit den Radsätzen in dem abgeschotteten Raum hinter dem Kurbelgehäuse untergebracht. Der links außen am Motorblock befestigte Schalthebel sitzt auf einer Verbindungswelle, die konzentrisch innerhalb der Kickstarterwelle läuft. Diese Anordnung war vor dem Krieg DKW patentiert. Der Sekundärantrieb geht von der rechten Motorseite aus, und der Kupplungsdruckstift wird durch das Getrieberitzel von rechts außen hindurchgeführt. Der linke Gehäusedeckel birgt Kupplung und Primärtrieb, der rechte Lichtmaschine und Kupplungsbetätigung, wofür auch je ein Inspektionsdeckel vorhanden ist.

Das Fahrwerk besteht aus einem Einrohrrahmen, der sich hinter dem Motor und unterhalb des Sattels jeweils gabelt und mit einer Schleife nach hinten zur Achsaufnahme beziehungsweise zu den Federtöpfen der »Hirafe« ausläuft. Bei dieser Federung wird die Steckachse auf beiden Seiten in Angüssen der Gleitrohre gehalten; diese sind innen in je zwei Buchsen geführt und werden über progressiv wirkende Haupt- und Rückstoßfedern abgefedert. Die damit ermöglichte Dämpfung wird noch durch Gummipuffer unterstützt. Auf der rechten Fahrzeugseite fällt noch die einteilige, senkrecht teilbare Kettenradabdeckung des Ganzkettenkastens auf.

Vorne verrichtet eine Teleskopgabel mit kombinierter ölhydraulischer und Luftdämpfung ihren Dienst. Es existiert

Eine gelungene Linienführung kann man ihr nicht absprechen, vorteilhaft ist der geschlossene Kettenkasten, das große Rücklicht stammt von einer BMW.

hier indessen kein kompliziertes Ventilsystem für die Dämpfung, vielmehr wird der beim Einfedern entstehende Überdruck unter dem dicht abschließenden Faltenbalg am unteren Ende des Gleitrohres zur zusätzlichen Dämpfung herangezogen.

Im Unterschied zu den schwächeren Modellen hatte man den Benzintank der 250er DKW mit verchromten Seitenteilen versehen und das Werkzeugfach entfernt. Dieses fand zusammen mit deren Batterie in dem großen Kasten links neben dem Hinterrad Platz. Ein weiterer Unterschied war der zusätzlich vorhandene Reibscheiben-Lenkungsdämpfer. Doch alle Ausstattungsvarianten wurden mit der Einführung der Hinterradfederung auch bei den anderen Modellen übernommen. Noch vor dem Erscheinen des 250/2-Modells änderte man bei der RT 250 die Auspuffanlage und das vordere Schutzblech; erstere bekam statt des Fischschwanz-Schalldämpfers einen moderneren Topf, und das Schutzblech wurde seitlich weiter heruntergezogen.

Um etwaigen Mißverständnissen vorzubeugen, muß noch erwähnt werden, daß es sich bei der Bremsanlage der RT 250 H noch nicht um Vollnaben-Bremstrommeln handelt; vielmehr wurden die bisherigen Halbnaben mit verrippten Blechummantelungen »getarnt«. Breitere Bremsbacken in echten Vollnaben gab es erst 1953 bei der RT 250/2.

Die 250er DKW stellte für mich keine Unbekannte dar. War doch für mich als Vierzehnjähriger eine RT 250/2 mein ganzer Feldweg-Schwarzfahrer-Stolz! Damals bereitete es mir stets besondere Freude, mit dem lebendigen Zweitakter meinen Kameraden mit den 250er BMW davonzufahren. Übrigens hatte meine DKW ein nachträglich montiertes Rücklicht der BMW-Schwingenmodelle, wie es an der Testmaschine zu sehen ist. Das gefiel wohl damals schon einigen bastelfreudigen DKW-Fahrern.

Die Fahrt mit der DKW nach langen Jahren war doch ein ganz anderes Erlebnis, denn was damals das höchste der Gefühle für uns Schulbuben war, das ist heute ein »alter Klepper«. Doch wir wollen nicht respektlos sein. Immerhin hat sich das Motorrad in den letzten 31 Jahren prächtig gehalten. Die weißen Zierlinien an Tank und Kotflügeln sind am Verschwinden, aber ansonsten ist die DKW in einem hervorragenden Originalzustand erhalten geblieben. Das Testobjekt stammt aus erster Hand und wurde schon lange nicht mehr gefahren, bevor es die heutige Besitzerin erwarb und wieder zum Leben erweckte. Auch ihr ist es mittlerweile fast zu schade zum Fahren, so daß nur noch hin und wieder kurze Spritztouren unternommen werden.

Es hieß, die Batterie sei etwas schwach, als ich mich anschickte, eine Probefahrt zu unternehmen. Tatsächlich: Die Ladekontrolleuchte zeigte nicht mehr an, die Hupe aber tönte einwandfrei, also konnte eigentlich nichts schiefgehen. Benzinhahn auf – Schwimmerkammer fluten – Luftschieber zu – und kräftig treten... beim dritten Versuch sprang die DKW an. Natürlich, wie sollte es auch anders sein, mit viel blauem Dunst. Ich drehte vorsichtig am Gasgriff und öffnete den Lufthebel, als sie bereitwillig das Gas annahm. Aus dem Fischschwanz war das typische Geknatter zu vernehmen, wobei der 250-ccm-Einzylinder schon relativ dumpf tönt. Zum Abbocken mußte die Maschine an dem stabilen Handgriff links unterhalb des Sattels angehoben werden, denn der unförmige Ständer zeigte eine unpassende kinematische Auslegung. Er war übrigens auch für die um 9 cm abweichende Bodenfreiheit in den Angaben der Tabelle verantwortlich.

Bei kaltem Motor rastete der erste Gang nicht lautlos ein. Er ist als reiner Anfahrgang ausgelegt, so daß ich gleich in den zweiten wechselte. Der Drehzahlsprung dabei war recht beachtlich, das zahme Aggregat erwies sich dem jedoch mit gutem Drehmoment »aus dem Keller« sehr gut gewachsen. Ich brauchte gar nicht lange mit dem dritten abzuwarten, auch hier war bei etwa 30 km/h schon genügend Zugkraft vorhanden. Die Maschine hörte sich dabei von der Tonlage her schon fast wie ein Viertakter an, es fehlten halt bloß zwei Takte... Es wurde mir dadurch schon klar, daß gerade die 250er DKW in den frühen fünfziger Jahren gerne mit Seitenwagen gefahren wurde, es gab ja dazu den wunderschönen Binder, der in der Linienführung an die DKW-Autos angelehnt war. Übrigens:

Massekabel lose... Die Vollnabenbremsen sind nur Blech-Attrappen über den herkömmlichen Halbnaben-Trommeln.

Der Arbeitsplatz des DKW-Fahrers. Kupplungshebel, Abblend- und Hupen-Schalter, Lenkungsdämpfer-Einstellrad, Chokehebel, Bremshebel, Gasdrehgriff (von links nach rechts).

Dies ist die erste Ausführung der RT 250 mit Dreiganggetriebe, eine weitere Übersetzungsstufe gab es ein Jahr später.

DKW RT 250 H von 1952	
Motor	Zweitakt
Zylinder	1
Bohrung/Hub	70 x 64 mm
Hubraum	244 ccm
Steuerung	Schlitz, Schnürle-Umkehrspülung
Schmierung	Gemisch 1:25
Leistung	11,5 PS bei 4500/min
Kühlung	Fahrtwind
Vergaser	Bing 26 mm
Elektrische Anlage	DKW-Batterie-Zünd-Lichtanlage 6 Volt
Kupplung	Mehrscheiben im im Ölbad
Getriebe	3-Gang im Block
Antrieb	Kette
Rahmen	Einrohr gegabelt
Radaufhängungen	ölgedämpfte Teleskopgabel vorne Geradweg-Hinterradfederung
Reifen	3,25 x 19 vorn 3,50 x 19 hinten
Bremsen	Halbnaben-Trommelbremsen 160 mm Ø
Länge	2110 mm
Breite	680 mm
Höhe	980 mm
Sattelhöhe	750 mm
Bodenfreiheit	190/100 mm
Tankinhalt	13 l
Leergewicht	134 kg
Höchstgeschwind.	100 km/h (offiziell 98,5 km/h)
Verbrauch	ca. 4 l / 100 km
Originalpreis	DM 1825,– (1952)

So besonders schnell war sie nicht, die RT 250 – ich habe es gar nicht probiert, ob sie die im Kfz-Brief angegebenen 98,5 km/h noch schafft. Die Bremsen taten ihre Pflicht, aber auch nicht mehr. Sie sollten, ebenso wie das Fahrwerk, nicht überfordert werden. Die Hinterradfederung fing einige Fahrbahnstöße ab, die meiste Arbeit lag indessen immer noch bei der Sattelfederung. Stark bezweifelt habe ich den angegebenen »Normalverbrauch« von 2,8 Liter Zweitaktgemisch auf 100 km. Ich konnte mich da von früher her an Werte so um die fünf Liter erinnern...

Die DKW RT 250 H stellte zu ihrer Zeit eines der besten Angebote dieser Klasse dar, eine ausgereifte Konstruktion und hohe Verarbeitungsqualität ermöglichten einen zuverlässigen Einsatz über einen langen Zeitraum. Preislich lag sie mit 1825 Mark sehr günstig; billiger konnte man nur noch die Victoria KR 25 ohne Hinterradfederung (1600 Mark) und Ilo-Einzylindermaschinen von Rabeneick, Rixe und UT bekommen. Die teuersten 250er waren im Jahre 1953 die Horex Regina 250 (2125 Mark), die BMW R 25/3 (2060 Mark) und die NSU-Max (1990 Mark), wobei die BMW trotz des hohen Preises die schärfste Konkurrenz für die RT 250 abgab. Es war eben DKW immer noch nicht gelungen, die Zweitaktvorurteile abzubauen. BMW überstrahlte alles...

Militärmaschine aus der Schweiz

Condor A 580 von 1952

Dies ist kein Umfall, es sollten das Chassis des Steib LS 200 und die Anschlüsse an der Condor gezeigt werden.

Die schweizerische Motorradfabrik Condor in Courfaivre ist in Deutschland eigentlich recht wenig bekannt, obwohl die Marke bereits seit 1901 existierte. Man verwendete zunächst Zedel-Einbaumotoren und nach dem Ersten Weltkrieg solche der Motosacoche AG, mit denen Condor auch einige sportliche Erfolge errang. Neben diesen einheimischen Aggregaten kamen später auch englische Villiers-Zweitakter und 250-ccm-Ducati-Königswellenmotoren zum Einbau. Das bekannteste Condor-Modell, die von uns getestete A 580, wird von einem Motor eigener Konstruktion angetrieben.

Als Behördenmaschine nach dem Zweiten Weltkrieg vorgestellt, wirkte die schwere Condor bereits etwas überholt; die Zeit der großen Militärkräder vom Schlage einer BMW, Zündapp, Gnome & Rhône oder Harley war vorbei. Die Armeen zogen leichtere Fahrzeuge vor: Triumph BDG 250, DKW RT 175 und Maico MB 250 in Deutschland oder BSA B 40 in England.

Bei der Betrachtung der Condor A 580 erkennt man, daß hier Robustheit und damit Zuverlässigkeit im Vordergrund standen. Das Fahrwerk besteht aus zwei Rohrschleifen, die sich unter dem Tank zu einem einfachen Oberrohr verbinden, das Vorderrad wird von einer kräftig dimensionierten, aber ungedämpften Teleskopgabel Typ »Mecascopic« geführt, am Hinterrad ist eine sogenannte Geradwegfederung vorhanden. Das Vorgängermodell unserer A 580-I besaß noch einen starren Rahmen mit Parallelogramm-Vordergabel. Recht ungewöhnlich sind die Bremsen: Leichtmetall-Trommeln von 270 mm Durchmesser, die nicht als Radnaben dienen, sondern zwischen Gabel und Rad eingefügt sind und mit drei Steckbolzen auf die Nabe geschraubt werden. Am Hinterrad ist das Tellerrad des Kardanantriebs in der Bremstrommel befestigt und das kombinierte Brems-Antriebsgehäuse ebenfalls wieder mit drei Bolzen an der Nabe. Der Radausbau wird durch die verwendeten Steckachsen zum Kinderspiel, außerdem sind die Räder untereinander austauschbar, eine Forderung, die bei einer Militärmaschine erfüllt sein mußte.

Der Zweizylinder-Viertakt-Boxermotor stammt, wie bereits erwähnt, aus eigener Produktion. Bei einem Bohrungs-Hubverhältnis von 70 x 75,2 mm ergibt sich ein Gesamthubraum von 577 ccm, die Ventile sind seitlich stehend angeordnet und werden von einer zentralen Nockenwelle über Hydrostößel betätigt. Diese machen eine Spieleinstellung überflüssig. Etwas verwunderlich aus heutiger Sicht erscheint dieses moderne Konstruktionsdetail in dem ansonsten recht konventionellen Motor. Der Vergaser, ein 20-mm-OBA, sitzt zusammen mit dem Naßluftfilter unter einem Gehäusedeckel auf dem Getriebe und versorgt die Verbrennungsräume über lange Ansaugrohre mit dem Kraftstoff-Luftgemisch.

Das klauengeschaltete Vierganggetriebe besitzt als Besonderheit eine Vorgelegeschaltung, mit der eine Untersetzung der Getriebeabstufungen für den Geländebetrieb ermöglicht wird. Damit hat man acht Vorwärtsgänge zur Verfügung. Auf schwierige Fahrwege ist ebenfalls die Auspuffanlage zugeschnitten; die Krümmer führen zu Schalldämpfer-Kästen beidseitig des Hinterrades, und von dort gelangen die Abgase über zwei hochgeführte und enganliegende Röhrchen ins Freie.

Bei der Konstruktion der Condor wurden ohne Kompromisse zugunsten privater Kunden, ohne Verwendung neuer und dadurch vielleicht nicht ausgereifter Technik und gewiß auch ohne kaufmännische Einschränkungen (es handelte sich um ein völlig neues Modell) alle Auflagen und Wünsche des Auftraggebers verwirklicht. Bei der schwedischen Hägglund aus dem Jahre 1972 wurde dies ebenfalls praktiziert, allerdings letzten Endes erfolglos.

Von der Schweizer Armee ausgemustert, wurde unsere Condor 1975 nach Deutschland eingeführt. Bei der TÜV-Überprüfung mußten lediglich Gewehrhalter, Tarnschweinwerfer und Frontnummernschild entfernt, ein größeres Rücklicht und ein umlegbarer Haltegriff für den Sozius montiert werden. Da das Fahrzeug nicht besonders wendig ist und es außerdem für die motorradbegeisterten Dame des Hauses etwas zu schwer erschien, zog man den Anbau eines Seitenwagens in Betracht. Als Gespann war die Condor im Dienst nur selten anzutreffen, in der gebirgigen Schweiz wäre hierzu ein angetriebener Beiwagen unumgänglich. Mit dem Steib LS 200 war auch gleich der ideale leichte Wagen gefunden; der Anbau ging problemlos vonstatten, die drei Kugelanschlüsse und eine zusätzlich befestigte Strebe gewährleisteten eine sichere Vierpunktverbindung. Nachdem der Seitenwagen auf das gleiche »Schattenschwarz« (orig. Schweizer Bezeichnung für Feldgrau) umlackiert war, präsentierte sich das Gespann als gelungene Einheit. Die Condor sah nun nicht mehr so klobig aus, und die Eleganz der Steib-Linienführung strahlte auch auf das Behördenkrad über. Früher, als das Motorradgespann noch ein alltägliches Verkehrsmittel darstellte, schenkte man der andersartigen Fahrtechnik kaum Beachtung, es war eine Selbstverständlichkeit. Dem heutigen Solofahrer indessen steht beim Umstieg einiges bevor. Man sollte es zu Anfang vermeiden, mit unbelastetem Beiwagen zu fahren, denn dazu muß man den Reaktionsablauf bei Kurvenfahrten schon gut geübt haben. Fatale Folgen kann es geben, wenn man meint, man müsse mit dem Körper lenken wie auf einem einspurigen Gefährt: Wenn man nicht kräftig am Lenker zieht, ändert das Gespann seine Richtung nämlich überhaupt nicht. Oberstes Gebot ist in einer Kurve das Gewicht stets nach der Innenseite hin zu verlagern, dabei kommt es sehr viel auf den Beifahrer an – wenn er sich weit genug aus dem Seitenwagenboot hinauslehnt, kann man sehr flott um die Kurven wetzen. Die Turnübungen ähneln aber dann schon denen einer Besatzung eines Renngespanns.

Rechts: Mit einem Geländevorgelege und damit acht Gängen läßt sich gut klettern.

Ganz rechts oben: Die Condor der Schweizer Armee kam 1975 in die zivilen Hände von Mila Schrader.

Ganz rechts unten: Hier ist die spezielle Auspuffanlage mit dem seitlichen Dämpferkasten und dem hinter dem Werkzeugbehälter geführten Endrohr zu sehen.

Mit einer Leistung von 20 PS bei 4400 /min und dem maximalen Drehmoment bei 2800 Umdrehungen ist der Charakter des langhubigen Motors als ausgesprochen bullig zu beschreiben, dem entspricht auch das Fahrverhalten. Nach dem Fluten des Vergasers und Ziehen des Lufthebels genügt meist ein kräftiger Tritt auf den, im Unterschied zum BMW-Motor, längsschwingenden Kickstarter, um die Maschine anzuwerfen. Die Geräuschkulisse ist laut und ungewohnt durch das Rasseln der stehenden Ventile und das Knattern aus der komplizierten Auspuffanlage. Die Getriebeschaltung liegt auf der rechten Seite und ist, im Gegensatz zum Starter, auch bei Gespannbetrieb gut zu bedienen. Zum Anfahren braucht man nicht viel Gas zu geben, der Motor ist verständlicherweise nicht sehr drehfreudig – er singt beim Hochdrehen wie eine Nähmaschine. Im Fahrbetrieb fällt auf, daß der 4. Gang etwas zu lang übersetzt ist, aber die traktorähnliche Art der Leistungsabgabe des Motors läßt dies nicht allzu störend wirken.

Nach einer Zeit der Gewöhnung an das Gespann und vor allem an die Fahr-

technik ist man erstaunt über die Leistungsfähigkeit des Motorrades. Nicht die Höchstgeschwindigkeit (etwa 90 km/h mit besetztem Beiwagen), sondern die hohen Kurvengeschwindigkeiten geben dabei den Reiz. Hier macht sich ein robuster Rahmen und ebensolche Radaufhängungen sowie ein stabiler Seitenwagenanschluß bezahlt; eine Grenze scheint nur durch die Belastbarkeit des Hinterrades gesetzt, bei dem der schmale 3,25 x 19-Reifen von der Felge zu hüpfen droht.

Eine andere Grenze forderte einen weiteren Test heraus: die Anwendung der Geländeuntersetzung. Zum Umlegen des Wählhebel am Getriebe muß das Motorrad selbstverständlich angehalten werden. Zum Anfahren legt man nun am besten den 2. Gang ein, denn der erste ist mit 6:1 doch sehr stark untersetzt, was sich auf weichem Boden durch ein durchdrehendes Rad zeigt. Zu zweit kommt man auf einer hügeligen Wiese sehr schnell an den Grenzbereich; wenn man einmal angehalten hat, kommt man kaum mehr weg. Das ist aber leicht verständlich, da ja die Gesamtübersetzung nicht für den Gespannbetrieb ausgelegt ist. Allein, mit leerem Seitenwagen, sind dann aber in nicht allzu schwerem Gelände nur durch die eigene Fahrtechnik Grenzen gesetzt. Bei einer harten Probe mit schnellen Richtungswechseln à la Seitenwagen-Motocross war der Seitenwagen bald am Ende seiner Belastbarkeit. Es ist nicht zu verkennen, daß die A 580 eigentlich doch eine Solomaschine ist, wenn man es genau nimmt – wir beendeten deshalb die Torturen und fuhren auf die Straße zurück, mit der Erkenntnis, daß Geländefahren für ein Straßengespann doch ein wenig zu viel verlangt ist.

Condor A580 von 1952	
Motor	Viertakt-Boxer, quer im Fahrwerk
Zylinder	2
Bohrung/Hub	70 x 75,2 mm
Hubraum	577 ccm
Ventile Ventil-betätigung	sv hydraulische Stößel
Schmierung	Druckumlauf mit Zahnradpumpe
Leistung	20 PS bei 4400/min
Kühlung	Fahrtwind
Vergaser	OBA Typ 20
Elektrische Anlage	Scintilla Batteriezündung
Kupplung	Einscheiben-Trockenkupplung
Getriebe	4-Gang m. Vorgelege, Fußschaltung
Antrieb	Kardan
Rahmen	Stahlrohr-Doppelwiegenrahmen
Radauf-hängungen	Teleskopgabel vorn, Geradwegfederung hinten
Reifen	3,50 x 19
Fußbremse	mech. Innenbacken (Kabelzug) hinten
Handbremse	mech. Innenbacken (Kabelzug) vorn
Länge	2150 mm
Breite	760 mm (solo)
Höhe	1050 mm
Sattelhöhe	750 mm
Bodenfreiheit	170 mm
Tankinhalt	14 l
Leergewicht	213 kg (solo), 280 kg (Gespann)
Höchst-geschwind.	ca. 110 km/h (solo), 92 km/h (Gespann)
Verbrauch	ca. 6 l / 100 km
Seitenwagen	Steib LS 200

Das feuerrote Spielmobil

Moto Guzzi Falcone Turismo von 1953

Motoradfreunden in aller Welt ist die Moto Guzzi Falcone ein Begriff. Schließlich gab es das charakteristische Einzylinder-Modell 55 Jahre lang. Die Bezeichnung »Falcone« kam allerdings erst 1950 auf.

Damals ergänzte man bei Moto Guzzi das bestehende Programm durch eine Tourensport-Ausführung (Falcone Sport) der Astore, deren Serie 1953 auslief. An ihre Stelle trat eine zweite Version der Falcone, das Modell Turismo. Es unterschied sich zur Astore nur durch Reibscheiben-Stoßdämpfer, die Öldruckdämpfer ersetzten. Beide Falcone-Typen entwickelten sich alsbald zu beliebten Motorrädern der Klasse über 250 ccm Hubraum auf dem gesamten italienischen Markt. Aber nicht lange – auch hier begann der Kleinwagen das Zweirad zu verdrängen...

Die von mir getestete Maschine befand sich in absolut katalogmäßigem Zustand, mit Beinschutzblechen und den weit nach vorn gerückten Fußrasten. Der Fußbremshebel ist ganz vorn angelenkt und wird mit dem Stiefelabsatz betätigt. Ein Zugeständnis an den persönlichen Geschmack des Besitzers waren lediglich die Alufelgen – das Original hatte verchromte Stahlfelgen mit einem roten Zierstreifen. Das Sportmodell wies natürlich jene Beinschützer nicht auf, die Fußrasten sind dort weiter hinten, der Bremshebel normal angeordnet. Auch sind die Tankseiten verchromt, und berühmt wurde der M-förmige Sportlenker.

Die Moto Guzzi schlechthin: Falcone 500 von 1953 im typischen Rot.

MOTO GUZZI
MOTO GUZZI

Das Turismo-Modell ließ sich mit überraschender Leichtigkeit aus der Garage holen – trotz der gewichtigen 172 Kilo, die das Motorrad auf die Waage bringt. Das Aufbocken auf den aus einem stabilen Schmiedestück gefertigten Mittelständer erfordert wenig Kraftaufwand, Kinematik und Abrollweg der Ständerfüße sind durchdacht. Wegen des rechtsseitig angebrachten Kickstarters konnte ich mich nicht über die Maschine schwingen – ich mußte sie von rechts antreten. Vorher hatte ich natürlich die Schwimmerkammer geflutet und den Choke geschlossen.

Einen Hebel für die Zündverstellung gab es bei Guzzi seit 1952 nicht mehr; seine Aufgabe hatte ein Fliehkraftmechanismus übernommen. Mit dem Innenzughebel am linken Lenkerende wird jetzt der Ausheber des Auslaßventils betätigt und dann per Kickstarter der Kolben in die richtige Position gebracht. Dem Leerlauf traute ich zunächst noch nicht ganz, doch später, bei warmgelaufenem Motor, stelle ich fest, daß man ihn tatsächlich bei niedrigsten Drehzahlen in Schwung halten kann. Er arbeitet nach meinen akustischen Eindrücken nur halb so schnell wie ein englischer Einzylinder. Und daß der Motor tatsächlich noch dreht, sieht man an der Schwungscheibe – die übrigens rückwärts läuft, weil der Zahnrad-Primärtrieb die Drehrichtung der Kurbelwelle umkehrt.

Den ersten Gang legt man durch Niederdrücken der vorderen Schaltwippenhälfte ein, was allerdings mit Nachdruck zu geschehen hat. Beim Anfahren setzt sich das Vehikel fast von allein in Bewegung. Man hat den Eindruck, daß die Schwungmasse das Motorrad vorantreibt.

Im Ortsbereich empfiehlt sich eine vorausschauende Fahrweise: Die beiden 200 mm großen Bremsen entsprechen in der Wirkung nicht ganz ihrem imposanten Aussehen. Auf der freien Landstraße aber kann die Falcone ihr ganzes Potential zeigen. Gleich ist man im vierten Gang und läßt den Motor schön »locker« drehen. Doch ich ließ nicht mehr als 80 km/h auf dem Tacho erscheinen, denn gerade das niedrigtourige Dahintuckern bot den größeren Reiz. Ein Tacho gehörte übrigens nicht zur Standardausstattung der Falcone; das Veglia-

Am wohlsten fühlt sich der Einzylinder, wenn er schwungvoll mit etwa 80 km/h dahingleiten kann. Am Turismo-Modell sind die Fußrasten weit vorne montiert.

Instrument ließ sich nachträglich montieren.

Wie gut die achtzehneinhalb Pferde der Falcone Turismo im Futter stehen, zeigte sich auf einem ganz besonderen Testabschnitt, an einem steilen Kirchberg im Dorf. Den habe ich sowohl im dritten als auch im vierten Gang mit wenig Gas bewältigen können – die Falcone zog wie ein Lanz-Bulldog hinauf.

Um das Fahrwerksverhalten prüfen zu können, suchte ich mir eine vielfach geflickte Teerstraße aus. Die Vordergabel, so stellte ich fest, arbeitet zwar gut, harte Schläge aber werden eher in Biegung als in Abfederung umgesetzt. Anders bei der Hinterhand: Eine breite Schwingenlagerung, steife Schwinge, feinfühlige Dämpfung und eine nicht allzu weiche Federung sind heute noch gültige Anforderungen an ein gutes Motorrad, die auch die fast vierzig Jahre alte Guzzi erfüllt. Eine Grenze ziehen nur die wartungsanfälligen Reibungsdämpfer. Die Handlichkeit der Maschine ermöglicht leichtfüßiges Durchfahren auch engster Kurven, und wie leicht die Guzzi zu dirigieren ist, zeigte sich auf einem Schotterweg. Mit einem tiefer angesetzten ersten Gang wäre das Motorrad auch für den Trialeinsatz tauglich!

Zu den weiteren Pluspunkten der Falcone Turismo zählen der geringe Verbrauch mit nur 3,5 bis 4,5 Liter auf 100 km und ihre absolute Öldichtheit.

Die große außenliegende Schwungscheibe ist das Erkennungszeichen aller liegenden Guzzi-Einzylinder von 1920 bis 1967.

Der Motor ist so gut wie wartungsfrei. Man versteht gut, warum die Falcone bei Behörden so beliebt war. Für den nördlichen Geschmack mag die Guzzi vielleicht etwas skurril aussehen, doch wer sie einmal gefahren hat, muß neidlos zugestehen, daß sie eine besonders geglückte Konstruktion darstellt.

Ein paar Worte noch zum technischen Aufbau der Falcone Turismo. Der Motor ist ein Musterbeispiel von kom-

Oben: Die Beinschilder waren bei der Turismo serienmäßig vorhanden, die Alu-Felgen jedoch nicht.

Links: Diese Hinterradschwinge führte Moto Guzzi bereits im Jahr 1928 ein. Die Federn liegen unter dem Motor, die Scherenanordnung ist ein Reibungsstoßdämpfer.

pakter Bauweise mit einem stabilen Kurbelhaus. Durch die außenliegende Schwungscheibe konnte die aus einem Stück geschmiedete Kurbelwelle recht kurz gehalten werden; die 35 mm starken Kurbelzapfen laufen beidseitig in Rollenlagern. Der teilbare Pleuelfuß ist auf dem Hubzapfen ebenfalls rollengelagert, der Kolbenbolzen läuft im Pleuelauge auf einer Bronzebuchse.

Mit 88 x 82 mm ist das Bohrung-Hub-Verhältnis leicht überquadratisch. Zylinder und Kopf sind mit vier durchgehenden Stehbolzen am Kurbelgehäuse verschraubt. Die beiden hängenden Ventile – Einlaß 43, Auslaß 42 mm – werden von Haarnadelfedern gehalten und über Stoßstangen und Kipphebel betätigt. Die Stoßstangen laufen in einem gemeinsamen Hüllrohr auf der rechten Motorseite. Hier wird auch die Nockenwelle durch Zahnräder von der Kurbelwelle angetrieben; auf den Nocken laufen Schlepphebel, die die Bewegung auf die Stoßstangen übertragen. Ein weiteres Zahnrad treibt von der Nockenwelle aus den Zündmagneten an. Die Ölpumpe sitzt außen am Gehäusedeckel.

Der Primärantrieb vollzieht sich über geradverzahnte Räder auf der linken Motorseite; hier greift oben auch der Antrieb der Lichtmaschine ein. Die große Verzahnung zum Getriebeeingang befindet sich auf dem Kupplungskorb. Die Kupplung besitzt Reibscheiben aus Buntmetall anstelle von Belagscheiben. Das Vierganggetriebe wird rechts durch eine Schaltwippe betätigt, der Kickstarter ist links montiert, obwohl sein Zahnsegment rechts auf der Getriebe-Hauptwelle direkt hinter dem Ritzel des Ketten-Endantriebs eingreift.

Auch wenn man den Motor nicht mehr hört, solange sich die Schwungscheibe dreht, läuft er immer noch...

Moto Guzzi Falcone Turismo von 1953	
Motor	Viertakt
Zylinder	1
Bohrung/Hub	88 x 82 mm
Hubraum	498,4 ccm
Ventile Ventil-steuerung	ohv, Stoßstangen und Kipphebel
Schmierung	Druckumlauf, Trockensumpf
Leistung	18,5 PS bei 4300/min
Kühlung	Fahrtwind
Vergaser	Dell'Orto MD 27 F
Elektrische Anlage	Marelli-Magnetzündung, Gleichstrom-Generator
Kupplung	Mehrscheiben im Ölbad
Getriebe	4-Gang im Block, Fußschaltung
Antrieb	Zahnrad-Primärtrieb, Kette auf Hinterrad
Rahmen	Rohr-Flacheisen-Kombination
Radaufhängungen	Teleskopgabel vorne, Cantilever-Schwinge hinten
Reifen	3,50 x 19
Fußbremse	außenliegende Trommelbremse 200 mm ∅
Handbremse	dito
Länge	2260 mm
Breite	720 mm
Höhe	1030 mm
Sattelhöhe	760 mm
Bodenfreiheit	170 mm
Tankinhalt	17,5 l Benzin, 3 l Öl (separater Behälter)
Leergewicht	172 kg
Höchst-geschwind.	ca. 120 km/h
Verbrauch	ca. 3,5 l / 100 km
Originalpreis	4200 DM (1953)

Der Vergaser sitzt auf einem langen, fast um 90 Grad abgewinkelten Ansaugkrümmer. Es ist bei der Falcone Turismo ein normales 27-mm-Dell'Orto-Instrument. Bei einer Verdichtung von 5,5:1 sorgt die Gasanstalt für 18,5 PS bei 4300 Touren. Das Sportmodell ist 23 PS stark bei 4500/min.

Eine bemerkenswerte Konstruktion stellt das Fahrwerk dar. Vom Steuerkopf verlaufen ein Oberrohr nach hinten und zwei weit auseinanderstehende Unterrohre nach unten. Diese sind jedoch nicht am Steuerkopf direkt befestigt, sondern in einem Querjoch vermufft. Ein weiteres Querjoch liefert knapp über dem Zylinderkopf zusätzliche Versteifung. Das Rahmenhauptteil, an dem auch der Motorblock befestigt ist, bilden zwei kräftige Flacheisen. Diese sind unter dem Sattel mit dem Oberrohr verschraubt und führen dann in einem Bogen unter den Motor, wo unterhalb des Zylinders die Unterzugsrohre mit einer gemufften Endkappe angeschraubt sind. Die beiden parallel verlaufenden Flacheisen tragen den beidseitig an jeweils drei Punkten befestigten Motorblock und auch das Rahmenheck. Am oberen Ausleger sitzen der hintere Kotflügel und der eine Scherenarm der Stoßdämpfer. Die Dreiecksschwinge ist mit den oberen, waagrecht verlaufenden Schenkeln außen am Rahmenprofil befestigt; dadurch ergibt sich eine breite Lagerung des Schwingendrehpunkts, was sehr zur Stabilität beiträgt. Die anderen Schenkel, die von der Hinterachse aus abwärts gerichtet sind, hat man unterhalb der Schwingenachse mit einem Querjoch verbunden und zugleich auch oben befestigt, so daß sich der gewünschte Dreiecksverbund ergibt. Die Federung selbst befindet sich unten an den Rahmenprofilen, wo zwei lange Blechhülsen zwei lange Schraubenfedern bergen, die über zwei Dorne von der Schwinge zusammengedrückt oder entspannt werden.

Eine ganz spezielle Guzzi-Konstruktion stellt auch die Vorderrad-Telegabel dar. Im Gegensatz zur heutigen Bauweise ist die Achse an den Standrohren befestigt, die Gleitrohre gleiten von oben darüber. Die Gabelfedern sind im oberen Teil untergebracht, die Dämpfung geschieht mittels Reibung. In dem kleinen Gehäuse am unteren Ende der Gleitrohre befinden sich eine ballige Rolle und ein verstellbarer Exzenter, mit dem sich das Spiel des Standrohres zur Rolle hin verändern läßt. Eine Fettfüllung ist dabei für die Dämpfung zuständig.

Eine durch und durch gelungene Konstruktion. Diese Guzzi im Stall zu haben, macht wirklich Spaß. Sie gehört zu den großen Einzylinder-Klassikern Europas, wobei ihre Qualitäten als Reise- und Touren-Motorrad schon so manchen Liebhaber überzeugten.

Ein vieldiskutiertes Motorrad

Horex Imperator 400 von 1955

Viertakt-Twins mit ihrem meist sehr martialischen Sound werden seit Edward Turners Triumph von 1937 mit Vorliebe auf den britischen Inseln gefahren. Horex in Bad Homburg baute eigentlich stets ziemlich »englische« Motorräder und kam so auch auf den Parallelzweizylinder. Der erste Versuch wurde damit schon 1932 gewagt und erbrachte einen sensationellen Motor. Konstrukteur in Bad Homburg war zu jener Zeit Hermann Reeb; er schuf einen Zweizylinder mit obenliegender Nockenwelle, der eine ganze Reihe von fortschrittlichen Details aufwies. So war die Kurbelwelle wälzgelagert und hatte ein Mittellager; und in einem geschlossenen Gehäuse auf der rechten Motorseite lief der »Wellertrieb« zur Nockenwelle. Bei dieser Antriebsart handelt es sich um eine federgespannte Rollenkette. Das Nockenwellengehäuse wurde mittels geschraubter Ventilführungen auf dem Zylinderkopf gehalten. Bis 1935 gab es zwei Versionen dieses Aggregates, eine mit 600 und eine mit 800 ccm Hubraum (65 x 90 mm, 24 PS bzw. 75 x 90 mm, 30 PS).

Leider konnten sich diese Horex-Typen auf dem Markt nicht durchsetzen, ihr Bau wurde deshalb 1935 zugunsten einer neuen Einzylinder-Modellreihe wieder eingestellt. Lediglich an Tornax lieferte das Horex-Motorenwerk Columbus noch einige Zweizylinder mit dem Namen »Tornado«.

Erst 18 Jahre später, 1950, wurde erneut an einem Twin gearbeitet. Horex hatte als erste deutsche Motorradfabrik im Jahre 1948 eine Sondererlaubnis der Militärregierung zum Bau eines Motorrades über 250 ccm erhalten und konnte mit den SB 35 und Regina-Einzylindern hervorragende Umsätze erzielen. Als gerade in jener Zeit fast alle großen Motorradfirmen in England ihre Zweizylindermodelle vorstellten, Maschinen wie Triumph Tiger, BSA A7, Norton Dominator, AJS Springtwin, Ariel Huntmaster oder Royal Enfield Meteor griff man auch in Bad Homburg die alte Idee wieder auf.

Die Horex Imperator mit der Vorderradschwinge wurde nur technisch überholt, ansonsten blieb sie komplett original erhalten.

Auch diesmal wies der Motor wieder eine obenliegende Nockenwelle auf, damit war man den Briten um einen Schritt voraus. Bald veröffentlichte die Fachpresse Abbildungen der neuen Horex, doch auf der Straße zu sehen war sie noch lange nicht. Erst 1953 wurde die Produktionsaufnahme angekündigt, doch blieb es bei Prototypen der nun »Imperator« genannten Maschine.

Mehr als ein Jahr später wurde dann eine neue Imperator vorgestellt. Deren Hauptmerkmal war ein stark abgeänderter Motor mit nurmehr 392 ccm statt vorher 497 ccm. Der Verkauf der Imperator ging schleppend, die Begeisterung für den Horex-Twin war während der langen Wartezeit verflogen, und außerdem ließ in Deutschland das Interesse am Motorrad allgemein nach. So mußte Horex wie alle anderen Firmen einen rapiden Rückgang der Produktion hinnehmen, 1954 verkaufte man 12 500 Maschinen, zwei Jahre später waren es nur noch 2 500. 1956/57 erweiterte man die Zylinderbohrung um 4,5 mm und kam dadurch zu dem quadratischen Hubverhältnis von 66 x 66 mm und einem Hubraum von 452 ccm. Dieses Motorrad wurde 1958 sogar in den USA verkauft, allerdings unter dem Namen Zündapp »Citation«. Jedoch blieben alle Anstrengungen ohne Erfolg, Horex war noch im gleichen Jahr gezwungen, die

Motorradproduktion einzustellen. Man beschäftigte sich anschließend mit Teilefertigungen, in der Hauptsache für Daimler-Benz, und 1960 ging das Werk ganz an diesen Konzern.

Die Geschichte der Imperator war mit dem Niedergang von Horex aber keineswegs zu Ende. Die Tuner Kayser und Münch nahmen sich des Motors an und schufen nicht nur schnelle Rennmaschinen, hauptsächlich für die Seitenwagenklasse, sondern bohrten die Zylinder bis zu 600 ccm auf. Friedel Münchs Verbindung mit dem amerikanischen Verleger Floyd Clymer brachte neben der Münch-Mammut mit NSU-Vierzylindermotor auch einige neue Imperator hervor. Diese ausschließlich in den USA angebotenen Maschinen hatten ein italienisches Fahrwerk und trugen den amerikanischen Traditionsnamen Indian.

Eine Horex Imperator im Original-Zustand ist heutzutage sehr schwer aufzutreiben. In München entdeckte ich einen Triumph- und Horex-Regina-Fahrer, der in seinem Stall auch den Twin aus Bad Homburg beherbergte. Zur großen Überraschung handelte es sich diesmal nicht um eine sportlich umgebaute Maschine, sondern um eine Original-Imperator 400 aus dem Jahre 1955. Er hatte sie erst kürzlich erworben, brauchte aber kaum etwas daran zu tun, denn der Vorbesitzer hatte sie über all die Jahre gut gepflegt. Sichtlich stolz über den guten und selbstverständlich fahrbereiten Zustand willigte der Horex-Freund Bartl (in den fünfziger Jahren gab es in München übrigens einen Horex-Rennfahrer gleichen Namens) in eine Testfahrt ein.

Die weit heruntergezogenen Schutzbleche, eine dick gepolsterte Sitzbank und der bauchige Tank lassen das Motorrad wesentlich größer erscheinen als es in Wirklichkeit ist. Der kompakte Motor-Getriebe-Block sitzt in einem ungewöhnlich geführten Rohrrahmen. Von einem Rückgratrohr unter dem Tank verlaufen je zwei Unterzüge vor und hinter dem Motor. Das vordere Paar ist unter dem Motor hindurch gerade nach hinten weitergeführt und läuft als Ausleger für die Sozius-Fußrasten und Auspuffhalterung aus. Das hintere Rohr-Paar verläuft hinter dem Motorblock gerade nach unten und trifft im rechten Winkel auf die Ausleger-Rohre. Die da-

Oben: Dietmar Bartl hegt und pflegt den seltenen Twin.

Rechts: Der Horex-Motor bot das Vorbild für spätere Konstruktionen, die obenliegende Nockenwelle wird von einer zwischen den Zylindern laufenden Kette angetrieben.

Ganz oben: Das Motorrad, das ein Traum blieb: so hätte die Imperator 1952 aussehen sollen.

Darunter: Die 1955er-Version kam schließlich zu spät, die Verkaufszahlen blieben gering.

zwischen liegende Schwingenlagerung konnte sehr breit gehalten werden, ein Pluspunkt für die Stabilität des Fahrwerks. Ein weiterer Rahmenausleger trägt die obere Federbeinaufnahme sowie das hintere Schutzblech und die Sitzbank. Das Vorderrad wird ebenfalls in einer Schwinge geführt; die robuste, geschobene Dreiecks-Schwinggabel hat sich bis heute als beste Vorderradaufhängung bei Gespannbetrieb gezeigt. Der Vierpunkt-Seitenwagenanschluß ist am Rahmen serienmäßig vorhanden. Für Solofahrer gab es auch eine Teleskop-Gabel an der Imperator, der Preis des Motorrades ermäßigte sich dadurch um DM 99,–. Eine modische Zutat an der Vordergabel ist das ovale Verkleidungsblech über der Radachse. Und sehr schön sind die Leichtmetall-Felgen.

Im Vergleich zu englischen Twins wirkt der Motor aufgeräumt, das Getriebe ist im Gehäuse mit enthalten, sogar die Seitendeckel sind symmetrisch ausgeführt. Der Zylinderkopf stellt ein kompliziertes Leichtmetall-Gußstück dar.

Hinter den beidseitig angeschraubten Stirndeckeln bewegt sich die Nockenwelle, sie öffnet die Ventile über Kipphebel. Die Nockenwelle selbst wird durch eine Kette angetrieben, welche in einem Schacht zwischen den Zylinderbohrungen läuft. Zur Ventileinstellung kann man über dem jeweiligen Ventil eine Inspektionskappe herausschrauben. In einem großen Lagerschild in der Mitte der Kurbelwelle wird durch zwei schrägverzahnte Räder der Nockenwellenantrieb auf das Kettenritzel übertragen. Die Kurbelwelle besitzt keine zentrale Schwungmasse wie bei britischen Maschinen, sondern das Pleuel steckt zwischen zwei kräftigen Hubscheiben. Es handelt sich jedoch auch hier um einen gleichlaufenden Paralleltwin, bei dem sich die Kolben parallel bewegen und die Zündzeitpunkte um 360° versetzt sind. Ebenfalls mit schrägverzahnten Zahnrädern geschieht der Primärantrieb, und auch die Ölpumpe treiben Stirnräder. Ein besonderes Detail kann das Getriebe vorweisen: es läßt sich bei der Demontage des Motors als ganze Einheit herausnehmen.

Der 400er Motor ist mit dem Bohrung-Hub-Verhältnis von 61,5 zu 66 mm kein ausgesprochener Langhuber. Seine Höchstleistung von 26 PS gibt er bei 6500 Umdrehungen ab, jedoch die nur um zwei PS geringere Dauerleistung stellt sich bereits bei 5800/min ein. Es wurde auch eine Version mit zwei Vergasern anstelle des einzelnen 24-mm-Bing-Instruments angeboten, doch eine Leistungssteigerung war damit nicht verbunden.

Benzin war im Tank, Öl in der Ölwanne und die Batterie geladen, es stand also der Probefahrt nichts im Wege. Die Schwimmerkammer am Vergaser geflutet und den Kickstarter zweimal durchgetreten, dann konnte der Zündnagel ins Schloß gedrückt werden. Nach einem weiteren Tritt auf den Kickstarter lief die Imperator. Ein sehr ungewöhnliches Geräusch war zu vernehmen – die beiden Schalldämpfer lassen nur ein Säuseln durchdringen. Der dicke Luftfilter erstickt auch das Ansauggeräusch, so daß fast nur noch mechanischer »Sound« des Motors zu hören ist. Bei einem ersten Dreher am Gasgriff zeigt sich auch die für einen Twin typische Unruhe – der Ständer vibrierte merklich auf dem Kopfsteinpflaster.

Man fällt beim Platznehmen förmlich in das Polster der weichen Sitzbank. Die leichtgängige Kupplung gezogen und den Fußschalthebel auf der linken Seite einmal nach unten gedrückt – und schon rollt man im ersten Gang an, der Motor dreht willig hoch, aber er rasselt dabei erheblich. Wenn die Schalldämpfung wenigstens etwas durchlässiger wäre, würde ein kerniger Auspuffton die Motorengeräusche schnell überdecken. Das Hochschalten geht durch sehr kurze Schaltwege am Fußhebel zügig voran, doch an der ersten Ampel war der Leerlauf nur schwer zu finden. Auf der Landstraße ließ sich die Horex sehr schön fahren, die Motorencharakteristik, die Art der Leistungsabgabe ist sehr unterschiedlich zu anderen Zweizylindern. Es fehlt die große Durchzugskraft einer englischen Lady (bei 400 ccm ist es damit sowieso noch nicht so gut bestellt), aber auf der anderen Seite ist man nicht auf hohe Drehzahlen wie bei heutigen Maschinen angewiesen.

Das Fahrwerk ist sehr stabil, die hinteren Federbeine schaukeln zwar leicht in vertikaler Richtung, aber an der Schwingenlagerung ist nichts zu bemäkeln. Der Schaukeleindruck wird durch die weiche Sitzbank verstärkt. Eine gute Einrichtung hingegen ist der Lenkungsdämpfer am Steuerkopf, er läßt sich durch ein Handrad während der Fahrt regulieren. Sehr handlich ist die Imperator durch den relativ kurzen Radstand. Die Vollnabenbremsen verzögern gut, jedoch dürften sie bei frisierten Maschinen nicht mehr ausgereicht haben.

Schon bei unserer kurzen Probefahrt festigte sich der Eindruck, daß diese 400er Horex in ihrer Originalform ein sehr zahmes Motorrad war. In dem modern aufgebauten Motor dürfte noch einiges mehr stecken, doch konnte er dies zu Lebzeiten der Marke Horex nicht vollends beweisen.

Wahlweise gab es die Imperator mit Schwinge oder Telegabel.

Horex Imperator von 1955	
Motor	Viertakt
Zylinder	2
Bohrung/Hub	61,5 x 66 mm
Hubraum	392 ccm
Ventile	ohc
Schmierung	Druckumlauf
Leistung	26 PS bei 6500/min
Kühlung	Fahrtwind
Vergaser	Bing 24 mm
Elektrische Anlage	Bosch - Batteriezündung
Kupplung	Mehrscheiben im Ölbad
Getriebe	Viergang
Antrieb	Kette
Rahmen	geschweißter Doppelrohrrahmen
Radaufhängungen	Federbeinschwingen vorn u. hinten
Reifen	3,25 x 18 vorn, 3,50 x 18 hinten
Fußbremse	Vollnaben-Trommelbremse 190 mm
Handbremse	dito
Länge	2140 mm
Breite	660 mm
Höhe	990 mm
Sattelhöhe	800 mm
Bodenfreiheit	180 mm
Tankinhalt	17 l
Leergewicht	196 kg
Höchstgeschwind.	ca. 135 km/h
Verbrauch	ca. 4,5 l / 100 km
Originalpreis	2585 DM (1955)

Der ohc-Motor stellte eine sehr moderne Konstruktion dar, die ihr wahres Potential jedoch nicht mehr aufzeigen konnte.

Der Meisterboxer aus München

BMW 256 Werksrennmaschine von 1956

Höhpunkt für den Testfahrer: Auf dem Salzburgring unterwegs mit Walter Zellers Werks-BMW.

Mit der Rennsaison 1953 war eine Ära zu Ende gegangen: Die großen Stars der BMW-Werksmannschaft, Schorsch Meier und Wiggerl Kraus, hängten Lederanzug und Sturzhelm an den Nagel.

Als bereits sehr erfolgreiche Nachfolger waren Walter Zeller und Wilhelm Noll ausersehen, künftig für BMW-Siege zu sorgen. Den Privatfahrern stand ebenfalls konkurrenzfähiges Maschinenmaterial zur Verfügung. BMW hatte sich ent-

Mit 65 PS und 135 kg Trockengewicht fährt sich die BMW ohne spezielle Eigenheiten, sie hat spielerisches Handling und einen seidenweichen Motor.

schlossen, ein von den Werksmaschinen abgeleitetes Rennmodell in kleiner Serie bereitzustellen.

Wilhelm Noll mit Beifahrer Fritz Cron in der Seitenwagen-Kategorie focht einen harten Kampf mit den erfolgsgewohnten englischen Gespannen aus, doch mit ihrem Siegeszug in der zweiten Saisonhälfte 1954 konnten sie den ersten Weltmeistertitel für BMW sicherstellen.

Vom Pech verfolgt war dagegen Walter Zeller in der 500 ccm-Solo-Kategorie. Stürze und Motorschäden an der BMW, die leistungsmäßig den italienischen Vierzylindern unterlegen war, kennzeichneten die Saison. Immerhin reichte es zu Zellers zweiten Deutschen Meisterschaft nach 1951, und zusätzlich errang er in Montlhéry zusammen mit Schorsch und Hans Meier Langstrecken-Rekorde.

Doch Anfang 1955 gab Direktor Donath die Auflösung der Werksmannschaft bekannt; Sparen war die Parole in der Finanz- und Motorradkrise

BMW hielt sich dann doch nicht so ganz daran. Walter Zeller war bald wieder auf der bisherigen Werksmaschine unterwegs, auf dem Nürburgring saß auch John Surtees im Sattel einer Werks-BMW, und da die Weiterentwicklung entgegen aller Ankündigungen ruhte, durfte die Sportgemeinde auf die Saison 1956 einigermaßen gespannt sein.

Erneut trat Walter Zeller nicht als offizieller Werksfahrer an, aber sein Motorrad wies nur noch entfernte Ähnlichkeit zur Serien-RS auf. Die Maschine lief BMW-intern unter der Typenbezeichnung »256« und war eine erheblich weiterentwickelte Version. Der Boxer-Zweizylinder mit zwei königswellengetriebenen obenliegenden Nockenwellen pro Zylinder hatte sich mit dem geänderten Bohrung-Hub-Verhältnis von 70 x 64 mm (RS: 66 x 72 mm) zu einem drehfreudigen Kurzhubaggregat entwickelt. Von einer Leistungssteigerung auf etwa 58 PS bei 9000/min wurde gesprochen, die Einspritzer-Version lag noch etwas darüber. Das Getriebe hatte nunmehr fünf Gänge, auch am Fahrwerk gab es zahlreiche Änderungen.

Der erste WM-Lauf fand auf der Isle of Man statt, wo Walter Zeller gleich mit einem achtbaren vierten Rang aufhorchen ließ. In Assen konnte er sehr gut mit dem TT-Sieger John Surtees auf der Vierzylinder-MV mithalten, mußte sich aber nach langem Zweikampf mit dem zweiten Platz zufriedengeben. In Spa-Francorchamps trat der große Favorit Geoff Duke erstmals wieder an. Er übertrieb jedoch seinen Einsatz, und so wiederholt sich das Ergebnis aus Holland. Zeller fuhr auf der verkleideten Einspritz-BMW einen Schnitt von 182,6 km/h. Am 21./22. Juli stand auf der Stuttgarter Solitude-Rennstrecke der Große Preis von

Stefan Knittel lauscht andächtig den Erzählungen von Meisterfahrer Walter Zeller und Gustl Lachermair, durch dessen Mechanikerhände alle Werks-RS-Motoren gingen.

Deutschland auf dem Programm. Als Surtees im Training schwer zu Sturz kam, ergab sich für Walter Zeller eine ganz unerwartete Situation. Surtees würde mit seinem Oberarmbruch für die letzten beiden WM-Läufe ausfallen; der BMW-Fahrer hatte gute Aussichten, seinen Abstand von neun Punkten noch aufzuholen.

Zeller sah am Renntag seine einzige Chance gegen Duke und Bill Lomas auf der Guzzi-V 8 in einem Überraschungsangriff aus dem Windschatten. Er bemühte sich in den ersten vier Runden, den Abstand zum Spitzen-Duo nicht zu groß werden zu lassen. Doch dann kam das Aus für die BMW, sie hielt die Überdrehzahlen nicht mehr durch – offiziell sprach das Werk von einem Getriebeschaden. Es war nicht die letzte Panne in diesem Jahr, doch trotz allem errang Walter Zeller die Vizeweltmeisterschaft.

Zum Saisonende wurde dann die Weiterentwicklung der Werksmaschine doch eingestellt; die in Vorbereitung befindliche desmodromische Ventilsteuerung kam nicht mehr zum Einsatz, und die Gerüchte über eine Vierzylinder-Rennmaschine verstummten. Walter Zeller durfte seine Kurzhub-BMW auch 1957 wieder einsetzen, unterstützt von seinen bisherigen Mechanikern. Nach dem zweiten Platz beim Frühjahrsrennen in Imola sagte Bill Lomas: »Schade für Walter, daß die Deutschen den WM-Lauf nach Hockenheim verlegt haben, denn auf dem Nürburgring würde er bestimmt gewinnen.« Wie gut die Kombination Zeller-BMW war, zeigte sich dann wieder bei der TT, wo er nach einigen Trainings-Bestzeiten bei Rennhalbzeit an dritter Stelle zu finden war. Ein technischer Defekt zwang ihn jedoch dann zur Aufgabe. In Assen wurde er Dritter, aber in Spa fiel er nochmals aus. Der letzte DM-Lauf in Nürnberg brachte Walter Zeller seinen letzten Sieg; er wurde im elterlichen Unternehmen gebraucht und mußte dort noch vor dem Ende der WM-Läufe antreten.

Die Werks-BMW 256 fuhr in halboffiziellem Status 1958 und 1959 der Engländer Dickie Dale, auch Geoff Duke bestritt einige Rennen auf dem zweiten Exemplar. Dale, nach dem Rückzug von Moto Guzzi zu BMW gekommen, wurde 1958 sogar Weltmeisterschafts-Dritter. 1960 saß der Deutsche Meister Ernst Hiller auf der BMW 256. Für großes Aufsehen sorgte in diesem Jahr auch der Japaner Fumio Ito, der in Salzburg, Clermont-Ferrand und Hockenheim auf der Werks-BMW recht beherzt fuhr. Das letzte Rennjahr kam dann 1961 für die 256er mit Sebastian Nachtmann im Sattel.

Ungläubiges Staunen war die Reaktion mancher altgedienter Rennsportfans, als sie am 11. September 1977 beim Oldtimer-Grand Prix auf dem Salzburgring einen schon fast legendären Anblick genießen konnten: Walter Zeller war nach genau 30 Jahren wieder in den Sattel einer BMW-Rennmaschine zurückgekehrt. Das straßenfähige Exemplar, das er einst erhalten hatte, besaß er nicht mehr, doch anläßlich seines 50. Geburtstages hatte ihm der BMW-Enthusiast und -Sammler Rudi Mannetstetter eine original erhaltene BMW-RS für ein paar Ehrenrunden zur Verfügung gestellt.

Diese nette Geste des »Metzger-Rudl« sollte nicht ohne Folgen bleiben, denn schon bald erkundigte sich Walter Zeller nach weiteren Fahrmöglichkeiten. Da kam Gustl Lachermair, der mittlerweile pensionierte BMW-Renn-Monteur, auf eine Idee: Man könnte doch, so schlug er vor, die im Keller des Werksmuseums befindliche 256er-Werksmaschine wieder flottmachen.

Mit der Aussicht auf einige werbewirksame Demonstrationsfahrten erwirkte Walter Zeller das O.K. des Werks.

Da die BMW-RS-Triebwerke in der Gespannklasse noch bis Mitte der 70er Jahre aktiv waren, gab es immer wieder Nachfertigungsaktionen für wichtige Ersatzteile. BMW konnte dabei auch stets neue Erkenntnisse über Material und Bearbeitung einfließen lassen. So griff Gustl Lachermair bei der Vorbereitung von Zellers neuem Motor zu nikasilbeschichteten Zylindern, höher verdichtenden Kolben, Dell'Orto-SSI-Vergasern mit 35 mm Durchlaß, Doppelzündungsanlage mit Bosch-Niederspannungsmagnet und außenliegenden Zündspulen. Lachermair spricht zwar trotz der verschiedenen leistungssteigernden Maßnahmen noch von 65 PS bei 9000/min, aber diese Pferdchen dürften sehr gut im Futter stehen...

Die Freude war groß, als Walter Zeller auf der Werks-BMW ab Frühjahr 1978 bei fast allen Oldtimer-Rennen in Europa auftauchte. Mit seinem einzigartigen Fahrstil, den er keineswegs verlernt hatte, erinnerte er begeisternd an die großen Rennen der 50er Jahre.

Das Geheimnis für das perfekte Fahrverhalten ist die Parallelogramm-Anordnung von Schwingarm und Drehmoment-Abstützung am Rahmen.

Was aber macht Zeller und seine BMW so überlegen? Diese Frage war schon des öfteren Gegenstand heftiger Fahrerlager-Diskussionen. Walter Zeller gab mir im Herbst 1984 auf dem Salzburgring die Gelegenheit, selbst eine Antwort darauf zu finden, indem er mir sein Motorrad für ein paar Runden anvertraute. Während ich in einen Lederkombi schlüpfte, wärmte Gustl Lachermair den Motor auf. Dabei wurde die Drehzahl konstant auf etwa 4000/min gehalten, um sicherzustellen, daß die 2,5 Liter Castrol R 40 durch die doppelte Zahnradölpumpe (ein Kreislauf für den Kurbeltrieb, der andere für die Ventilsteuerung) sicher an alle Schmierstellen des 492 ccm-Zweizylinders befördert werden. Beim Platznehmen auf der Werks-BMW wird deutlich, wie kompakt und grazil dies berühmte Motorrad ist. Die Original-Verkleidung aus dem Jahr 1958 schmiegt sich recht eng an, sogar die Zylinder sind durch das Innenteil abgedeckt. Die lang nach hinten ragenden Ansaugtrichter geraten leicht mit den Schienbeinen in Konflikt, wobei ich jedoch die Fahrhaltung Walter Zellers als ideal empfand. Mit der etwa gleichen Statur behagt mir die weit nach hinten gerückte Sitzposition. Nur die extrem schmale Auslegung der Lenkerstummel flößte mir zunächst Respekt ein, da ich hinter Zellers Fahrweise eigentlich einen großen Krafteinsatz, vor allem der Arme, vermutete. Mit der Empfehlung des Meisterfahrers, die Drehzahlen über 4500/min zu halten (»darunter läuft sie zu unruhig«), machte ich mich dann zur ersten Runde auf dem mir bestens bekannten Salzburgring auf.

Schienbeine hinter die Ansaugtrichter geklemmt, Knie hinter den oberen Verkleidungsrand, und los ging's wie auf einem ganz normalen Straßenmotorrad. Ich wollte zunächst einmal methodisch die Gänge durchschalten, um die Verhaltensweise von Motor und Getriebe kennenzulernen. Dabei ergab sich Überraschung Nummer eins: Bis dato an die BMW-typischen Schalteigenheiten gewöhnt, hatte ich es hier plötzlich mit einem Muster an Exaktheit und vor allem Leichtgängigkeit zu tun. Hier waren bei der Montage Könner am Werk.

Die zweite große Überraschung folgte kurz darauf an der Nocksteinkehre: Weder richtete sich die Vordergabel beim Bremsen auf, noch hob sich die Hinterhand beim Hochschalten. Die Bremsankerplatten der doppelseitigen Vorderradbremse sind direkt am Schwingarm gelagert, aber hinten hatten sich die BMW-Fahrwerksspezialisten etwas Besonderes einfallen lassen. Im Gegensatz zu den Serienmodellen läuft hier die Kardanwelle getrennt vom Schwingenrohr, und das Antriebsgehäuse am Hinterrad weist eine eigene Drehmomentstütze nach vorne zum Rahmen auf; die Parallelogramm-Anordnung verhindert das so BMW-typische Aufstellen beim Gasgeben. Damit ist also das Fahrverhalten der Werksrennmaschine frei von jeglichen Überraschungen, es fehlen alle Eigenheiten der Boxer-Serienmotorräder; das Kippmoment um die Längsachse ließ sich ganz leicht nur beim Auskuppeln feststellen. Die längs zur Fahrtrichtung drehende Kurbelwelle läuft hier in entgegengesetztem Drehsinn zum Antrieb, denn das Getriebe hat nur zwei Wellen, die Serie ein Dreiwellengetriebe.

Walter Zellers Arbeitsplatz: auf dem Drehzahlmesser schnellt die Nadel durchaus auf über 10 000/min hoch...

Die spielerische Handhabung der Maschine läßt natürlich die Motorleistung viel besser zur Geltung kommen. Gegenüber den englischen Einzylindern, deren sichere Fahrwerke Anfang der fünfziger Jahre triumphierten, ermöglichte der größere technische Aufwand der BMW schließlich auch ein anständiges Leistungs-Plus. Mit 65 PS lag der Boxer fast 30 Prozent über den Angaben der Manx und G 50. So sind beispielsweise die beiden Nockenwellen im Zylinderkopf direkt hintereinander angeordnet, und die Ventile werden nicht direkt über Tassenstößel, sondern unter Einschaltung von Rollen-Kipphebeln betätigt. Die beiden Königswellen liegen in einer Flucht einander gegenüber; aufgrund des Zylinderversatzes wird dadurch links zuerst die Einlaßnocke und rechts die Auslaßnocke angetrieben.

Die bis ins Extrem reichende Feinmechanik an Motor und Getriebe stellte natürlich auch entsprechende Anforderungen an die Monteure. Wie glänzend Leute wie Gustl Lachermair gearbeitet haben, ließ sich an der völligen Vibrationsfreiheit und am enormen Drehvermögen von Zellers Motor feststellen; wie eine Turbine läuft dieses Aggregat. Wegen der ziemlich langen Endübersetzung blieb ich bei meiner Probefahrt zwar noch in der Region von 7000 bis 8000/min – noch weitere 2500 Umdrehungen wären möglich gewesen. Leistungsmäßig könnte man Zellers BMW mit japanischen Straßenmotorrädern unserer Tage vergleichen, doch das geringe Gewicht und die wunderbare Handlichkeit machen die BMW 256 zu einem einmaligen Erlebnis.

BMW 256 Werksrennmaschine von 1956	
Motor	Viertakt-Boxer
Zylinder	2
Bohrung/Hub	70 x 64 mm
Hubraum	492 ccm
Ventile	dohc
Schmierung	Druckumlauf
Leistung	65 PS bei 9000/min
Kühlung	Fahrtwind
Vergaser	2 Dell'Orto SSI 35 mm
Elektrische Anlage	Bosch Niederspannungs-Rennmagnet
Kupplung	Zweischeiben-Trockenkupplung
Getriebe	Fünfgang-Zweiwellen-Getriebe
Antrieb	Kardanwelle mit zwei Kreuzgelenken
Rahmen	Doppelrohrrahmen
Radaufhängungen	Langarmschwingen mit Federbeinen vorne und hinten
Reifen	3,50 x 19 vorne und hinten
Fußbremse	Simplex-Trommelbremse hydraulisch
Handbremse	Doppel-Simplex-Trommelbremse Seilzug
Länge	2010 mm
Breite	660 mm
Sattelhöhe	760 mm
Bodenfreiheit	170 mm
Tankinhalt	24 l
Leergewicht	135 kg
Höchstgeschwind.	230 km/h

Ventildeckel wie Bratpfannen

Harley-Davidson Duo Glide von 1962

Harley-Davidson ist heute die älteste traditionelle Motorradfirma der Welt. Die Aktivitäten der drei Brüder William A., Walter C. und Arthur Davidson zusammen mit ihrem Freund William S. Harley begannen im Jahre 1903 in einem Gartenschuppen auf dem elterlichen Grundstück der Davidsons in Milwaukee, Wisconsin. Nachdem man alle Freunde und Bekannten mit selbstkonstruierten Motorrädern versorgt hatte und auch keine Klagen über diese Fahrzeuge zu vernehmen waren, entschloß man sich, in größerem Stil in diese Branche einzusteigen.

Am 22. September 1907 ließen die Zweirad-Enthusiasten ihre Harley-Davidson Motor Company offiziell ins Handelsregister eintragen und im gleichen Jahr wurde auch der Grundstein zu einer Ausweitung des Programms gelegt. William Harley nahm zwei Zylinder des 475 ccm-Einzylinders und setzte sie in einem 45-Grad-Winkel auf ein neues gemeinsames Kurbelgehäuse. Nach langwierigen Erprobungen, und auch aufgrund von Kapazitätsschwierigkeiten, bedingt durch die sprunghaft anwachsende Serienfertigung des Einzylindermodells, kam die erste V-Zweizylinder Harley-Davidson erst 1911 nach einigen kleinen Vorserien regulär auf den Markt.

Anstelle der atmosphärisch (durch den Ansaugunterdruck bei abwärtsgehendem Kolben) gesteuerten Einlaßventile hatte man nun Stoßstangen und Kipphebel für die über den seitlich stehenden Auslaßventilen hängend angeordneten Einlaßventile eingeführt. Die wechselgesteuerten V-Twins blieben fast 20 Jahre lang im Programm, ab 1922 kam auch eine 1200 ccm-Ausführung dazu. Abgelöst wurden sie 1930 von einer neuen seitengesteuerten 1200er, für die von Harley-Davidson stets bevorzugt bedienten amerikanischen Polizeidienststellen gab es von 1936 bis zum Auslaufen der großen sv-Twins 1948 extra eine drehmomentstärkere 1340 ccm-Version.

Obwohl es sich damals keineswegs mehr um neueste Technik handelte, war die Einführung der ersten ohv-V-Twins bei Harley-Davidson von zahlreichen Reklamationen seitens der Kunden begleitet. Die Gußeisen-Motoren (Zylinder und Köpfe) zeigten rasch Überhitzungserscheinungen, und die Kapselung des Ventiltriebs auf den Zylinderköpfen erwies sich als wenig öldicht. Mit großem Aufwand bewältigte jedoch die Kundendienstabteilung alle Probleme, und der unglückliche Jahrgang 1936 gehörte bald der Vergangenheit an.

In den Kriegsjahren konzentrierte sich die Produktion hauptsächlich auf die seitengesteuerten Militär-750er, so daß nur ganz wenige ohv-Motorräder das Werk verließen. 1946 führte man die Vorkriegsmodelle ohne größere Änderungen weiter, arbeitet aber zugleich in der Entwicklungsabteilung an einem modernisierten V-Twin.

Es sollte noch ein Jahr vergehen, ehe man den Nachfolger der »Knucklehead« (»Knöchel-Kopf« – so benannt nach den deutlich hervorstehenden Verschraubungen der Kipphebelachsen an den Zylinderköpfen) für die Verkaufssaison 1948 präsentieren konnte. Da sich an den Modellbezeichnungen – E, EL, ES für die 1000 ccm-Ausführung und F, FL, FS für die 1200er – nichts geändert hatte, sorgten die Harley-Davidson-Freunde draußen im Lande schnell für eine neue Namensgebung zur deutlichen Unterscheidung vom Vorgängertyp. Erneut orientierten sie sich dabei am Zylinderkopf, dessen neuer einteiliger Ventildeckel verdächtig nach einer umfunktionierten Bratpfanne aussah, und so hieß die neue Harley fortan »Panhead«.

Nicht nur die Ventilabdeckung war neu am Zylinderkopf, denn dieser wurde nun aus Aluminium gegossen und mit Bronze-Ventilsitzringen sowie Ventilführungen, Gewindeeinsätzen und Kerzengewinden aus Stahl versehen. Den alten Kipphebellagerbock mit Guß-Unterteil und Bronze-Deckel ohne eigene Lager für die Kipphebelwelle behielt man jedoch bei. Trotz einer doppelten Zahnrad-Ölpumpe ergaben sich auch an den neuen Motoren wieder Schmierungsprobleme.

Die neu eingeführten Hydro-Stößel sollten eine Ventilspielkontrolle überflüssig machen und die Geräusche mindern; doch sie benötigten dazu einen konstanten Öldruck. Wenn dieser nicht gewährleistet war, änderten sich die Steuerzeiten und der Ventiltrieb verursachte einen Höllenlärm. Man versetzte die Hydraulikkolben daher an die unteren Enden der Stoßstangen, änderte den Ölkreislauf, montierte einen größeren Kurbelgehäuseentlüfter und fügte bis zu einer entsprechenden Überarbeitung der

Links: Im Gegensatz zu ihrem schwerfälligen Äußeren läßt sich eine Harley »Panhead« recht bequem handhaben.

Oben: Der Name »Panhead« rührt von den großen Ventildeckeln her, die tatsächlich an umgestülpte Bratpfannen erinnern.

Diese Duo Glide 1200 macht einen recht serienmäßigen Eindruck, doch es gibt keine zwei identischen Harley...

Ölbohrungen außenliegende Druckleitungen für die Versorgung der Zylinderköpfe hinzu.

Während diese wichtigen Modellpflege-Maßnahmen den technisch weniger versierten Kunden weitgehend verborgen blieben, gab es in den folgenden Jahren einige auffällige Neuheiten an der Ausstattung der »Panhead«. 1949 löste eine moderne öldruckgedämpfte Teleskop-Vordergabel die traditionelle »Springergabel« ab, drei Jahre später wurde erstmals eine Fußschaltung für das Vierganggetriebe angeboten und gleichzeitig entfiel die 1000er »Panhead« aus dem Programm.

1955 kam mit der FLH eine leistungsgesteigerte Variante der 1200 ccm-Maschine hinzu, das H stand dabei für »Highway« und die Leistungssteigerung von 55 auf 60 PS war durch eine Erhöhung des Verdichtungsverhältnisses von 7,25:1 auf 8:1 erreicht worden.

Die Zusatzbezeichnung »Hydra Glide«, die die Harley »Panhead« seit der Einführung der hydraulisch gedämpften Telegabel getragen hatte, fiel 1958 mit einer weiteren Modernisierungsstufe am Fahrwerk weg. Es gab nunmehr eine Hinterradschwinge mit ebenfalls hydraulisch gedämpften Federbeinen – der neue Name lautete deshalb »Duo Glide«. 1960 war auch an den 1200ern die Lampenverkleidung der Sportster zu finden, mit dem Einschluß der Gabelholme verlieh sie der ohnehin gewaltigen Maschine einen noch wuchtigeren Eindruck.

Eine erneute Namensänderung stand für 1965 an, der Einbau eines elektrischen Anlassers führte zu der berühmten Bezeichnung »Electra Glide«. Dieser Name führt jedoch schon zu einem ganz neuen Motorrad, denn die Ära der »Panhead« endete im darauffolgenden Jahr. Sie machte der »Shovelhead« Platz, doch das ist eine andere Geschichte...

Harley-Davidson-Motorräder sind zur Weltanschauung geworden: Bei keiner anderen Marke gibt es so krasse Gegensätze in der Fahrergemeinde: auf der einen Seite die Besitzer der Luxuslimousinen auf zwei Rädern und auf der anderen Seite die Anhänger der Chopper. Obwohl es schon vorher viele »gestrippte« Harleys gegeben hat, wurden die Chopper eigentlich erst mit der Einführung der Duo Glide erfunden. Vielen Harley-Fans war das Fahrverhalten dieser Maschine einfach zu schwammig geworden, man wollte keine weich gefederte Tourenmaschine und bestand auf einer starren Hinterradaufhängung.

Die 55 PS des V-Zweizylinders überträgt eine Duplex-Kette unter dem Blechdeckel auf das getrennt montierte Vierganggetriebe.

Da jedoch Harley keine »Hardtails« mehr lieferte, sah man sich entweder auf dem Zubehörmarkt nach einem Starrahmen um, oder man baute einfach die Schwinge aus und ersetzte sie durch ein starres Heck. Das Abtrennen wurde als »chopper« bezeichnet, woraus sich dann der Begriff »Chopper« ableitete. Als nächsten »Chop-Schritt« baute man die alte Springer-Vordergabel ein, um sie dann eventuell noch zu verlängern. Diesem Treiben sahen die sich selbst als seriös beschreibenden Traditionalisten mit Grauen zu. Sie montierten nun erst recht noch mehr Zubehör an ihren »Dresser« – so der Begriff für die aufgemotzten Harley-Tourer.

Genau in der Mitte, nämlich im Serientrim, befindet sich die getestete Duo Glide. Sie stammt aus dem Jahre 1962 und wäre von der Motornummer her eine FL, das bedeutet, eine 55 PS-Ausführung ohne »Highway«-Tuning. Die Ausstattung mit Fußschaltung und handbetätigter Kupplung ließe jedoch auf die Bezeichnung FLF schließen, aber wer weiß, vielleicht wurde sie einmal umgebaut oder bekam einfach einen neuen Motor. Handschaltung und Fußkupplung lassen sich ohne Schwierigkeiten umbauen, statt des Kulissenhebels an der linken Tankseite benötigt man die Fußschalteinheit mit Ratsche, die vorne am Trittbrett montiert wird, das Schaltgestänge zum Getriebe bleibt erhalten.

Auch die Kupplung wird über ein Gestänge betätigt, da an der Stelle der Betätigungswippe nun der Schalthebel untergebracht ist, benötigt man die »Mousetrap«, denn mit der Mausefalle wird der Bowdenzug vom Lenkerhebel über eine Umlenkung mit dem Kupplungsgestänge verbunden. Übrigens gab es anstelle des Vierganggetriebes auch Seitenwagengetriebe mit drei Vorwärts- und einem Rückwärtsgang.

Das Antreten einer 1200er-V-Zweizylindermaschine sieht im Falle »Panhead« viel schwieriger aus, als es in Wirklichkeit ist. Man stellt sie auf den Seitenständer, schwingt das rechte Bein über den Sattel und bringt mit dem Kickstarter den Motor kurz vor den oberen Totpunkt. Nach einem kräftigen Tritt sollte es dann aus dem Fischschwanzende des einzelnen Schalldämpfers lospoltern...

Gang einlegen – es ist egal ob erster oder zweiter – und losfahren, wenn der Motor warm ist, braucht man dazu fast kein Gas zu geben. Bei jedem Dreh am

Die Hinterradbremse wird hydraulisch betätigt.

Gasgriff macht die Harley einen vehementen Sprung nach vorne, was vor allem bei einem Wendemanöver recht eindrucksvoll ist, man läßt den schweren Brocken, ohne die Kupplung zu betätigen, rollen – der Motor scheint aus zu sein, es ist keine Detonation zu spüren, doch sobald man an den Gasgriff kommt, wird er wieder lebendig. Das sind eben 1200 ccm verteilt auf nur zwei Zylinder, die über zehn Zentimeter Hub sorgen für entsprechendes Drehmoment.

Auf dem breiten und separat abgefederten Sattel (bereits 1912 wurde die Sattelfederung im senkrechten Rahmenrohr eingeführt) sitzt man schon fast zu bequem, im Verein mit der weichen Gabel und den noch weicheren Federbeinen vermißt man den direkten Fahrbahnkontakt. Aber wenn man die Harley erst einmal schneller laufen läßt, erkennt man die Vorzüge, ein Dahingleiten auf endlosen Highways wird vorstellbar. Auf Lenk- und Bremsmanöver muß sich der ungeübte Harley-Fahrer erst einstellen, mit dem breiten Lenker geht man vorsichtig zu Werke und ebenso mit den hydraulisch betätigten »Dosendeckel«-Trommelbremsen, die auf Bergab-Strecken wohl bald zu qualmen beginnen, denn die Gußtrommeln sind weder verrippt, noch gibt es eine Be- und Entlüftung.

Aber schwerfällig ist die Duo Glide keineswegs, man sollte zwar nicht auf engen kurvigen Sträßchen hinter einer Einzylinder-Sportmaschine herzujagen versuchen, aber mit der Souveränität von 1200 ccm und einem legendären Namen bewegt, macht sie richtig Spaß. Und ich muß gestehen, ich wäre schon gerne den ganzen Nachmittag im Sattel geblieben. Denn irgendwann möchte ich einmal die in den 50er Jahren so groß herausgestellten Nehmerqualitäten der »unzerstörbaren« US-V-Twins überprüfen: Die »Panhead« soll ja angeblich 160 bis 170 laufen..

Harley-Davidson Duo Glide von 1962	
Motor	Viertakt
Zylinder	2
Bohrung/Hub	87,3 x 100,8 mm
Hubraum	1207 ccm
Ventile	ohv, Stoßstangen und Kipphebel
Schmierung	Druckumlauf
Leistung	55 PS bei 4500/min
Kühlung	Fahrtwind
Vergaser	Linkert-Drosselklappenvergaser 31,7 mm
Elektrische Anlage	Delco-Remy Batteriezündung
Kupplung	Mehrscheiben-Trockenkupplung
Getriebe	Vierganggetriebe mit Fußschaltung
Antrieb	Kette
Rahmen	Doppelrohrrahmen
Radaufhängungen	Teleskopgabel vorn, Federbeinschwinge hinten
Reifen	5,00 x 16
Fußbremse	Trommelbremse 200 mm hydraulisch
Handbremse	Trommelbremse 200 mm Seilzug
Länge	2340 mm
Breite	860 mm
Sattelhöhe	820 mm
Bodenfreiheit	130 mm
Tankinhalt	17 l
Leergewicht	290 kg
Höchstgeschwind.	160 km/h
Verbrauch	ca. 6 l/100 km
Originalpreis	6262,70 DM (1962)

Viel Dampf aus einem großen Pott

Velocette Venom Clubman Mk. II von 1968

Der Velocette-Motor ist ein normales Stoßstangen-ohv-Aggregat, die Nockenwelle ist jedoch unter dem Seitendeckel hochgelegt.

Es dürfte wohl nur unter Eingeweihten bekannt sein, daß neben Triumph-Coventry auch die urbritische Motorradfirma Veloce Ltd. von einem Einwanderer aus Deutschland gegründet wurde. Johannes Gütgemann aus Oberwinter am Rhein befaßte sich zuerst mit der Produktion von Fahrrädern, doch ab 1905 wurden in seiner Werkstatt in Birmingham auch Motorräder auf der Basis von Ormonde- und Kelecom-Konstruktionen gebaut. Gütgemann, der sich zwischenzeitlich John Taylor nannte, bald aber die Übersetzung »Goodman« bevorzugte, wählte den Namen »Veloce« für seine Produkte.

Goodman konnte zwar stets einige Exemplare verkaufen, doch es kam nie zum erhofften Durchbruch. Inzwischen hatten sich auch seine Söhne Eugene und Percy an der Arbeit beteiligt, und endlich gab es im November 1913 auf der Londoner Olympia-Show einen Grund zum Feiern. Mit dem hier erstmals präsentierten 206-ccm-Zweitakt-Leichtmotorrad hatte man den Geschmack des Publikums genau getroffen. Da dies das kleinste Modell der Firma Veloce Ltd. war, nannte man es verniedlichend »Velocette«, womit die Tankaufschrift für die Zukunft geboren war.

Die Velocette-Zweitakter erwiesen sich nicht nur als ungewöhnlich robuste Konstruktionen, was damals gerade bei den Zweitaktern noch oft angezweifelt wurde, sondern sie waren auch sehr schnell. Da die Familie Goodman selbst sehr sportbegeistert war, gab es stets ein umfangreiches Rennprogramm bei Velocette. Nach großen Erfolgen zu Anfang der zwanziger Jahre mußte man jedoch ab 1924 die Übermacht der neuen Viertaktkonstruktionen in der bevorzugten 250-ccm-Klasse anerkennen. Es war allen Beteiligten klar, daß man sich wohl

Unter den englischen Einzylindern nimmt die Velocette Venom eine Sonderstellung ein, sie ist kein Langhuber und wartet mit sanfter aber enorm kräftiger Leistungsabgabe auf.

oder übel nun auch mit Viertaktmotoren befassen mußte. Percy Goodman orientierte sich dabei nicht an bewährten Vorbildern, sondern versetzte die Fachwelt in Erstaunen, als er zur Junior-TT im Juni 1925 mit einer 350-ccm-Viertakt-Velocette aufwarten konnte, deren Ventile von einer obenliegenden, per Königswelle angetriebenen Nockenwelle gesteuert wurden.

Ab 1925 waren die Königswellen-Velocettes im Handel erhältlich. Sie gehörten bis zur Einstellung ihrer Produktion im Jahre 1948 zu den beliebtesten Sportmaschinen aus England. Die Rennaktivitäten führten Velocette einer weltweiten Popularität zu, die eigentlich nur von Norton übertroffen wurde. Die KTT-Rennmaschinen konnten sogar noch 1949 und 1950 den Weltmeistertitel in der 350-ccm-Klasse erringen.

Im Verkaufsprogramm von Velocette klaffte lange Zeit eine große Lücke zwischen der 250-ccm-GTP mit Zweitaktmotor (bis 1939 weiter im Programm) und der 350-ccm-KTS (Tourenvariante der KSS-Sportmaschine und KTT-Rennmaschine) mit dem komplizierten und teuren ohc-Motor. Eugene Goodman brachte 1933 die gewünschte Ergänzung in Form eines 250-ccm-Viertakt-Modells.

Der neue Velocette-Motor war wiederum eine eigenständige Konstruktion geworden. Um die bewegten Massen des Ventiltriebs möglichst gering zu halten, hatte man die Nocken relativ hoch am Kurbelgehäuse angesetzt, dadurch benötigte man nur sehr kurze Stoßstangen zu den im Zylinderkopf gelagerten Kipphebeln. Stößel sparte man sich, denn die Nocken übertrugen die Bewegung über Schlepphebel direkt auf die Stoßstangen, die knapp hintereinander stehend in einem schlanken Hüllrohr untergebracht waren. Die Nocken saßen ebenfalls knapp hintereinander auf einem großen Antriebszahnrad. Zwischen diesem und dem Kurbelwellenstumpf war ein Zwischenrad angeordnet. Die V-förmig im Winkel zueinander hängenden Ventile wurden von Schraubenfedern gehalten. Das Steuergehäuse wies eine charakteristische Nierenform auf, da links hinter dem Nockenwellenantrieb auch das Zahnrad für den Magnetantrieb Platz finden mußte. Die Zahnrad-Ölpumpe wurde unten am Kurbelwellenstumpf mit einem Schneckenradsatz angetrieben; sie saß jedoch nicht unter dem Steuerdeckel, sondern separat herausnehmbar in einem Anguß am Kurbelhaus.

Der Kurbeltrieb war wie bei den ohc-Motoren sehr schmal gehalten, um eine größtmögliche Verwindungsfestigkeit zu erzielen. Die großen Hubscheiben wurden durch den eingepreßten Hubzapfen zusammengehalten, auf dem der ungeteilte Pleuelfuß auf einem Rollenlager lief. Der Kolbenbolzen lagerte im Pleuelauge in einer Bronzebuchse.

Eine typische Velocette-Konstruktion war die Anordnung des Primärantriebs, der am Getriebe hinter dem Sekundärtrieb lief. Das Getrieberitzel saß deshalb außen auf der Kupplung.

Die Primärkette läuft innen, der Lichtmaschinenantrieb per Keilriemen und der Hinterradantrieb sind außen montiert.

Auch das trug zur Kompaktheit und Stabilität des Systems bei, von der guten Wechselmöglichkeit der Sekundärübersetzung ganz zu schweigen. Von Anfang an verwendete man Vierganggetriebe aus eigener Herstellung, die zwar zunächst noch mit Handschaltung geliefert wurden, doch die von Velocette kreierte Ratschenfußschaltung war auf Bestellung ebenfalls lieferbar.

Schon 1934, ein Jahr nach dem Erscheinen des 250-ccm-Modells mit der Bezeichnung MOV, stellte man den Königswellen-350ern mit dem Modell MAC eine entsprechende ohv-Variante zur Seite. Hierzu wurde einfach der Hub des kleineren Motors von 68 mm auf 96 mm verlängert, der Kolbendurchmesser von 68 mm blieb unverändert. 1935 tat Velocette einen weiteren Schritt und stellte erstmals eine 500er vor. In der Dimensionierung des Motors hielt man am Hub der MAC 350 fest (96 mm), vergrößerte aber diesmal die Zylinderbohrung auf 81 mm, womit sich ein Hubraum von 495 ccm ergab. Für die neue 500er verwendete man den verstärkten Rahmen und das Getriebe der ohc-Modelle, und die ganze Ausstattung wurde auf Tourenbetrieb ausgelegt, weshalb auch die Namensgebung MSS als nicht sehr glücklich gewählt galt. Bis auf kleine technische Detailverbesserungen lief die Modellreihe der ohv-Velocette bis 1939 unverändert weiter. Im Krieg wurde die Produktion auf das 350-ccm-Modell beschränkt, eine Militärausführung wurde hauptsächlich an die Royal Air Force geliefert, woraus sich die Bezeichnung MAF ergab.

Als die Nachkriegsproduktion 1946 wieder aufgenommen werden konnte, hatte man die ohv-Modelle endlich auch mit der Mehrscheibenkupplung der KSS und KTS ausgerüstet. 1948 waren keine Webb-Parallelogrammgabeln mehr erhältlich, so daß man auf die Dowty-Teleskopgabel ausweichen mußte. Diese besonderen Vordergabeln waren mit einer Luftfederung, wie sie im heutigen Motorradbau wieder ganz aktuell ist, versehen; außer bei Velocette wurde diese übrigens auch bei Scott verwendet.

Für 1949 hatte man das Programm radikal zusammengestrichen. Alle Hoffnungen setzte Velocette auf einen völlig neuen Typ von Motorrad, die 150-ccm-LE, ein in vielen Dingen ungewöhnliches und sehr preiswertes motorisiertes Zweirad als reines Zweckfahrzeug.

Lediglich die 350er MAC wurde außerdem noch weitergeführt und 1951 mit einer Velocette-eigenen Teleskopgabel ausgestattet. Ein Jahr später versah man den Motor mit einem neuen Leichtmetall-Zylinderkopf, und der Steuerdekkel bekam eine leicht abgerundete Oberfläche, auf der auch der Markenname verschwand. 1953 gab es dann einen neuen Rahmen mit Hinterradschwinge, wie sie Velocette in anderer Form 1936 erstmals bei den Werksrennmaschinen eingesetzt hatte. Zu den Schwingen, die damals schnell populär wurden, wies die Velocette-Konstruktion zwei wichtige Unterschiede auf. Zum einen waren die Federbeine (geliefert von Woodhead-Monroe Ltd.) an ihrer oberen Befestigung verstellbar gelagert, zum anderen war die Schwinge nicht in einem Stück gefertigt, sondern vielmehr wurden die beiden Hälften am hinteren Rahmenhauptrohr auf einer gemeinsamen Achse befestigt.

Anfang 1954 wurde die MSS wieder ins Programm aufgenommen. Im neuen Fahrgestell sah sie der MAC zum Verwechseln ähnlich, doch im Motor hatte sich einiges getan. Die Dimensionen für Bohrung und Hub lauteten nun 86 x 86 mm, womit sich ein Hubraum von 499 ccm ergab. In dem wiederum neu gestalteten Aluzylinderkopf saßen nun Haarnadel-Ventilfedern unter einem gemeinsamen Ventildeckel. Außerdem hatte man die bisherigen Rollenlager an der Kurbelwelle durch Schrägrollenlager ersetzt, wodurch der Einstellung des Steuertriebs mit den seit 1936 verwendeten schrägverzahnten Rädern und dem verschiebbaren Zwischenrad eine größere Bedeutung zukam. Ein überarbeitetes Getriebe hatte das neue Modell ebenfalls.

Mit der neuen 500er Velocette wurden bevorzugt Moto-Cross-Rennen bestritten, mit der Folge, daß es bald modifizierte Geländemaschinen ab Werk zu kaufen gab. Ein weiteres Resultat dieser Aktivitäten war auch die Entwicklung leistungsgesteigerter Straßensportmaschinen. In Ergänzung zum 500-ccm-Modell wurde durch die Verringerung der Zylinderbohrung auf 72 mm auch eine neue 350er Version geschaffen. Im Jahre 1956 wurde dann schließlich mit den Typen Venom (500) und Viper (350) eine neue Ära der Velocette-ohv-Sportmaschinen eingeleitet, mit denen man an die Tradition der KSS anschließen wollte.

Die 500er Venom – und parallel dazu auch die 350er Viper – hatte von Anfang an eine andere Vergaserbestückung, eine höhere Verdichtung und eine längere Übersetzung als die MSS; auch gab es Vollnabenbremsen hinten und vorne sowie einen verchromten Tank. Allmählich ging man bei Velocette dazu über, immer mehr Ausstattungsvarianten und Zubehör anzubieten, so daß kaum mehr eine Venom der anderen glich. Es gab zwar in der Folge einige neue Modellbezeichnungen, doch diese waren meist nur als Beispiele einer Ausstattungsvariante anzusehen. So war zum Beispiel die Venom Clubman mit einem 38-PS-Motor, enggestuftem Renngetriebe und schmalem Lenker ausgerüstet. 1958 gab es aus Styling- und Ersparnisgründen Fiberglasabdeckungen für Motor- und Getriebegehäuse, die man nicht mehr polieren mußte.

Im März 1961 hatte Velocette mit einer getunten Venom in Montlhéry einen neuen Weltrekord über die Distanz von 24 Stunden gefahren, der Schnitt lag dabei knapp über 160 km/h. Ein Abkömmling dieser Rennmaschine kam 1964 auf den Markt, versehen mit dem Namen des berühmten Serienmaschinenrennens »Thruxton«. Die Venom Thruxton war als sogenannte Supersportmaschine für den Einsatz bei solchen Rennen gedacht, doch dafür mußte sie eben auch eine Straßenzulassung aufweisen können. Die Maschine ist bis heute mit ihren 45,8 PS bei 6700/min der stärkste Stoßstangen-Einzylinder geblieben, der jemals als Serienstraßenmaschine gebaut wurde.

Die Zeit war inzwischen vorangeschritten, Einzylindermotorräder in den großen Hubraumkategorien im Aussterben begriffen. Velocette hatte sich mit anderen Projekten, vor allem mit einer Roller-Neukonstruktion, finanziell übernommen und stand nun Ende der sechziger Jahre dem neuen Motorradboom mit einem hoffnungslos überalterten Modellprogramm gegenüber. Im Jahre 1971 entschloß sich deshalb die Familie Goodman, Konkurs zu beantragen.

Damit war jedoch die Velocette-Geschichte vorerst noch nicht zu Ende. Matt Holder aus Birmingham übernahm Fertigungsrechte und Maschinen und stellt bis zum heutigen Tag Ersatzteile für Venom- und Viper-Modelle her. Aus diesen hat auch der Londoner Velocette-Händler Geoff Dodkin von 1971 bis 1979 auf Bestellung einzelne Venom und Thruxton montiert. Doch mittlerweile sind nicht mehr alle Teile vorrätig, so daß die »Produktion« endgültig ruht und man auf der Suche nach einer Velo auf den Gebrauchtmotorradmarkt angewiesen ist.

Die Liebe zu englischen Motorrädern ist in Deutschland stark verbreitet. Entstanden sind diese Gefühle wohl hauptsächlich aus der Nostalgie- und Oldtimerwelle.

Sebastian Krimmer, passionierter Motorradfahrer seit mehr als 30 Jahren, zählt zu jenen Velocette-Enthusiasten, die sich ihr Exemplar aus England holten. Als Ergänzung zu seiner 1000er BMW wollte er sich einen britischen Einzylinder besorgen. Er packte dies gleich richtig an und inserierte im englischen *Motor Cycle*. Eigentlich wollte er ja eine Norton oder vielleicht eine Rudge, wie er sie bis in die fünfziger Jahre bewegt hatte. Doch schließlich wurden ihm zwei Velocette angeboten, eine Venom und eine Viper, erstere stammte vom Sekretär des Velocette Owners Club, Ray Thurston, und stellte ein gutes Angebot dar. Da aber die 350er nicht weit entfernt stand, fuhr man gemeinsam hin und kaufte sie noch dazu.

Krimmers 500er stand mir eines Tages für einen Test zur Verfügung. Es handelt sich hier um eine Venom Clubman Mk. II aus dem Jahr 1968, die jedoch in vielen Punkten von der Katalogspezifikation abweicht. Dies ist aber, wie bereits erwähnt, typisch für die Velocette-Produktion der sechziger Jahre, denn der Kunde konnte in Hall Green, Birmingham, ganz individuelle Bestellungen abgeben. Der 38-PS-Motor entspricht der Clubman-Ausführung, nicht jedoch die Bedienungselemente, wie der Tourenlenker und die Tourenfußrasten, hier gab es zurückverlegte Ausführungen. Von der Thruxton wurde die Zweinockenbremse im Vorderrad, die Telegabel mit Zweiwegedämpfung und die Sitzbank mit dem Höcker übernommen. Der Tank entspricht noch der alten Ausführung ab 1961 mit dem Chromband und dem Plastikabzeichen, 1968 war auch eine lackierte Ausführung mit einem einfachen Abziehbild erhältlich.

Als Einzylinderfreund hatte ich mich schon mit der Velocette befaßt und viel über bestimmte Eigenschaften dieser speziellen Engländer erfahren. Bisher war es aber bei der reinen Theorie geblieben. Eines der weitverbreiteten Vorurteile betrifft die Startunwilligkeit. Das traf zwar auch hier zu, wenngleich in einem ganz anderen Zusammenhang. Zündverstellung Mitte – Luftschieber zu – Schwimmerkammer fluten – oberen Totpunkt mit dem Kickstarter erfüllen –

Verstellbare Federbeine und Fischschwanz-Auspufftopf gehören einfach zur Venom.

Velocette Venom Clubman Mk. II von 1968	
Motor	Viertakt
Zylinder	1
Bohrung/Hub	86 x 86 mm
Hubraum	499 ccm
Ventile	ohv
Schmierung	Druckumlauf, Trockensumpf
Leistung	38 PS bei 6200/min
Kühlung	Fahrtwind
Vergaser	Amal 30 mm
Elektrische Anlage	Lucas-Magnet, Miller-Dynamo
Kupplung	Mehrscheiben im Ölbad
Getriebe	4-Gang-Velocette
Antrieb	Kette
Rahmen	gemuffter und verlöteter Rohrrahmen
Radaufhängungen	Teleskopgabel hydraulisch gedämpft vorne, Federbeine (verstellbar) hinten
Reifen	3,25 x 19
Fußbremse	Trommelbremse hinten
Handbremse	Zweinocken-Trommelbremse vorne
Länge	2015 mm
Breite	660 mm
Höhe	1030 mm (Tourenlenker)
Sattelhöhe	800 mm
Bodenfreiheit	160 mm
Tankinhalt	19,5 l Benzin, Öl 2,25 l
Leergewicht	170 kg
Höchstgeschwind.	160 km/h
Verbrauch	ca. 4,5 l/100 km
Originalpreis	ca. 4000 DM (1968)

Kolben kurz darüber bringen – mit Schwung auf den Kickstarter – und... nein, die Maschine sprang nicht an. Schuld war der nicht mehr richtig funktionierende Ausheber für das Auslaßventil. Durch die tückisch kurze Übersetzung des Kickstarters kann man ohne Ausheber zwar den Totpunkt erfühlen, nicht aber die richtige »Habacht-Stellung«. Ich brachte die Velocette dann zwar schon zum Laufen, aber das war eher meiner Beinmuskulatur als der vorschriftsmäßigen Zeremonie zuzuschreiben...

Was sofort auffällt, ist die ungewöhnlich geringe mechanische Geräuschentwicklung. Aus dem charakteristischen Fischschwanz-Auspuff tönt ein gedämpftes »Pfut-Pfut«, aber vom Geräusch der Steuerräder oder Kipphebel ist wirklich kaum etwas zu vernehmen. Dies ist auf die exakte Justierungsmöglichkeit des Zahnflankenspiels unter dem Steuerdeckel zurückzuführen. Ein leichtes »Klonk« begleitet das Einlegen des ersten Gangs, wozu der rechts am Getriebe montierte Fußschalthebel nach oben gezogen werden muß. Die Sitzposition ist bequem, die »Clubman-Position« wäre mir persönlich auf so einem schlanken, niedrigen Motorrad allerdings lieber... Aber es soll ja nicht herumgeräubert werden.

Zum Anfahren muß man die Kupplung verhältnismäßig lang schleifen lassen, denn der erste Gang ist recht lang übersetzt: Clubman-Getriebe. Zum Warmfahren schalte ich jedoch erst einmal die Gänge durch und lasse die Velo rollen; sie hat genügend Schwungmassen, um auch im vierten Gang niedertourig voranzukommen. Im Vergleich zu anderen Motoren fällt auf, daß der Quadrathuber (86 x 86 mm) eine absolut gleichmäßige Leistungsabgabe zeigt. Mit überraschender Sanftheit steht über den ganzen Drehzahlbereich hin eine gute Leistung zur Verfügung.

Mit dem warmgefahrenen Motorrad bin ich dann schon ganz schön flott unterwegs. Dies wird durch das in Ergänzung zur Motorcharakteristik wunderbar abgestufte und leicht schaltbare Getriebe und durch eine hervorragende Vorderbremse geradezu herausgefordert. Schnelle Kurven, enge Kombinationen oder unebener Fahrbahnbelag – alles wird souverän gemeistert. Ähnlich wie bei heutigen italienischen Sportmaschinen ist die Venom recht straff abgestimmt, ohne jedoch beinhart zu sein. Sie ist ja auch nicht allzu schwer, was zum guten Handling beiträgt.

Auch im zügigen Fahrbetrieb bleibt das Motorengeräusch angenehm ruhig, es ist kein Rasseln oder Klappern zu vernehmen, nur der sonore Auspuffton. Beim Gasgeben kann man das Ansauggeräusch durch den serienmäßigen offenen Trichter am Vergaser deutlich hören.

Die Velocette Venom ist zweifellos eine reizvolle Liebhabermaschine, die ganz besondere Qualitäten vorweisen kann. Nur ihr Unterhalt erfordert einigen Aufwand. So einfach die Konstruktion auch sein mag, aus heutiger Sicht erscheint vieles unverständlich, weshalb man sich recht konzentriert mit diesem Gerät befassen muß. Für Eingeweihte brauche ich hier nur das Kapitel »Einstellen der mit Kork belegten Mehrscheibenkupplung« zu erwähnen. Außerdem ist die Frage nach Ersatzteilen komplizierter, als man glaubt; zwar gibt es fast jedes Teil, doch die Qualitätsunterschiede sind bei Velocette-Nachfertigungen gefährlich groß. Hier kann nur die eingeschworene Gemeinschaft der Velocette-Fahrer weiterhelfen, die, wie Sebastian Krimmer erfreut feststellt, wirklich nützlich ist.

Zu Seite 182
Der Motor der Weltmeister – MV Agusta-Vierzylinder.

Traummaschine aus gräflicher Familie

MV Agusta 750 S von 1972

Die 750 S ist zwar recht deutlich an die früheren Vierzylinder-Renner angelehnt, doch handelt es sich hier um ein gemäßigtes Straßenmotorrad.

Das erfolgreiche Luftfahrttechnik-Unternehmen der gräflichen Familie Agusta aus Sizilien war 1945 gezwungen, sich nach anderen Betätigungsfeldern umzusehen. Wie die Firma Aer-Macchi im nahen Varese entschieden sich auch die vier Brüder Agusta für den Bau motorisierter Zweiräder. Der älteste, Domenico, wurde Geschäftsführer, die Aufsicht führte Mama, und auf dem Privatgelände am zweiten Mailänder Flughafen Malpensa entstand die neue Fabrikationsstätte. Da sich die Grundstücke auf dem Gemeindegebiet von Verghera befanden, einem Vorort von Gallarate, lag der Firmenname »Meccanica Verghera Agusta« nahe, kurz MV Agusta.

Bei den zunächst gebauten Zweitakt-Leichtmotorrädern entwickelte sich ein harter Konkurrenzkampf mit den alteingesessenen Firmen Benelli, Bianchi, Gilera und Moto Guzzi und Neulingen wie Ducati, Mondial, Morini, Parilla und Rumi.

Die Duelle um Marktanteile setzten sich auf den Rennpisten fort, wo immer mehr Fabrikmannschaften um Erfolg und Prestige kämpften. Aber MV konnte lediglich 1948 beim Großen Preis von Italien einen Sieg gegen Mondial durchfechten. Graf Domenico Agusta, der den Motorrad-Rennsport als sein persönliches Anliegen betrachtete, hatte Größeres im Sinn.

Am 1. Januar 1950 traten der Ingenieur Pietro Remor und der Rennmonteur Arturo Magni, die bisherigen Stützen des Gilera-Werkrennstalls, bei MV Agusta ein. Das Resultat gab es sechs Monate später beim Belgischen Grand Prix in Spa Francorchamps zu bestaunen: die 500 ccm-Vierzylinder-MV.

Bei Gilera hatte Remor als Ablösung der wassergekühlten Kompressormaschine »Rondine« eine luftgekühlten dohc-Reihenvierzylinder geschaffen, der 1949 in der ersten Weltmeisterschaftssaison Furore machte. Für MV Agusta konstruierte er fast den gleichen Motor; auch das Fahrgestell mit Preßstahlteilen, einer Trapezvordergabel und torsionsstabgefederter Hinterradschwinge unterschied sich kaum. Anders ausgelegt wurde jedoch Getriebe und Hinterradantrieb, denn die Getriebewellen baute man in Längsrichtung ein, und der Endabtrieb erfolgte per Kardanwelle.

Der große Erfolg ließ noch etwas auf sich warten. Erst nach Umstellung auf Rohrrahmen, Telegabel und Kettenantrieb kam der Engländer Les Graham im Jahre 1952 in Monza und Barcelona mit der MV-4 zu den ersten Grand-Prix-Siegen. Im gleichen Jahr kam es zu einer entscheidenden Weichenstellung für die Zukunft, als MV Agusta mit dem US-Hubschrauber-Konzern Bell einen Lizenzvertrag abschloß und damit wieder in die angestammte Luftfahrzeugbranche zurückkehrte.

Die zusätzlichen Mittel kamen dem Rennleiter Domenico Agusta gerade recht, er bemühte sich stets um Spitzenfahrer, denen er hoch dotierte Verträge

Rechts oben: Bei der Doppel-Duplex-Bremse von Grimeca packen vier auflaufende Bremsbacken zu.

Rechts: Den vier Auspuffrohren entweicht jener Sound, der bei den heutigen Grands Prix einfach fehlt...

anbot. Das Engagement des erst 22jährigen Engländers John Surtees brachte für die roten Renner – in Johns Heimatland ehrfurchtsvoll »Fire Engines« genannt – 1956 den ersten Welmeistertitel. Im nächsten Jahr mußte er zwar Libero Liberati mit der Gilera noch einmal den Vortritt lassen, doch 1958, 1959 und 1960 wurde die Motorrad-Straßenweltmeisterschaft in den Solo-Klassen zu einer reinen MV Agusta-Angelegenheit um-

Das Maß aller Dinge bevor die Scheibenbremse kam, waren die großen Trommelbremsen mit vier auflaufenden Bremsbacken (Doppel-Duplex), hier vom Hersteller Grimeca.

funktioniert. John Surtees holte mit den Vierzylindern sechs Titel, da er zusätzlich zur Halblitermaschine auch eine 350 ccm-Version fuhr. In den Klassen bis 125 und bis 250 ccm hießen die Sieger Carlo Ubbiali und Tarquinio Provini.

Nachdem Surtees in den Formel 1-Ferrari umgestiegen war, rückte 1961 der Rhodesier Gary Hocking nach. Er sicherte einen weiteren Doppelerfolg der Vierzylinder-MV. In der 350er-Klasse übernahm zwar Honda 1962 das Regiment, in der Halbliter-»Königsklasse« jedoch fuhr Mike Hailwood auf der MV weitere vier Titel heraus.

Die 500 ccm-MV war 1950 mit etwa 52 PS bei 9500/min an den Start gegangen, 15 Jahre später wurde sie mit 76 PS bei 11 200/min in Pension geschickt.

Die japanischen Werksteams waren immer stärker geworden, sie operierten mit unvorstellbarem Aufwand, aber MV Agusta nahm die Herausforderung an. Beim ersten WM-Lauf der Saison 1965 auf dem Nürburgring siegte in der 350 ccm-Klasse der 22jährige Italiener Giacomo Agostini mit einer völlig neuen Dreizylinder-Vierventiler.

Die ausgemusterten Rennmaschinen wanderten zwar ins Museum, aber der klassisch schöne Vierzylinder tauchte überraschenderweise im Dezember 1965 auf der Mailänder Motorradausstellung in einem ganz anderen Motorradtyp wieder auf. Die Motorradabteilung war in Verghera zwar schon lange in den Schatten der übrigen Aktivitäten geraten, doch das lukrative Amerika-Geschäft, angekurbelt durch den in Japan entfachten Boom, wollte man sich nicht entgehen lassen.

Recht bescheiden nahm sich der 600er dohc-Vierzylinder (592 ccm, 58 x 56 mm) in der wuchtigen Maschine aus. Er ähnelte sehr stark den ersten Rennversionen. Die Gußteile waren jedoch nicht aus Magnesium, sondern aus Aluminium gefertigt. Das Hinterrad wurde wieder mittels einer Kardanwelle angetrieben. Der große Rechteckscheinwerfer, der ausladende Hochlenker, die Werkzeugkästchen links und rechts am Heck, und die Stufensitzbank wiesen die 52-PS Maschine als ein sehr amerikanisches Motorrad aus.

Die Serienfertigung lief erst im Jahre 1967 an, dank vier Vergasern sprangen 62 PS bei 8200/min heraus. Die MV Agusta 600 fand indessen kaum Anklang.

In den nächsten vier Jahren wurden nur 135 Exemplare einzeln montiert. Bei den letzten Maschinen baute man eine Doppelduplex-Trommelbremse ein, sie löste die unglückliche Seilzug-Doppelscheibenbremse ab. Doch der Ruhm der roten Renner überstrahlte alles. Freunde sportlicher Motorräder auf der ganzen Welt ersehnten ein Vierzylinder-Sportmodell aus Verghera.

Endlich im November 1969 zeigte MV Agusta mit der 750 S erstmals das Traummotorrad der kommenden Jahre.

Dem nachfolgenden weltweiten Interesse folgte zunächst keine Aktion; offensichtliche Produktions- und Kapazitätsprobleme standen einer geordneten Serienfertigung im Wege, und so wurden 1970/71 lediglich 80 Exemplare fertiggestellt. Nachdem diese wenigen Motorräder in den Garagen ausgesuchter Kunden verschwunden waren, bekamen die meisten Interessenten die MV 750 S erst 1972 zu Gesicht, als es nicht nur Testberichte zu lesen gab, sondern auch die Auslieferung funktionierte. Einziges Hindernis blieb der hohe Preis von 13 890 Mark. Die Münch TTS kostete zu dieser Zeit 12 745 Mark, die Honda CB 750 gab es für 6 598 Mark und die BMW R 75/5 für 5 845 Mark.

Der MV-Fahrer bekam für sein Geld auch ein wahres technisches Meisterwerk in die Hände; das ist heute in einer Zeit der grenzenlosen Technik-Gags im Motorradbau immer noch nachzuempfinden. Der kompliziert wirkende Aufbau des 750 S-Triebwerks entstammte den Erfordernissen im Rennbetrieb: es wurde unverändert von den Rennmotoren der Jahre 1952–65 übernommen. Und alles war sehr gut durchdacht, um die Arbeit der Rennmonteure zu erleichtern.

Die Kupplung, das Getriebe und sogar die Kurbelwelle lassen sich demontieren, ohne daß der Motorblock aus dem Rahmen genommen werden muß. Die Kupplung sitzt hinter dem großen Deckel auf der linken Seite; hier läßt sich nach Entfernen des Kupplungskorbs auch das Getriebe herausnehmen. Raffiniert ist der Aufbau von Zylindern und Kurbelwelle. Die fünfteilige Welle wird zusammen mit den ungeteilten, rollengelagerten Pleueln aufgebaut, sie bewegt sich an ihren äußeren Enden jeweils in einem Kugellager. Zusätzlich sind vier kräftig dimensionierte Rollenlager mit teilbarem Außenring vorgesehen; auf diese Weise können alle sechs Hauptlager einfach ausgewechselt werden. Lediglich die äußeren Kugellager ruhen im Gehäuse, denn die vier anderen Hauptlager werden in eigenen Lagerböcken gehalten. 16 Stehbolzen verbinden Kurbelwelle, Kurbelhausdeckel (= Zylinderbankett), die vier einzelnen Alu-Zylinder mit eingeschrumpften Gußlaufbuchsen und den einteiligen Alu-Zylinderkopf zu einer Einheit. Das Zylinderbankett stellt mit zwölf Bolzen die Verbindung zum Kurbelgehäuse her.

Zwischen den inneren Zylindern befindet sich als ein weiteres Alugußteil der Schacht für den Nockenwellenantrieb, die zugehörigen drei großen Zahnräder sind jedoch in einem separaten Lagerbock aus Stahl untergebracht, um damit trotz der Wärmeausdehnung der übrigen Aluminium-Teile ein konstantes Zahnflankenspiel der Zahnräder zu gewährleisten.

Die innere Kurbelwange des ersten Zylinders ist mit einer Schrägverzahnung als Primärantriebsrad ausgebildet, die Gegenverzahnung befindet sich außen auf dem Kupplungskorb. Am Ende des Fünfgang-Getriebes dient ein spiralverzahntes Kegelrad der Umlenkung des Kraftflusses auf die Kardanwelle. In dem voluminösen Antriebsgehäuse am Hinterrad liegt außen das Antriebs-Tellerrad.

Wie fährt sich heute eine solche, optisch etwas klobig wirkende 750er-Straßenmaschine, die aus der erfolgreichsten Halbliter-Rennmaschine hervorging?

Vor dem Anlassen des Vierzylinder-Motors ist erst einmal etwas Fingerakrobatik vonnöten, denn alle vier Vergaserschwimmerkammern wollen einzeln geflutet werden: Einen Choke gibt es an unserer Maschine nicht, so daß ich zunächst die Gasschieber mehrmals kurz öffne. Dann wird die Zündung eingeschaltet und der Starterknopf in der blechernen Schalteinheit am rechten Lenkerstummel gedrückt.

Die Linienführung ist perfekt, was kann man von einem Motorrad mit so einem Namen auch anderes erwarten.

Die Bosch-Dynastartanlage dreht den Motor weich und ohne störende Nebengeräusche durch. Sie sieht aus wie eine große Wechselstrom-Lichtmaschine aus dem Auto und ist hinten unten am Getriebe montiert; den Kraftanschluß übernimmt ein Keilriemen.

Nicht ohne Nebengeräusche läuft der Motor. Er rasselt und scheppert ganz gewaltig, denn es drehen sich sehr viele Zahnräder und Wälzlager. Die Anordnung der Tomaselli-Stummellenker, der zurückgelegten Fußrastenanlage und der Sitzbank passen auch für lange Leute gut zueinander. Nun die leichtgängige Kupplung gezogen, den ersten Gang durch Heraufziehen des Fußschalthebels an der rechten Motorseite eingelegt – schon kann's losgehen.

Der sportliche Charakter des MV-Vierzylinders macht sich sofort bemerkbar. Er reagiert exakt auf jede kleine Bewegung des Gasdrehgriffs und will zum Anfahren schon auf Touren gebracht werden; mit Leerlaufdrehzahlen geht trotz dem Dreiviertelliter-Hubraum gar nichts; es müssen schon über 2000/min sein. Einmal in Schwung, läßt der Motor sich jedoch gut zwischen 3000 und 4000/min halten.

Nach etwa einer Viertelstunde gemütlichen Warmfahrens klingt das Motorgeräusch kultivierter, der Vierzylinder reagiert auch noch spontaner. Bald ist nur noch die »HiFi-Musik aus acht Rohren« zu genießen, beim Gasaufziehen überlagert das Ansaugschnorcheln aus den vier Lufttrichtern den Auspuffton recht deutlich – Erinnerungen an Surtees, Hailwood und Ago werden wach.

Turbinenmäßig zieht die MV los; es gibt keinen speziellen Leistungsbereich. Als Nenndrehzahl sind 8500/min angegeben, auch 9200/min sind noch sicher. Aber auch darunter spielt sich genügend ab. Zumal ja nicht nur beim Aufdrehen Begeisterung entsteht, sondern genauso auch beim Abwärtsschalten mit entsprechender Zwischengang-Beimengung – wer erinnert sich noch an Phil Read 1974 in Hockenheim, als er bei der Einfahrt ins Motodrom quer durch das Siebenganggetriebe mußte und dazu sechsmal Zwischengas gab?

In all die Freude mischte sich leider auch ein etwas negativer Aspekt. Ich weiß natürlich nicht, ob Reifendruck, Stoßdämpfer und Ölmenge in der Gabel bei der Testfahrt mit unserem geliehenen Musterstück absolut in Ordnung waren, aber in den meisten Kurven, ob schnell oder langsam, fühlte ich mich nicht hundertprozentig sicher. Es hieß einmal, daß

Zwei obenliegende Nockenwellen, Zahnradantrieb in der Mitte, einzeln montierte Zylinder auf gemeinsamen Bankett usw. usw.

die MV nie im Schiebebetrieb durch eine Kurve gefahren werden sollte, sondern stets im richtigen Gang sauber am Gas. Eine kleine Verbesserung ließ sich auf diese Weise zwar erreichen, aber so ganz zufrieden war ich nicht.

Heutzutage nicht mehr zeitgemäß, insbesondere an einem so schnellen Motorrad, sind die Trommelbremsen. Bei gemeinsamer Betätigung aller sechs Bremsbacken läßt sich die MV sicher und weich abbremsen, aber eine forsche Fahrweise dürfte sehr riskant werden. Ich bin mir jedoch auch sicher, daß die Bremsen an der gefahrenen 750 S noch durch einen erfahrenen Mann zu verbessern wären.

Im Laufe ihrer Produktionszeit erhielt die 750 S zahlreiche kleine Weiterentwicklungen, die nachträglich auf Sonderwunsch eingefügt werden konnten.

Neben modernen Dell'Orto-Zentralschwimmer-Vergasern, Smith- statt Veglia-Instrumenten, den Rennmaschinen nachempfundene Auspuffanlagen und verschiedenen Leistungs- und Hubraumaufstockungen gab es im letzten Baujahr 1974 auch eine Scarab-Doppelscheibenbremsanlage am Vorderrad. Alle diese Änderungen und dazu ein neues Styling für Tank und Sitzbank, Aprilia-

Lenkerschaltarmaturen und die neue Farbgebung, silberner Rahmen, roter Tank und Sitzbankhöcker, flossen in ein 800er Modell ein. In Italien wurde es zunächst 750 S America genannt, (was nichts weiter als ein Homologationstrick war). Nach 420–430 gebauten Exemplaren des bisherigen Modells kam es 1975 heraus.

Die Zylinderbohrung war um 2 mm auf 67 mm erweitert, womit sich 790 ccm Hubraum ergaben. In der Ausführung mit VHB 26-Dell'Orto-Vergasern wurden 82 PS bei 9000/min angegeben. Bald folgten weitere Hubraumvergrößerungen; so kam 1976/77 eine 862 ccm-Version auf den Markt, die unter Namen wie »Arturo Magni«, »Super Daytona America« oder, (mit über 100 PS) »Cento Valli« angeboten wurde.

Etwa zur gleichen Zeit hatten sich für die Zukunft der MV Agusta-Motorräder einige wichtige Veränderungen ergeben. Am 2. Febraur 1971 war Domenico Agusta gestorben, sein jüngster Bruder Corrado hatte daraufhin die Motorradaktivitäten und damit auch den Rennstall übernommen. Zwei Jahre später kaufte sich der italienische Staat mit 51 Prozent in das Unternehmen ein, denn die Hubschrauber- und neuerdings auch Raketen-Aktivitäten wurden ein immer wichtigerer Bestandteil der Rüstungswirtschaft Italiens.

Der Nationalheld Giacomo Agostini verließ am Saisonende 1973 nach 13 Weltmeistertiteln das MV Agusta-Team, um zu Yamaha überzuwechseln. Phil Read hatte ihm auf der neuen Vierzylinder-MV (im Konzept auf der vierventiligen Dreizylinder aufgebaut) den 500er-Titel weggeschnappt und schlug auch 1974 noch einmal zu. Doch die Tage der Viertakt-Rennmaschinen waren bereits gezählt, ihr Schwanengesang war der Sieg des zurückgekehrten Agostini 1976 auf dem Nürburgring.

MV Agusta 750 S von 1972	
Motor	Viertakt-Reihenmotor
Zylinder	4
Bohrung/Hub	65 x 56 mm
Hubraum	743 ccm
Ventile	dohc
Schmierung	Druckumlauf
Leistung	72 PS bei 8500/min
Kühlung	luftgekühlt
Vergaser	4 Dell'Orto-Vergaser 24 VBS/D
Elektrische Anlage	Bosch-Batteriezündung
Kupplung	Sechsscheiben-kupplung im Ölbad
Getriebe	Fünfgang
Antrieb	Kardanwelle zum Hinterrad
Rahmen	Doppelrohr-Wiegenrahmen
Radaufhängungen	Ceriani-Teleskopgabel vorn, Langarm-Schwinge mit Sebac-Federbeinen hinten
Reifen	3,50 x 18 vorn, 4,00 x 18 hinten
Fußbremse	Trommelbremse 200 mm MV-Agusta-Simplex hinten
Handbremse	Trommelbremse, 230 mm-Grimeca-Doppel-Duplex
Länge	2110 mm
Breite	750 mm
Höhe	1020 mm
Sattelhöhe	730 mm
Bodenfreiheit	134 mm
Tankinhalt	26 l
Leergewicht	225 kg
Höchstgeschwind.	225 km/h
Verbrauch	ca. 6 - 8 l/100 km
Originalpreis	13 890.– DM

1977 kam, weitgehend von der Motorradöffentlichkeit unbemerkt, das endgültige Aus. Doch MV-Motorräder sollte es noch einige Jahre lang zu kaufen geben: Zusammen mit dem mittlerweile selbständigen Rennteamchef Arturo Magni war es vor allem der deutsche Importeur Hansen & Schneider, der für den Fortbestand der Vierzylinder sorgte. Aus vorhandenen Teilen wurden laufend neue Maschinen montiert, und dabei auch schrittweise die Teilevorräte durch Nachfertigungen ergänzt. Schließlich wurden sogar noch neue Modellvarianten auf die weltberühmten MV-Räder gestellt.

Auf diese Weise entstanden die 1000 »Corona« und – mit 119 PS und Sekundärantrieb per Kette – die 1100 »Gran Prix«. Mit Kettenantrieb waren schon früher versuchsweise verschiedene Modelle ausgestattet gewesen, da MV Agusta auch in die 750er-Rennserie mit einsteigen wollte. Wie überhaupt die Motorräder mit fortschreitendem Baujahr immer individueller ausgerüstet werden konnten. Bei Preisen zwischen 20 000 und 30 000 Mark bestellte sich der betuchte Kunde natürlich seine ganz persönliche Vierzylinder-MV.

Alle der etwa 1260 gebauten MV-4 gelten heute schon als Klassiker, selbst Exemplare die erst zehn Jahre alt sind. Doch sei vor Fälschungen gewarnt: Es gibt auch nachgemachte Rennmaschinen. Als Resümee der Fahreindrücke sei gesagt, daß die Vierzylinder-MV Agusta für ein Spekulationsobjekt zu schade ist, denn wahrer Spaß kommt nicht nur beim Betrachten...

Wer möchte nicht mit einer MV Agusta so einfach auf und davon fahren...

MV AGUSTA
MTK
0.10

Namensregister